C

GW00418983

A GLOSSARY (

A GLOSSARY OF GRAMMATICAL TERMS

ACTIVE

The active form of a verb is the basic form as in *I remember him*. It is normally opposed to the passive form of the verb as in *he will be remembered*.

AUXILIARY

Auxiliary verbs are used to form compound tenses of other verbs, eg *have* in *I have seen* or *will* in *she will go*. The main auxiliary verbs in German are **sein**, **haben** and **werden**.

COMPOUND

Compound tenses are verb tenses consisting of more than one element. In German, the compound tenses of a verb are formed by the **auxiliary** verb and the **past participle** and/or **infinitive**: *ich habe gesehen, er ist gekommen, er wird kommen*.

CONDITIONAL

This mood is used to describe what someone would do, or something that would happen if a condition were fulfilled (eg *I would come* if *I was well*; *the chair would have broken* if *he had sat on it*).

CONJUGATION

The conjugation of a verb is the set of different forms taken in the particular tenses or moods of that verb.

DIRECT OBJECT

A noun or a pronoun which in English follows a verb without any linking preposition, eg *I met a friend*. In German the direct object is always in the accusative case, eg *ich kenne ihn* (*I know him*). Note that in English a preposition is often omitted, eg *I sent him a present* – *him* is equivalent to *to him* – *a present* is the direct object.

ENDING

The ending of a verb is determined by the **person** (1st, 2nd, 3rd) and **number** (singular/plural) of its subject.

IMPERATIVE   A mood used for giving orders (eg *stop!*, *don't go!*) or for making suggestions (eg *let's go*).

INDICATIVE   The normal form of a verb as in *I like*, *he came*, *we are trying*. It is opposed to the subjunctive, conditional and imperative.

INFINITIVE   The infinitive is the form of the verb as found in dictionaries. Thus *to eat*, *to finish*, *to take* are infinitives. In German, all infinitives end in -n: *leben*, *gehen*, *lächeln*, *ärgern*.

MOOD   The name given to the four main areas within which a verb is conjugated. See INDICATIVE, SUBJUNCTIVE, CONDITIONAL, IMPERATIVE.

OBJECT   See DIRECT OBJECT.

PASSIVE   A verb is used in the passive when the subject of the verb does not perform the action but is subjected to it. In English, the passive is formed with a part of the verb *to be* and the past participle of the verb, eg *he was rewarded*.

PAST PARTICIPLE   The past participle of a verb is the form which is used after *to have* in English, eg *I have **eaten**, I have **said**, you have **tried***.

PERSON   In any tense, there are three persons in the singular (1st: *I* ..., 2nd: *you* ..., 3rd: *he/she* ...), and three in the plural (1st: *we* ..., 2nd: *you* ..., 3rd: *they* ...).

PRESENT PARTICIPLE   The present participle is the verb form which ends in *-ing* in English (*-end* in German).

REFLEXIVE   Reflexive verbs 'reflect' the action back onto the subject (eg *I dressed myself*). They are always found with a reflexive pronoun and are more common in German than in English.

SUBJUNCTIVE	The subjunctive is a verb form which is rarely used in English (eg *if I were you*, *God save the Queen*). It is more common in German.
SUBORDINATE CLAUSE	A group of words with a subject and a verb which is dependent on another clause. For example, in *he said he would leave*, *he would leave* is the subordinate clause dependent on *he said*.
STEM	See VERB STEM.
TENSE	Verbs are used in tenses, which indicate when an action takes place, eg in the present, the past, the future.
VERB STEM	The stem of a verb is its 'basic unit' to which the various endings are added. To find the stem of a German verb, remove *-en* or *-n* from the infinitive. The stem of *sagen* is *sag*, the stem of *ärgern* is *ärger*.
VOICE	The two voices of a verb are its active and passive forms.

INTRODUCTION

A. TYPES OF VERB

There are two main types of verb in German, generally referred to as weak verbs and strong verbs.

The main difference between these two types is in the formation of the imperfect tense and of the past participle: the weak verbs add a characteristic -t- to the verb stem (= infinitive without -(e)n ending); strong verbs change the stem vowel when forming the imperfect tense and past participle, for example:

		imperfect	past participle
weak:	**packen**	**ich packte**	**gepackt**
strong:	**singen**	**ich sang**	**gesungen**

As you can see, these two basic types of verb are similar to the two basic verb types in English (from the examples above, English pack — packed — packed and sing — sang — sung).

This similarity of verb form between English and German is very helpful in learning German verbs — but it does not always apply. However, if an English and German verb have the same root, eg **packen** (to pack), **singen** (to sing), **sagen** (to say), **lieben** (to love), the likelihood is that they will both be of the same type. Exceptions such as **helfen** (strong in German) and help (weak in English) should warn you to check if in doubt.

By far the largest number of verbs belong to the weak group. New creations are always weak, eg **managen** — **gemanagt** (to manage). Many strong verbs, however, are very common verbs, eg **sein** (to be), **gehen** (to go) *etc*, and their parts have to be learnt.

In German there is also a group of what is known as 'mixed verbs'. There are nine of these:

brennen (to burn)	**rennen** (to run)
bringen (to bring)	**senden** (to send)
denken (to think)	**wenden** (to turn)
kennen (to know)	**wissen** (to know)
nennen (to name)	

These verbs share some of the features of strong verbs and some of the features of weak verbs. Their full forms are given in the verb tables.

B. USE OF TENSES

The following section gives explanations and examples of usage of the various verb tenses and moods that are listed in the verb tables in this book.

1. The **PRESENT TENSE** is used:

    i) to express present states or actions:

      ich fühle mich schlecht
      I feel ill

      es regnet
      it rains/it is raining

    ii) to express general or universal truths:

      Sabine hört gern Rockmusik
      Sabine likes rock music

      Zeit ist Geld
      time is money

    iii) as a very common way in German of expressing the future:

      ich bin gleich zurück
      I'll be right back

      du bekommst einen Brief
      you'll be getting a letter

2. The **IMPERFECT TENSE** is the standard tense for stories, novels and newspaper reports:

    er ging die Straße entlang
    he went along the road

    der sowjetische Außenminister traf gestern in Bonn ein
    the Soviet foreign secretary arrived in Bonn yesterday

The imperfect tense is the one most commonly used with **sein**, **haben** and the modal verbs when referring to the past:

    das war klasse!
    that was great!

    es war die einzige, die sie hatten
    it was the only one they had

    ich konnte es kaum glauben
    I could hardly believe it

3. The **_PERFECT TENSE_** is the standard tense for conversation when talking about the past (with the exception of the use of **haben**, **sein** and the modals as shown in 2.):

> **hast du ihn gesehen?**　　　**wann ist sie angekommen?**
> did you see him?　　　when did she arrive?

This does not mean to say that the imperfect cannot be used in German in conversation. If, for example, you are relating a series of events then it is quite in order to use the imperfect (it's like telling a story). But for single utterances as in the two examples above, the use of the imperfect would sound odd.

4. The **_PLUPERFECT TENSE_** is used to refer to events that happened before a particular time in the past:

> **nachdem wir den Film gesehen hatten, gingen wir ins Café**
> after we had seen the film we went to a café

5. The **_FUTURE TENSE_** is used to express future matters but is less common in German than in English (see 1iii above). The future as in:

> **ich werde ihn morgen treffen**
> I'm going to meet him tomorrow

is very often expressed by the present:

> **ich treffe ihn morgen**
> I'm meeting him tomorrow

It is also used to express suppositions about the present:

> **er hört mich nicht, er wird das Radio an haben**
> he can't hear me, he's probably got the radio on

6. The **_FUTURE PERFECT TENSE_** is used to refer to an event that will be completed at some stage in the future (as in 'I will have done it by Monday'). It is also commonly used in German to express a supposition about the present:

> **er wird es vergessen haben**
> he'll have forgotten it

7. The **_CONDITIONAL_** is used to refer to what would happen or what someone would do under certain circumstances:

> **wenn das passiert, würde ich mich sehr freuen**
> if that happened, I would be very pleased

das würden wir nicht akzeptieren
we wouldn't accept that

8. The *SUBJUNCTIVE* is mainly used:

i) in conditional statements where the condition is unlikely to be fulfilled:

wenn ich mehr Zeit hätte, ginge ich öfter spazieren
if I had more time, I would go for more walks

wenn er mich gefragt hätte, hätte ich ihm das Geld geliehen
if he had asked me, I would have lent him the money

wenn es nur schon Weihnachten wäre
if only it were Christmas

ii) in formal German, eg news bulletins, for reported statements or what is known as 'indirect speech':

direct speech: I will go there
indirect speech: he said he would go there

The indirect speech usually comes after a verb of speaking or asking. In German, this is the only time when the introductory **daß** may be omitted; if there is no **daß** the sentence keeps the normal word order:

der Minister erklärte, daß dies unmöglich sei/wäre
the minister said that this was impossible

der Minister erklärte, dies sei/wäre unmöglich
the minister said this was impossible

The choice of tense for the indirect statement depends on the tense of the original direct speech as shown in the following table:

indicative tense of direct speech	subjunctive tense of indirect speech
present	present or imperfect
imperfect, perfect or pluperfect	perfect, pluperfect
future	future, **würde** + infinitive

Examples:

ich finde es schwierig I find it difficult	**er hat gesagt, er finde/fände es schwierig** he said he found it difficult
ich fand es schwierig **ich habe es schwierig gefunden**	**er hat gesagt, er habe/hätte es schwierig gefunden**
ich hatte es schwierig gefunden	
ich werde es schwierig finden	**er hat gesagt, er werde/würde es schwierig finden**

9. The uses of the **PARTICIPLES**:

   i) The PRESENT PARTICIPLE is used mainly as an adjective either before the noun or after **sein**:

   eine ansteckende Krankheit
   an infectious disease

   diese Krankheit ist ansteckend
   this disease is infectious

   ii) The PAST PARTICIPLE, apart from its use to form tenses, is also used as an adjective:

das verdammte Auto that damned car	**seine gesammelten Werke** his collected works

10. The **IMPERATIVE** (normally followed by an exclamation mark in German) is used to give orders or to make suggestions. The order of the imperatives given in the verb tables is: **du** form; **ihr** form; **Sie** form and **wir** form:

    komm her!
    come here!
    kommt doch mit!
    why don't you (all) come with us?
    bleiben Sie stehen!
    stop!
    gehen wir!
    let's go

    In the verb tables you will see that an optional 'e' is given in brackets. In ordinary conversation or normal spoken German the 'e' is omitted.

C. MODAL VERBS

The German modal verbs are:

dürfen	to be allowed to
können	to be able to
mögen	to like to
müssen	to have to
sollen	to be supposed to
wollen	to want to

A major feature of modal verbs is that when they are used together with another verb, this verb is in the infinitive:

ich darf kein Salz essen
I'm not allowed to eat salt

er soll morgen abreisen
he is supposed to leave tomorrow

ich habe ihn nicht verstehen können
I wasn't able to understand him

D. *du, ihr* OR *Sie*?

du and **ihr** are familiar forms of the second person and are used to address members of your family, other relatives, friends. Adults address children by **du** as do children each other; it is always used to animals. It is also used to address God or saints.

Sie is both singular and plural and is used to address people with whom you are not on **du** terms.

ihr is often used when talking to a group of people when you are only on **du** terms with some of them; it is not a faux pas to use **ihr** in this case, though you might revert to **Sie** when addressing one of the group individually.

E. VERBS WHICH TAKE EITHER 'SEIN' OR 'HABEN'

1. Many verbs of motion can form their perfect tense with **sein** or
haben, depending on the sense. Motion from one place to another
requires **sein**, motion seen as a way of spending time takes **haben**,
for example:

> **sie sind nach Griechenland gesegelt**
> they sailed to Greece

> **im Urlaub hat er jeden Tag gesegelt**
> on holiday he went sailing every day

2. Some verbs of motion can be used both transitively and
intransitively; in the first case they are conjugated with **haben**, in
the second with **sein**:

> **gestern hat er den Wagen gefahren**
> he drove the car yesterday

> **sie ist nach Hause gefahren**
> she drove home

> **er hat das Rohr gebogen**
> he bent the pipe

> **sie ist um die Ecke gebogen**
> she went round the corner

F.   THE PASSIVE

In the passive the active form ('he does it') is turned round so that the object becomes subject ('it was done by him').

There are two forms of the passive in German: the passive of action and the passive of state. The first (formed with **werden**) emphasises the action that was carried out, the second (formed with **sein**) denotes the result:

> **die Vase wurde zerbrochen**
> the vase was broken (*ie when it fell, when he knocked it over etc*)

> **die Vase war zerbochen**
> the vase was broken (*ie was in a broken state*)

When an agent is mentioned (who it was done by) the passive formed with **werden** must be used:

> **diese Wohnungen werden von der Stadt gebaut**
> these flats are being built by the council

but:

> **unser Haus ist schon gebaut**
> our house is already built

Here is a full conjugation of a verb in the passive:

GEBRAUCHT WERDEN
to be used/needed

PRESENT	IMPERFECT	FUTURE
ich werde gebraucht	ich wurde gebraucht	ich werde gebraucht werden
du wirst gebraucht	du wurdest gebraucht	du wirst gebraucht werden
er/sie wird gebraucht	er/sie wurde gebraucht	er/sie wird gebraucht werden
wir werden gebraucht	wir wurden gebraucht	wir werden gebraucht werden
ihr werdet gebraucht	ihr wurdet gebraucht	ihr werdet gebraucht werden
Sie werden gebraucht	Sie wurden gebraucht	Sie werden gebraucht werden
sie werden gebraucht	sie wurden gebraucht	sie werden gebraucht werden

PERFECT	PLUPERFECT	CONDITIONAL
ich bin gebraucht worden	ich war gebraucht worden	ich würde gebraucht (werden)
du bist gebraucht worden	du warst gebraucht worden	du würdest gebraucht (werden)
er/sie ist gebraucht worden	er/sie war gebraucht worden	er/sie würde gebraucht (werden)
wir sind gebraucht worden	wir waren gebraucht worden	wir würden gebraucht (werden)
ihr seid gebraucht worden	ihr wart gebraucht worden	ihr würdet gebraucht (werden)
Sie sind gebraucht worden	Sie waren gebraucht worden	Sie würden gebraucht (werden)
sie sind gebraucht worden	sie waren gebraucht worden	sie würden gebraucht (werden)

SUBJUNCTIVE

PRESENT	PERFECT
ich werde gebraucht	ich würde gebraucht
du werdest gebraucht	du würdest gebraucht
er/sie werde gebraucht	er/sie würde gebraucht
wir werden gebraucht	wir würden gebraucht
ihr werdet gebraucht	ihr würdet gebraucht
Sie werden gebraucht	Sie würden gebraucht
sie werden gebraucht	sie würden gebraucht

IMPERFECT	PLUPERFECT
ich sei gebraucht worden	ich wäre gebraucht worden
du sei(e)st gebraucht worden	du wär(e)st gebraucht worden
er/sie sei gebraucht worden	er/sie wäre gebraucht worden
wir seien gebraucht worden	wir wären gebraucht worden
ihr seiet gebraucht worden	ihr wär(e)t gebraucht worden
Sie seien gebraucht worden	Sie wären gebraucht worden
sie seien gebraucht worden	sie wären gebraucht worden

FUTURE PERFECT

ich werde gebraucht worden sein
du wirst gebraucht worden sein *etc*

INFINITIVE

PRESENT
gebraucht werden

PAST
gebraucht worden sein

PARTICIPLE

PRESENT
gebraucht werdend

PAST
gebraucht worden

IMPERATIVE

werde gebraucht!
werdet gebraucht!
werden Sie gebraucht!
werden wir gebraucht!

G. PREFIXES

1. The ***INSEPARABLE PREFIXES*** are:

be-	ge-
emp-	miß-
ent-	ver-
er-	zer-

The two main features about inseparable prefixes are that they are never separated off from the verb and that a verb with an inseparable prefix has no **ge-** in the past participle:

er hat es mir empfohlen
he recommended it to me

ich bat ihn, mir ein Restaurant zu empfehlen
I asked him to recommend a restaurant to me

die Software hat versagt
the software failed

2. All other common prefixes are ***SEPARABLE***. This means that they separate off from the verb as shown in the following examples with the separable verb **mitkommen**:

sie kommt mit
she's coming too

kommst du mit?
are you coming?

wir kommen nicht mit
we're not coming

kommen Sie mit!
come with me/us

But with modal verbs and in subordinate clauses these verbs do not separate:

ich kann leider nicht mitkommen
I'm afraid I can't come

ich weiß nicht, ob er mitkommt
I don't know whether he's coming

The past participle for verbs with a separable prefix is formed with the **-ge-** coming between the prefix and verb stem:

mitkommen — mitgekommen
anfangen — angefangen

sie haben schon angefangen
they have already begun

When a verb with a separable prefix is in the infinitive form and is used with **zu**, the **zu** comes between the prefix and the verb stem:

er bat uns mitzukommen
he asked us to come too

er versuchte, den Weg abzukürzen
he tried to take a short cut

3. The following prefixes can either be *SEPARABLE* or *INSEPARABLE*:

durch-	unter-
hinter-	wider-
über-	voll-
um-	

In most such cases the separable and inseparable verbs have different meanings:

der Gärtner gräbt den Dung unter
the gardener digs the dung in

but:

er untergräbt seine Gesundheit
he is undermining his health

Usually the separable verb has a concrete, physical meaning, the inseparable verb a figurative meaning.

H. VERBS TAKING THE DATIVE

Here is a list of many of the commoner verbs that take a dative object as in:

er folgt mir
he is following me

ich glaube ihr nicht
I don't believe her

auffallen	to strike, be noticed
ausweichen	to get out of the way of
befehlen	to order
begegnen	to meet
danken	to thank
dienen	to serve
empfehlen	to recommend
erlauben	to allow
fehlen	to be lacking
folgen	to follow
gefallen	to please
gehorchen	to obey
gehören	to belong to
gelingen	to succeed
genügen	to be enough for
glauben	to believe
gratulieren	to congratulate
helfen	to help
mißtrauen	to distrust
passen	to suit
raten	to advise
reichen	to be enough for
schaden	to harm
schmeicheln	to flatter
trauen	to trust
verbieten	to forbid
versichern	to assure
vertrauen	to trust
verzeihen	to forgive
vorstehen	to preside over
weh tun	to hurt
widersprechen	to contradict
widerstehen	to resist
zusehen	to watch
zustimmen	to agree to

I. VERBS FOLLOWED BY PREPOSITIONS

Many German verbs are followed by prepositions. Very often these are not the obvious ones from the English equivalent and should be learnt — along with the case if necessary — with the verb. Here is a list of some of the commoner verbs with prepositions:

1. **an + *acc***
denken an	to think of (*have in one's mind*)
sich erinnern an	to remember
erinnern an	to remind
sich gewöhnen an	to become accustomed to
leiden an	to suffer from (disease)

2. **an + *dat***
es fehlt an	there is a lack of
leiden an	to suffer from (disease)

3. **auf + *acc***
achtgeben auf	to pay attention to
aufpassen auf	to keep an eye on
sich beschränken auf	to restrict oneself to
sich freuen auf	to look forward to
hoffen auf	to hope for
reagieren auf	to react to
rechnen auf	to count on
sich verlassen auf	to rely upon
verzichten auf	to renounce
warten auf	to wait for

4. **auf + *dat***
bestehen auf	to insist upon

5. **aus + *dat***
bestehen aus	to consist of

6. **für + *acc***
sich bedanken für	to say thank you for
sich einsetzen für	to do a lot for
sich entscheiden für	to decide in favour of
halten für	to consider
sich interessieren für	to be interested in
sorgen für	to look after

7. **mit** + *dat*
aufhören mit	to stop doing
einverstanden sein mit	to be in agreement with
rechnen mit	to count on

8. **nach** + *dat*
fragen nach	to ask for
schmecken nach	to taste of
suchen nach	to look for

9. **über** + *acc*
sich freuen über	to be pleased at
lachen über	to laugh at
nachdenken über	to reflect upon

10. **um** + *acc*
sich kümmern um	to care for
sich sorgen um	to be worried about
es geht um	it is a matter of
es handelt sich um	it is a matter of

11. **unter** + *dat*
leiden unter	to suffer from (noise etc)
verstehen unter	to understand by

12. **von** + *dat*
abhängen von	to be dependent on
sich erholen von	to recuperate from
handeln von	to be about

13. **vor** + *dat*
sich fürchten vor	to be afraid of

14. **zu** + *dat*
beitragen zu	to contribute to
sich entschließen zu	to decide upon

VERB TABLES

ABLEHNEN
to reject, decline

PRESENT	IMPERFECT	FUTURE
ich lehne ab	ich lehnte ab	ich werde ablehnen
du lehnst ab	du lehntest ab	du wirst ablehnen
er/sie lehnt ab	er/sie lehnte ab	er/sie wird ablehnen
wir lehnen ab	wir lehnten ab	wir werden ablehnen
ihr lehnt ab	ihr lehntet ab	ihr werdet ablehnen
Sie lehnen ab	Sie lehnten ab	Sie werden ablehnen
sie lehnen ab	sie lehnten ab	sie werden ablehnen

PERFECT	PLUPERFECT	CONDITIONAL
ich habe abgelehnt	ich hatte abgelehnt	ich würde ablehnen
du hast abgelehnt	du hattest abgelehnt	du würdest ablehnen
er/sie hat abgelehnt	er/sie hatte abgelehnt	er/sie würde ablehnen
wir haben abgelehnt	wir hatten abgelehnt	wir würden ablehnen
ihr habt abgelehnt	ihr hattet abgelehnt	ihr würdet ablehnen
Sie haben abgelehnt	Sie hatten abgelehnt	Sie würden ablehnen
sie haben abgelehnt	sie hatten abgelehnt	sie würden ablehnen

SUBJUNCTIVE

PRESENT	PERFECT
ich lehne ab	ich habe abgelehnt
du lehnest ab	du habest abgelehnt
er/sie lehne ab	er/sie habe abgelehnt
wir lehnen ab	wir haben abgelehnt
ihr lehnet ab	ihr habet abgelehnt
Sie lehnen ab	Sie haben abgelehnt
sie lehnen ab	sie haben abgelehnt

IMPERFECT	PLUPERFECT
ich lehnte ab	ich hätte abgelehnt
du lehntest ab	du hättest abgelehnt
er/sie lehnte ab	er/sie hätte abgelehnt
wir lehnten ab	wir hätten abgelehnt
ihr lehntet ab	ihr hättet abgelehnt
Sie lehnten ab	Sie hätten abgelehnt
sie lehnten ab	sie hätten abgelehnt

INFINITIVE

PRESENT
ablehnen

PAST
abgelehnt haben

PARTICIPLE

PRESENT
ablehnend

PAST
abgelehnt

IMPERATIVE

lehn(e) ab!
lehnt ab!
lehnen Sie ab!
lehnen wir ab!

FUTURE PERFECT

ich werde abgelehnt
haben
du wirst abgelehnt
haben *etc*

2 ABREISEN
to depart

PRESENT	**IMPERFECT**	**FUTURE**
ich reise ab	ich reiste ab	ich werde abreisen
du reist ab	du reistest ab	du wirst abreisen
er/sie reist ab	er/sie reiste ab	er/sie wird abreisen
wir reisen ab	wir reisten ab	wir werden abreisen
ihr reist ab	ihr reistet ab	ihr werdet abreisen
Sie reisen ab	Sie reisten ab	Sie werden abreisen
sie reisen ab	sie reisten ab	sie werden abreisen

PERFECT	**PLUPERFECT**	**CONDITIONAL**
ich bin abgereist	ich war abgereist	ich würde abreisen
du bist abgereist	du warst abgereist	du würdest abreisen
er/sie ist abgereist	er/sie war abgereist	er/sie würde abreisen
wir sind abgereist	wir waren abgereist	wir würden abreisen
ihr seid abgereist	ihr wart abgereist	ihr würdet abreisen
Sie sind abgereist	Sie waren abgereist	Sie würden abreisen
sie sind abgereist	sie waren abgereist	sie würden abreisen

SUBJUNCTIVE

PRESENT	**PERFECT**
ich reise ab	ich sei abgereist
du reisest ab	du sei(e)st abgereist
er/sie reise ab	er/sie sei abgereist
wir reisen ab	wir seien abgereist
ihr reiset ab	ihr seiet abgereist
Sie reisen ab	Sie seien abgereist
sie reisen ab	sie seien abgereist

IMPERFECT	**PLUPERFECT**
ich reiste ab	ich wäre abgereist
du reistest ab	du wär(e)st abgereist
er/sie reiste ab	er/sie wäre abgereist
wir reisten ab	wir wären abgereist
ihr reistet ab	ihr wär(e)t abgereist
Sie reisten ab	Sie wären abgereist
sie reisten ab	sie wären abgereist

FUTURE PERFECT
ich werde abgereist sein
du wirst abgereist sein *etc*

INFINITIVE

PRESENT
abreisen

PAST
abgereist sein

PARTICIPLE

PRESENT
abreisend

PAST
abgereist

IMPERATIVE

reis(e) ab!
reist ab!
reisen Sie ab!
reisen wir ab!

SICH ÄNDERN
to change

3

PRESENT

ich änd(e)re mich
du änderst dich
er/sie ändert sich
wir ändern uns
ihr ändert euch
Sie ändern sich
sie ändern sich

IMPERFECT

ich änderte mich
du ändertest dich
er/sie änderte sich
wir änderten uns
ihr ändertet euch
Sie änderten sich
sie änderten sich

FUTURE

ich werde mich ändern
du wirst dich ändern
er/sie wird sich ändern
wir werden uns ändern
ihr werdet euch ändern
Sie werden sich ändern
sie werden sich ändern

PERFECT

ich habe mich geändert
du hast dich geändert
er/sie hat sich geändert
wir haben uns geändert
ihr habt euch geändert
Sie haben sich geändert
sie haben sich geändert

PLUPERFECT

ich hatte mich geändert
du hattest dich geändert
er/sie hatte sich geändert
wir hatten uns geändert
ihr hattet euch geändert
Sie hatten sich geändert
sie hatten sich geändert

CONDITIONAL

ich würde mich ändern
du würdest dich ändern
er/sie würde sich ändern
wir würden uns ändern
ihr würdet euch ändern
Sie würden sich ändern
sie würden sich ändern

SUBJUNCTIVE

PRESENT

ich ändere mich
du änderest dich
er/sie ändere sich
wir änderen uns
ihr änderet euch
Sie änderen sich
sie änderen sich

PERFECT

ich habe mich geändert
du habest dich geändert
er/sie habe sich geändert
wir haben uns geändert
ihr habet euch geändert
Sie haben sich geändert
sie haben sich geändert

INFINITIVE

PRESENT
sich ändern
PAST
sich geändert haben

PARTICIPLE

PRESENT
mich/sich *etc* ändernd

IMPERFECT

ich änderte mich
du ändertest dich
er/sie änderte sich
wir änderten uns
ihr ändertet euch
Sie änderten sich
sie änderten sich

PLUPERFECT

ich hätte mich geändert
du hättest dich geändert
er/sie hätte sich geändert
wir hätten uns geändert
ihr hättet euch geändert
Sie hätten sich geändert
sie hätten sich geändert

IMPERATIVE

änd(e)re dich!
ändert euch!
ändern Sie sich !
ändern wir uns!

FUTURE PERFECT

ich werde mich geändert
haben
du wirst dich geändert
haben *etc*

4

ANFANGEN
to start, begin

PRESENT

ich fange an
du fängst an
er/sie fängt an
wir fangen an
ihr fangt an
Sie fangen an
sie fangen an

IMPERFECT

ich fing an
du fingst an
er/sie fing an
wir fingen an
ihr fingt an
Sie fingen an
sie fingen an

FUTURE

ich werde anfangen
du wirst anfangen
er/sie wird anfangen
wir werden anfangen
ihr werdet anfangen
Sie werden anfangen
sie werden anfangen

PERFECT

ich habe angefangen
du hast angefangen
er/sie hat angefangen
wir haben angefangen
ihr habt angefangen
Sie haben angefangen
sie haben angefangen

PLUPERFECT

ich hatte angefangen
du hattest angefangen
er/sie hatte angefangen
wir hatten angefangen
ihr hattet angefangen
Sie hatten angefangen
sie hatten angefangen

CONDITIONAL

ich würde anfangen
du würdest anfangen
er/sie würde anfangen
wir würden anfangen
ihr würdet anfangen
Sie würden anfangen
sie würden anfangen

SUBJUNCTIVE

PRESENT

ich fange an
du fangest an
er/sie fange an
wir fangen an
ihr fanget an
Sie fangen an
sie fangen an

PERFECT

ich habe angefangen
du habest angefangen
er/sie habe angefangen
wir haben angefangen
ihr habet angefangen
Sie haben angefangen
sie haben angefangen

INFINITIVE

PRESENT
anfangen
PAST
angefangen haben

PARTICIPLE

PRESENT
anfangend

IMPERFECT

ich finge an
du fingest an
er/sie finge an
wir fingen an
ihr finget an
Sie fingen an
sie fingen an

PLUPERFECT

ich hätte angefangen
du hättest angefangen
er/sie hätte angefangen
wir hätten angefangen
ihr hättet angefangen
Sie hätten angefangen
sie hätten angefangen

PAST
angefangen

IMPERATIVE

fang(e) an!
fangt an!
fangen Sie an!
fangen wir an!

FUTURE PERFECT

ich werde angefangen
haben
du wirst angefangen
haben *etc*

SICH ANHÖREN
to listen to

PRESENT

ich höre mir an
du hörst dir an
er/sie hört sich an
wir hören uns an
ihr hört euch an
Sie hören sich an
sie hören sich an

IMPERFECT

ich hörte mir an
du hörtest dir an
er/sie hörte sich an
wir hörten uns an
ihr hörtet euch an
Sie hörten sich an
sie hörten sich an

FUTURE

ich werde mir anhören
du wirst dir anhören
er/sie wird sich anhören
wir werden uns anhören
ihr werdet euch anhören
Sie werden sich anhören
sie werden sich anhören

PERFECT

ich habe mir angehört
du hast dir angehört
er/sie hat sich angehört
wir haben uns angehört
ihr habt euch angehört
Sie haben sich angehört
sie haben sich angehört

PLUPERFECT

ich hatte mir angehört
du hattest dir angehört
er/sie hatte sich angehört
wir hatten uns angehört
ihr hattet euch angehört
Sie hatten sich angehört
sie hatten sich angehört

CONDITIONAL

ich würde mir anhören
du würdest dir anhören
er/sie würde sich anhören
wir würden uns anhören
ihr würdet euch anhören
Sie würden sich anhören
sie würden sich anhören

SUBJUNCTIVE
PRESENT

ich höre mir an
du hörest dir an
er/sie höre sich an
wir hören uns an
ihr höret euch an
Sie hören sich an
sie hören sich an

PERFECT

ich habe mir angehört
du habest dir angehört
er/sie habe sich angehört
wir haben uns angehört
ihr habet euch angehört
Sie haben sich angehört
sie haben sich angehört

INFINITIVE
PRESENT
sich anhören
PAST
sich angehört haben

PARTICIPLE
PRESENT
mir/sich *etc* anhörend

IMPERFECT

ich hörte mir an
du hörtest dir an
er/sie hörte sich an
wir hörten uns an
ihr hörtet euch an
Sie hörten sich an
sie hörten sich an

PLUPERFECT

ich hätte mir angehört
du hättest dir angehört
er/sie hätte sich angehört
wir hätten uns angehört
ihr hättet euch angehört
Sie hätten sich angehört
sie hätten sich angehört

IMPERATIVE

hör(e) dir an!
hört euch an!
hören Sie sich an!
hören wir uns an!

FUTURE PERFECT

ich werde mir angehört
haben
du wirst dir angehört
haben *etc*

6

ANKOMMEN
to arrive

PRESENT

ich komme an
du kommst an
er/sie kommt an
wir kommen an
ihr kommt an
Sie kommen an
sie kommen an

IMPERFECT

ich kam an
du kamst an
er/sie kam an
wir kamen an
ihr kamt an
Sie kamen an
sie kamen an

FUTURE

ich werde ankommen
du wirst ankommen
er/sie wird ankommen
wir werden ankommen
ihr werdet ankommen
Sie werden ankommen
sie werden ankommen

PERFECT

ich bin angekommen
du bist angekommen
er/sie ist angekommen
wir sind angekommen
ihr seid angekommen
Sie sind angekommen
sie sind angekommen

PLUPERFECT

ich war angekommen
du warst angekommen
er/sie war angekommen
wir waren angekommen
ihr wart angekommen
Sie waren angekommen
sie waren angekommen

CONDITIONAL

ich würde ankommen
du würdest ankommen
er/sie würde ankommen
wir würden ankommen
ihr würdet ankommen
Sie würden ankommen
sie würden ankommen

SUBJUNCTIVE

PRESENT

ich komme an
du kommest an
er/sie komme an
wir kommen an
ihr kommet an
Sie kommen an
sie kommen an

PERFECT

ich sei angekommen
du sei(e)st angekommen
er/sie sei angekommen
wir seien angekommen
ihr seiet angekommen
Sie seien angekommen
sie seien angekommen

INFINITIVE

PRESENT
ankommen

PAST
angekommen sein

PARTICIPLE

PRESENT
ankommend

PAST
angekommen

IMPERFECT

ich käme an
du kämest an
er/sie käme an
wir kämen an
ihr kämet an
Sie kämen an
sie kämen an

PLUPERFECT

ich wäre angekommen
du wär(e)st angekommen
er/sie wäre angekommen
wir wären angekommen
ihr wär(e)t angekommen
Sie wären angekommen
sie wären angekommen

IMPERATIVE

komm(e) an!
kommt an!
kommen Sie an!
kommen wir an!

FUTURE PERFECT

ich werde angekommen
sein
du wirst angekommen sein
etc

SICH ANMELDEN

to register

7

PRESENT

ich melde mich an
du meldest dich an
er/sie meldet sich an
wir melden uns an
ihr meldet euch an
Sie melden sich an
sie melden sich an

IMPERFECT

ich meldete mich an
du meldetest dich an
er/sie meldete sich an
wir meldeten uns an
ihr meldetet euch an
Sie meldeten sich an
sie meldeten sich an

FUTURE

ich werde mich anmelden
du wirst dich anmelden
er/sie wird sich anmelden
wir werden uns anmelden
ihr werdet euch anmelden
Sie werden sich anmelden
sie werden sich anmelden

PERFECT

ich habe mich angemeldet
du hast dich angemeldet
er/sie hat sich angemeldet
wir haben uns angemeldet
ihr habt euch angemeldet
Sie haben sich angemeldet
sie haben sich angemeldet

PLUPERFECT

ich hatte mich angemeldet
du hattest dich angemeldet
er/sie hatte sich angemeldet
wir hatten uns angemeldet
ihr hattet euch angemeldet
Sie hatten sich angemeldet
sie hatten sich angemeldet

CONDITIONAL

ich würde mich anmelden
du würdest dich anmelden
er/sie würde sich anmelden
wir würden uns anmelden
ihr würdet euch anmelden
Sie würden sich anmelden
sie würden sich anmelden

SUBJUNCTIVE

PRESENT

ich melde mich an
du meldest dich an
er/sie melde sich an
wir melden uns an
ihr meldet euch an
Sie melden sich an
sie melden sich an

PERFECT

ich habe mich angemeldet
du habest dich angemeldet
er/sie habe sich angemeldet
wir haben uns angemeldet
ihr habet euch angemeldet
Sie haben sich angemeldet
sie haben sich angemeldet

INFINITIVE

PRESENT

sich anmelden

PAST

sich angemeldet haben

PARTICIPLE

PRESENT

mich/sich *etc* anmeldend

IMPERFECT

ich meldete mich an
du meldetest dich an
er/sie meldete sich an
wir meldeten uns an
ihr meldetet euch an
Sie meldeten sich an
sie meldeten sich an

PLUPERFECT

ich hätte mich angemeldet
du hättest dich angemeldet
er/sie hätte sich angemeldet
wir hätten uns angemeldet
ihr hättet euch angeme!det
Sie hätten sich angemeldet
sie hätten sich angemeldet

IMPERATIVE

meld(e) dich an!
meldet euch an!
melden Sie sich an!
melden wir uns an!

FUTURE PERFECT

ich werde mich
angemeldet haben
du wirst dich angemeldet
haben *etc*

8   ÄRGERN
to annoy

PRESENT	IMPERFECT	FUTURE
ich ärg(e)re	ich ärgerte	ich werde ärgern
du ärgerst	du ärgertest	du wirst ärgern
er/sie ärgert	er/sie ärgerte	er/sie wird ärgern
wir ärgern	wir ärgerten	wir werden ärgern
ihr ärgert	ihr ärgertet	ihr werdet ärgern
Sie ärgern	Sie ärgerten	Sie werden ärgern
sie ärgern	sie ärgerten	sie werden ärgern

PERFECT	PLUPERFECT	CONDITIONAL
ich habe geärgert	ich hatte geärgert	ich würde ärgern
du hast geärgert	du hattest geärgert	du würdest ärgern
er/sie hat geärgert	er/sie hatte geärgert	er/sie würde ärgern
wir haben geärgert	wir hatten geärgert	wir würden ärgern
ihr habt geärgert	ihr hattet geärgert	ihr würdet ärgern
Sie haben geärgert	Sie hatten geärgert	Sie würden ärgern
sie haben geärgert	sie hatten geärgert	sie würden ärgern

SUBJUNCTIVE

PRESENT	PERFECT	INFINITIVE
ich ärgere	ich habe geärgert	**PRESENT**
du ärgerst	du habest geärgert	ärgern
er/sie ärgere	er/sie habe geärgert	**PAST**
wir ärgeren	wir haben geärgert	geärgert haben
ihr ärgeret	ihr habet geärgert	
Sie ärgeren	Sie haben geärgert	**PARTICIPLE**
sie ärgeren	sie haben geärgert	**PRESENT**
		ärgernd

IMPERFECT	PLUPERFECT	PAST
ich ärgerte	ich hätte geärgert	geärgert
du ärgertest	du hättest geärgert	
er/sie ärgerte	er/sie hätte geärgert	**IMPERATIVE**
wir ärgerten	wir hätten geärgert	ärg(e)re!
ihr ärgertet	ihr hättet geärgert	ärgert!
Sie ärgerten	Sie hätten geärgert	ärgern Sie!
sie ärgerten	sie hätten geärgert	ärgern wir!

FUTURE PERFECT
ich werde geärgert haben
du wirst geärgert haben
etc

BACKEN
to bake

9

PRESENT	**IMPERFECT** *(2)*	**FUTURE**
ich backe	ich backte	ich werde backen
du backst *(1)*	du backtest	du wirst backen
er/sie backt *(1)*	er/sie backte	er/sie wird backen
wir backen	wir backten	wir werden backen
ihr backt	ihr backtet	ihr werdet backen
Sie backen	Sie backten	Sie werden backen
sie backen	sie backten	sie werden backen

PERFECT	**PLUPERFECT**	**CONDITIONAL**
ich habe gebacken	ich hatte gebacken	ich würde backen
du hast gebacken	du hattest gebacken	du würdest backen
er/sie hat gebacken	er/sie hatte gebacken	er/sie würde backen
wir haben gebacken	wir hatten gebacken	wir würden backen
ihr habt gebacken	ihr hattet gebacken	ihr würdet backen
Sie haben gebacken	Sie hatten gebacken	Sie würden backen
sie haben gebacken	sie hatten gebacken	sie würden backen

SUBJUNCTIVE

PRESENT	**PERFECT**
ich backe	ich habe gebacken
du backest	du habest gebacken
er/sie backe	er/sie habe gebacken
wir backen	wir haben gebacken
ihr backet	ihr habet gebacken
Sie backen	Sie haben gebacken
sie backen	sie haben gebacken

IMPERFECT	**PLUPERFECT**
ich backte	ich hätte gebacken
du backtest	du hättest gebacken
er/sie backte	er/sie hätte gebacken
wir backten	wir hätten gebacken
ihr backtet	ihr hättet gebacken
Sie backten	Sie hätten gebacken
sie backten	sie hätten gebacken

INFINITIVE
PRESENT
backen
PAST
gebacken haben

PARTICIPLE
PRESENT
backend
PAST
gebacken

IMPERATIVE
back(e)!
backt!
backen Sie!
backen wir!

FUTURE PERFECT
ich werde gebacken
haben
du wirst gebacken haben
etc

NOTE
(1) du bäckst and er/sie bäckt are also possible
(2) older forms: ich buk, du bukst, er/sie buk etc

10

SICH BEEILEN
to hurry, rush

PRESENT	**IMPERFECT**	**FUTURE**
ich beeile mich	ich beeilte mich	ich werde mich beeilen
du beeilst dich	du beeiltest dich	du wirst dich beeilen
er/sie beeilt sich	er/sie beeilte sich	er/sie wird sich beeilen
wir beeilen uns	wir beeilten uns	wir werden uns beeilen
ihr beeilt euch	ihr beeiltet euch	ihr werdet euch beeilen
Sie beeilen sich	Sie beeilten sich	Sie werden sich beeilen
sie beeilen sich	sie beeilten sich	sie werden sich beeilen

PERFECT	**PLUPERFECT**	**CONDITIONAL**
ich habe mich beeilt	ich hatte mich beeilt	ich würde mich beeilen
du hast dich beeilt	du hattest dich beeilt	du würdest dich beeilen
er/sie hat sich beeilt	er/sie hatte sich beeilt	er/sie würde sich beeilen
wir haben uns beeilt	wir hatten uns beeilt	wir würden uns beeilen
ihr habt euch beeilt	ihr hattet euch beeilt	ihr würdet euch beeilen
Sie haben sich beeilt	Sie hatten sich beeilt	Sie würden sich beeilen
sie haben sich beeilt	sie hatten sich beeilt	sie würden sich beeilen

SUBJUNCTIVE

PRESENT	**PERFECT**	**INFINITIVE**
ich beeile mich	ich habe mich beeilt	**PRESENT**
du beeilest dich	du habest dich beeilt	sich beeilen
er/sie beeile sich	er/sie habe sich beeilt	**PAST**
wir beeilen uns	wir haben uns beeilt	sich beeilt haben
ihr beeilet euch	ihr habet euch beeilt	
Sie beeilen sich	Sie haben sich beeilt	
sie beeilen sich	sie haben sich beeilt	

PARTICIPLE

PRESENT
mich/sich *etc* beeilend

IMPERFECT	**PLUPERFECT**	
ich beeilte mich	ich hätte mich beeilt	
du beeiltest dich	du habest dich beeilt	
er/sie beeilte sich	er/sie hätte sich beeilt	**IMPERATIVE**
wir beeilten uns	wir hätten uns beeilt	beeile dich!
ihr beeiltet euch	ihr hättet euch beeilt	beeilt euch!
Sie beeilten sich	Sie hätten sich beeilt	beeilen Sie sich!
sie beeilten sich	sie hätten sich beeilt	beeilen wir uns!

FUTURE PERFECT

ich werde mich beeilt
haben
du wirst dich beeilt haben
etc

BEFEHLEN
to order

PRESENT	IMPERFECT	FUTURE
ich befehle	ich befahl	ich werde befehlen
du befiehlst	du befahlst	du wirst befehlen
er/sie befiehlt	er/sie befahl	er/sie wird befehlen
wir befehlen	wir befahlen	wir werden befehlen
ihr befehlt	ihr befahlt	ihr werdet befehlen
Sie befehlen	Sie befahlen	Sie werden befehlen
sie befehlen	sie befahlen	sie werden befehlen

PERFECT	PLUPERFECT	CONDITIONAL
ich habe befohlen	ich hatte befohlen	ich würde befehlen
du hast befohlen	du hattest befohlen	du würdest befehlen
er/sie hat befohlen	er/sie hatte befohlen	er/sie würde befehlen
wir haben befohlen	wir hatten befohlen	wir würden befehlen
ihr habt befohlen	ihr hattet befohlen	ihr würdet befehlen
Sie haben befohlen	Sie hatten befohlen	Sie würden befehlen
sie haben befohlen	sie hatten befohlen	sie würden befehlen

SUBJUNCTIVE

PRESENT	PERFECT
ich befehle	ich habe befohlen
du befehlest	du habest befohlen
er/sie befehle	er/sie habe befohlen
wir befehlen	wir haben befohlen
ihr befehlet	ihr habet befohlen
Sie befehlen	Sie haben befohlen
sie befehlen	sie haben befohlen

IMPERFECT (1)	PLUPERFECT
ich befähle	ich hätte befohlen
du befählest	du hättest befohlen
er/sie befähle	er/sie hätte befohlen
wir befählen	wir hätten befohlen
ihr befählet	ihr hättet befohlen
Sie befählen	Sie hätten befohlen
sie befählen	sie hätten befohlen

INFINITIVE

PRESENT
befehlen

PAST
befohlen haben

PARTICIPLE

PRESENT
befehlend

PAST
befohlen

IMPERATIVE

befiehl!
befehlt!
befehlen Sie!
befehlen wir!

FUTURE PERFECT

ich werde befohlen
haben
du wirst befohlen haben
etc

NOTE

(1) ich beföhle, du beföhlest *etc is also possible*

12

BEGEGNEN
to meet

PRESENT
ich begegne
du begegnest
er/sie begegnet
wir begegnen
ihr begegnet
Sie begegnen
sie begegnen

IMPERFECT
ich begegnete
du begegnetest
er/sie begegnete
wir begegneten
ihr begegnetet
Sie begegneten
sie begegneten

FUTURE
ich werde begegnen
du wirst begegnen
er/sie wird begegnen
wir werden begegnen
ihr werdet begegnen
Sie werden begegnen
sie werden begegnen

PERFECT
ich bin begegnet
du bist begegnet
er/sie ist begegnet
wir sind begegnet
ihr seid begegnet
Sie sind begegnet
sie sind begegnet

PLUPERFECT
ich war begegnet
du warst begegnet
er/sie war begegnet
wir waren begegnet
ihr wart begegnet
Sie waren begegnet
sie waren begegnet

CONDITIONAL
ich würde begegnen
du würdest begegnen
er/sie würde begegnen
wir würden begegnen
ihr würdet begegnen
Sie würden begegnen
sie würden begegnen

SUBJUNCTIVE

PRESENT
ich begegne
du begegnest
er/sie begegnet
wir begegnen
ihr begegnet
Sie begegnen
sie begegnen

PERFECT
ich sei begegnet
du sei(e)st begegnet
er/sie sei begegnet
wir seien begegnet
ihr seiet begegnet
Sie seien begegnet
sie seien begegnet

INFINITIVE

PRESENT
begegnen
PAST
begegnet sein

PARTICIPLE

PRESENT
begegnend
PAST
begegnet

IMPERFECT
ich begegnete
du begegnetest
er/sie begegnete
wir begegneten
ihr begegnetet
Sie begegneten
sie begegneten

PLUPERFECT
ich wäre begegnet
du wär(e)st begegnet
er/sie wäre begegnet
wir wären begegnet
ihr wär(e)t begegnet
Sie wären begegnet
sie wären begegnet

IMPERATIVE
begegn(e)!
begegnet!
begegnen Sie!
begegnen wir!

FUTURE PERFECT
ich werde begegnet sein
du wirst begegnet sein *etc*

NOTE
takes the dative: ich begegne ihm, ich bin ihm begegnet *etc*

BEGINNEN
to begin

PRESENT
ich beginne
du beginnst
er/sie beginnt
wir beginnen
ihr beginnt
Sie beginnen
sie beginnen

IMPERFECT
ich begann
du begannst
er/sie begann
wir begannen
ihr begannt
Sie begannen
sie begannen

FUTURE
ich werde beginnen
du wirst beginnen
er/sie wird beginnen
wir werden beginnen
ihr werdet beginnen
Sie werden beginnen
sie werden beginnen

PERFECT
ich habe begonnen
du hast begonnen
er/sie hat begonnen
wir haben begonnen
ihr habt begonnen
Sie haben begonnen
sie haben begonnen

PLUPERFECT
ich hatte begonnen
du hattest begonnen
er/sie hatte begonnen
wir hatten begonnen
ihr hattet begonnen
Sie hatten begonnen
sie hatten begonnen

CONDITIONAL
ich würde beginnen
du würdest beginnen
er/sie würde beginnen
wir würden beginnen
ihr würdet beginnen
Sie würden beginnen
sie würden beginnen

SUBJUNCTIVE

PRESENT
ich beginne
du beginnest
er/sie beginne
wir beginnen
ihr beginnet
Sie beginnen
sie beginnen

PERFECT
ich habe begonnen
du habest begonnen
er/sie habe begonnen
wir haben begonnen
ihr habet begonnen
Sie haben begonnen
sie haben begonnen

INFINITIVE

PRESENT
beginnen
PAST
begonnen haben

PARTICIPLE

PRESENT
beginnend
PAST
begonnen

IMPERFECT
ich begänne
du begännest
er/sie begänne
wir begännen
ihr begännet
Sie begännen
sie begännen

PLUPERFECT
ich hätte begonnen
du hättest begonnen
er/sie hätte begonnen
wir hätten begonnen
ihr hättet begonnen
Sie hätten begonnen
sie hätten begonnen

IMPERATIVE

beginn(e)!
beginnt!
beginnen Sie!
beginnen wir!

FUTURE PERFECT
ich werde begonnen
haben
du wirst begonnen haben
etc

BEISSEN
to bite

PRESENT
ich beiße
du beißt
er/sie beißt
wir beißen
ihr beißt
Sie beißen
sie beißen

IMPERFECT
ich biß
du bissest
er/sie biß
wir bissen
ihr bißt
Sie bissen
sie bissen

FUTURE
ich werde beißen
du wirst beißen
er/sie wird beißen
wir werden beißen
ihr werdet beißen
Sie werden beißen
sie werden beißen

PERFECT
ich habe gebissen
du hast gebissen
er/sie hat gebissen
wir haben gebissen
ihr habt gebissen
Sie haben gebissen
sie haben gebissen

PLUPERFECT
ich hatte gebissen
du hattest gebissen
er/sie hatte gebissen
wir hatten gebissen
ihr hattet gebissen
Sie hatten gebissen
sie hatten gebissen

CONDITIONAL
ich würde beißen
du würdest beißen
er/sie würde beißen
wir würden beißen
ihr würdet beißen
Sie würden beißen
sie würden beißen

SUBJUNCTIVE

PRESENT
ich beiße
du beißest
er/sie beiße
wir beißen
ihr beißet
Sie beißen
sie beißen

PERFECT
ich habe gebissen
du habest gebissen
er/sie habe gebissen
wir haben gebissen
ihr habet gebissen
Sie haben gebissen
sie haben gebissen

INFINITIVE

PRESENT
beißen

PAST
gebissen haben

PARTICIPLE

PRESENT
beißend

IMPERFECT
ich bisse
du bissest
er/sie bisse
wir bissen
ihr bisset
Sie bissen
sie bissen

PLUPERFECT
ich hätte gebissen
du hättest gebissen
er/sie hätte gebissen
wir hätten gebissen
ihr hättet gebissen
Sie hätten gebissen
sie hätten gebissen

PAST
gebissen

IMPERATIVE

beiß(e)!
beißt!
beißen Sie!
beißen wir!

FUTURE PERFECT
ich werde gebissen haben
du wirst gebissen haben
etc

BEKOMMEN
to get

15

PRESENT
ich bekomme
du bekommst
er/sie bekommen
wir bekommen
ihr bekommet
Sie bekommen
sie bekommen

IMPERFECT
ich bekam
du bekamst
er/sie bekam
wir bekamen
ihr bekamt
Sie bekamen
sie bekamen

FUTURE
ich werde bekommen
du wirst bekommen
er/sie wird bekommen
wir werden bekommen
ihr werdet bekommen
Sie werden bekommen
sie werden bekommen

PERFECT
ich habe bekommen
du hast bekommen
er/sie hat bekommen
wir haben bekommen
ihr habt bekommen
Sie haben bekommen
sie haben bekommen

PLUPERFECT
ich hatte bekommen
du hattest bekommen
er/sie hatte bekommen
wir hatten bekommen
ihr hattet bekommen
Sie hatten bekommen
sie hatten bekommen

CONDITIONAL
ich würde bekommen
du würdest bekommen
er/sie würde bekommen
wir würden bekommen
ihr würdet bekommen
Sie würden bekommen
sie würden bekommen

SUBJUNCTIVE
PRESENT
ich bekomme
du bekommest
er/sie bekomme
wir bekommen
ihr bekommet
Sie bekommen
sie bekommen

PERFECT
ich habe bekommen
du habest bekommen
er/sie habe bekommen
wir haben bekommen
ihr habet bekommen
Sie haben bekommen
sie haben bekommen

INFINITIVE
PRESENT
bekommen
PAST
bekommen haben

PARTICIPLE
PRESENT
bekommend
PAST
bekommen

IMPERFECT
ich bekäme
du bekämest
er/sie bekäme
wir bekämen
ihr bekämet
Sie bekämen
sie bekämen

PLUPERFECT
ich hätte bekommen
du hättest bekommen
er/sie hätte bekommen
wir hätten bekommen
ihr hättet bekommen
Sie hätten bekommen
sie hätten bekommen

IMPERATIVE
bekomm(e)!
bekommt!
bekommen Sie!
bekommen wir!

FUTURE PERFECT
ich werde bekommen
haben
du wirst bekommen
haben *etc*

16

BERGEN
to rescue, salvage

PRESENT	IMPERFECT	FUTURE
ich berge	ich barg	ich werde bergen
du birgst	du bargest	du wirst bergen
er/sie birgt	er/sie barg	er/sie wird bergen
wir bergen	wir bargen	wir werden bergen
ihr bergt	ihr bargt	ihr werdet bergen
Sie bergen	Sie bargen	Sie werden bergen
sie bergen	sie bargen	sie werden bergen

PERFECT	PLUPERFECT	CONDITIONAL
ich habe geborgen	ich hatte geborgen	ich würde bergen
du hast geborgen	du hattest geborgen	du würdest bergen
er/sie hat geborgen	er/sie hatte geborgen	er/sie würde bergen
wir haben geborgen	wir hatten geborgen	wir würden bergen
ihr habt geborgen	ihr hattet geborgen	ihr würdet bergen
Sie haben geborgen	Sie hatten geborgen	Sie würden bergen
sie haben geborgen	sie hatten geborgen	sie würden bergen

SUBJUNCTIVE

PRESENT	PERFECT
ich berge	ich habe geborgen
du bergest	du habest geborgen
er/sie berge	er/sie habe geborgen
wir bergen	wir haben geborgen
ihr berget	ihr habet geborgen
Sie bergen	Sie haben geborgen
sie bergen	sie haben geborgen

IMPERFECT	PLUPERFECT
ich bärge	ich hätte geborgen
du bärgest	du hättest geborgen
er/sie bärge	er/sie hätte geborgen
wir bärgen	wir hätten geborgen
ihr bärget	ihr hättet geborgen
Sie bärgen	Sie hätten geborgen
sie bärgen	sie hätten geborgen

FUTURE PERFECT

ich werde geborgen
haben
du wirst geborgen haben
etc

INFINITIVE

PRESENT
bergen
PAST
geborgen haben

PARTICIPLE

PRESENT
bergend
PAST
geborgen

IMPERATIVE

birg!
bergt!
bergen Sie!
bergen wir!

BERSTEN
to burst

17

PRESENT	IMPERFECT	FUTURE
ich berste	ich barst	ich werde bersten
du berst	du barstest	du wirst bersten
er/sie birst	er/sie barst	er/sie wird bersten
wir bersten	wir barsten	wir werden bersten
ihr berstet	ihr barstet	ihr werdet bersten
Sie bersten	Sie barsten	Sie werden bersten
sie bersten	sie barsten	sie werden bersten

PERFECT	PLUPERFECT	CONDITIONAL
ich bin geborsten	ich war geborsten	ich würde bersten
du bist geborsten	du warst geborsten	du würdest bersten
er/sie ist geborsten	er/sie war geborsten	er/sie würde bersten
wir sind geborsten	wir waren geborsten	wir würden bersten
ihr seid geborsten	ihr wart geborsten	ihr würdet bersten
Sie sind geborsten	Sie waren geborsten	Sie würden bersten
sie sind geborsten	sie waren geborsten	sie würden bersten

SUBJUNCTIVE

PRESENT	PERFECT
ich berste	ich sei geborsten
du berstest	du sei(e)st geborsten
er/sie berste	er/sie sei geborsten
wir bersten	wir seien geborsten
ihr berstet	ihr seiet geborsten
Sie bersten	Sie seien geborsten
sie bersten	sie seien geborsten

IMPERFECT	PLUPERFECT
ich bärste	ich wäre geborsten
du bärstest	du wär(e)st geborsten
er/sie bärste	er/sie wäre geborsten
wir bärsten	wir wären geborsten
ihr bärstet	ihr wär(e)t geborsten
Sie bärsten	Sie wären geborsten
sie bärsten	sie wären geborsten

FUTURE PERFECT
ich werde geborsten sein
du wirst geborsten sein
etc

INFINITIVE
PRESENT
bersten
PAST
geborsten sein

PARTICIPLE
PRESENT
berstend
PAST
geborsten

IMPERATIVE
birst!
berstet!
bersten Sie!
bersten wir!

18 BESTELLEN
to order

PRESENT	IMPERFECT	FUTURE
ich bestelle	ich bestellte	ich werde bestellen
du bestellst	du bestelltest	du wirst bestellen
er/sie bestellt	er/sie bestellte	er/sie wird bestellen
wir bestellen	wir bestellten	wir werden bestellen
ihr bestellt	ihr bestelltet	ihr werdet bestellen
Sie bestellen	Sie bestellten	Sie werden bestellen
sie bestellen	sie bestellten	sie werden bestellen

PERFECT	PLUPERFECT	CONDITIONAL
ich habe bestellt	ich hatte bestellt	ich würde bestellen
du hast bestellt	du hattest bestellt	du würdest bestellen
er/sie hat bestellt	er/sie hatte bestellt	er/sie würde bestellen
wir haben bestellt	wir hatten bestellt	wir würden bestellen
ihr habt bestellt	ihr hattet bestellt	ihr würdet bestellen
Sie haben bestellt	Sie hatten bestellt	Sie würden bestellen
sie haben bestellt	sie hatten bestellt	sie würden bestellen

SUBJUNCTIVE

PRESENT	PERFECT
ich bestelle	ich habe bestellt
du bestellest	du habest bestellt
er/sie bestelle	er/sie habe bestellt
wir bestellen	wir haben bestellt
ihr bestellet	ihr habet bestellt
Sie bestellen	Sie haben bestellt
sie bestellen	sie haben bestellt

IMPERFECT	PLUPERFECT
ich bestellte	ich hätte bestellt
du bestelltest	du hättest bestellt
er/sie bestellte	er/sie hätte bestellt
wir bestellten	wir hätten bestellt
ihr bestelltet	ihr hättet bestellt
Sie bestellten	Sie hätten bestellt
sie bestellten	sie hätten bestellt

FUTURE PERFECT
ich werde bestellt haben
du wirst bestellt haben
etc

INFINITIVE
PRESENT
bestellen
PAST
bestellt haben

PARTICIPLE
PRESENT
bestellend
PAST
bestellt

IMPERATIVE
bestell(e)!
bestellt!
bestellen Sie!
bestellen wir!

BEWEGEN
to induce, persuade *(1)*

PRESENT	IMPERFECT	FUTURE
ich bewege	ich bewog	ich werde bewegen
du bewegst	du bewogst	du wirst bewegen
er/sie bewegt	er/sie bewog	er/sie wird bewegen
wir bewegen	wir bewogen	wir werden bewegen
ihr bewegt	ihr bewogt	ihr werdet bewegen
Sie bewegen	Sie bewogen	Sie werden bewegen
sie bewegen	sie bewogen	sie werden bewegen

PERFECT	PLUPERFECT	CONDITIONAL
ich habe bewogen	ich hatte bewogen	ich würde bewegen
du hast bewogen	du hattest bewogen	du würdest bewegen
er/sie hat bewogen	er/sie hatte bewogen	er/sie würde bewegen
wir haben bewogen	wir hatten bewogen	wir würden bewegen
ihr habt bewogen	ihr hattet bewogen	ihr würdet bewegen
Sie haben bewogen	Sie hatten bewogen	Sie würden bewegen
sie haben bewogen	sie hatten bewogen	sie würden bewegen

SUBJUNCTIVE

PRESENT	PERFECT
ich bewege	ich habe bewogen
du bewegest	du habest bewogen
er/sie bewege	er/sie habe bewogen
wir bewegen	wir haben bewogen
ihr beweget	ihr habet bewogen
Sie bewegen	Sie haben bewogen
sie bewegen	sie haben bewogen

IMPERFECT	PLUPERFECT
ich bewöge	ich hätte bewogen
du bewögest	du hättest bewogen
er/sie bewöge	er/sie hätte bewogen
wir bewögen	wir hätten bewogen
ihr bewöget	ihr hättet bewogen
Sie bewögen	Sie hätten bewogen
sie bewögen	sie hätten bewogen

INFINITIVE

PRESENT
bewegen

PAST
bewogen haben

PARTICIPLE

PRESENT
bewegend

PAST
bewogen

IMPERATIVE

beweg(e)!
bewegt!
bewegen Sie!
bewegen wir!

FUTURE PERFECT

ich werde bewogen
haben
du wirst bewogen haben
etc

NOTE

(1) also a weak verb meaning 'to move': ich
bewegte, ich habe bewegt *etc*

20 BIEGEN
to bend

PRESENT	IMPERFECT	FUTURE
ich biege	ich bog	ich werde biegen
du biegst	du bogst	du wirst biegen
er/sie biegt	er/sie bog	er/sie wird biegen
wir biegen	wir bogen	wir werden biegen
ihr biegt	ihr bogt	ihr werdet biegen
Sie biegen	Sie bogen	Sie werden biegen
sie biegen	sie bogen	sie werden biegen

PERFECT (1)	PLUPERFECT (2)	CONDITIONAL
ich habe gebogen	ich hatte gebogen	ich würde biegen
du hast gebogen	du hattest gebogen	du würdest biegen
er/sie hat gebogen	er/sie hatte gebogen	er/sie würde biegen
wir haben gebogen	wir hatten gebogen	wir würden biegen
ihr habt gebogen	ihr hattet gebogen	ihr würdet biegen
Sie haben gebogen	Sie hatten gebogen	Sie würden biegen
sie haben gebogen	sie hatten gebogen	sie würden biegen

SUBJUNCTIVE

PRESENT	PERFECT (3)
ich biege	ich habe gebogen
du biegest	du habest gebogen
er/sie biege	er/sie habe gebogen
wir biegen	wir haben gebogen
ihr bieget	ihr habet gebogen
Sie biegen	Sie haben gebogen
sie biegen	sie haben gebogen

IMPERFECT	PLUPERFECT (4)
ich böge	ich hätte gebogen
du bögest	du hättest gebogen
er/sie böge	er/sie hätte gebogen
wir bögen	wir hätten gebogen
ihr böget	ihr hättet gebogen
Sie bögen	Sie hätten gebogen
sie bögen	sie hätten gebogen

INFINITIVE

PRESENT
biegen
PAST (6)
gebogen haben

PARTICIPLE

PRESENT
biegend
PAST
gebogen

IMPERATIVE

bieg(e)!
biegt!
biegen Sie!
biegen wir!

FUTURE PERFECT (5)
ich werde gebogen haben
du wirst gebogen haben
etc

NOTE

also intransitive ('to turn'): (1) ich bin gebogen *etc*
(2) ich war gebogen *etc (3)* ich sei gebogen *etc (4)*
ich wäre gebogen *etc (5)* ich werde gebogen sein
etc (6) gebogen sein

BIETEN
to offer

PRESENT

ich biete
du bietest
er/sie bietet
wir bieten
ihr bietet
Sie bieten
sie bieten

IMPERFECT

ich bot
du bot(e)st
er/sie bot
wir boten
ihr botet
Sie boten
sie boten

FUTURE

ich werde bieten
du wirst bieten
er/sie wird bieten
wir werden bieten
ihr werdet bieten
Sie werden bieten
sie werden bieten

PERFECT

ich habe geboten
du hast geboten
er/sie hat geboten
wir haben geboten
ihr habt geboten
Sie haben geboten
sie haben geboten

PLUPERFECT

ich hatte geboten
du hattest geboten
er/sie hatte geboten
wir hatten geboten
ihr hattet geboten
Sie hatten geboten
sie hatten geboten

CONDITIONAL

ich würde bieten
du würdest bieten
er/sie würde bieten
wir würden bieten
ihr würdet bieten
Sie würden bieten
sie würden bieten

SUBJUNCTIVE

PRESENT

ich biete
du bietest
er/sie biete
wir bieten
ihr bietet
Sie bieten
sie bieten

PERFECT

ich habe geboten
du habest geboten
er/sie habe geboten
wir haben geboten
ihr habet geboten
Sie haben geboten
sie haben geboten

INFINITIVE

PRESENT

bieten

PAST

geboten haben

PARTICIPLE

PRESENT

bietend

PAST

geboten

IMPERFECT

ich böte
du bötest
er/sie böte
wir böten
ihr bötet
Sie böten
sie böten

PLUPERFECT

ich hätte geboten
du hättest geboten
er/sie hätte geboten
wir hätten geboten
ihr hättet geboten
Sie hätten geboten
sie hätten geboten

IMPERATIVE

biet(e)!
bietet!
bieten Sie!
bieten wir!

FUTURE PERFECT

ich werde geboten haben
du wirst geboten haben
etc

BINDEN
to tie

PRESENT	IMPERFECT	FUTURE
ich binde	ich band	ich werde binden
du bindest	du band(e)st	du wirst binden
er/sie bindet	er/sie band	er/sie wird binden
wir binden	wir banden	wir werden binden
ihr bindet	ihr bandet	ihr werdet binden
Sie binden	Sie banden	Sie werden binden
sie binden	sie banden	sie werden binden

PERFECT (1)	PLUPERFECT (2)	CONDITIONAL
ich habe gebunden	ich hatte gebunden	ich würde binden
du hast gebunden	du hattest gebunden	du würdest binden
er/sie hat gebunden	er/sie hatte gebunden	er/sie würde binden
wir haben gebunden	wir hatten gebunden	wir würden binden
ihr habt gebunden	ihr hattet gebunden	ihr würdet binden
Sie haben gebunden	Sie hatten gebunden	Sie würden binden
sie haben gebunden	sie hatten gebunden	sie würden binden

SUBJUNCTIVE

PRESENT	PERFECT (3)
ich binde	ich habe gebunden
du bindest	du habest gebunden
er/sie binde	er/sie habe gebunden
wir binden	wir haben gebunden
ihr bindet	ihr habet gebunden
Sie binden	Sie haben gebunden
sie binden	sie haben gebunden

IMPERFECT	PLUPERFECT (4)
ich bände	ich hätte gebunden
du bändest	du hättest gebunden
er/sie bände	er/sie hätte gebunden
wir bänden	wir hätten gebunden
ihr bändet	ihr hättet gebunden
Sie bänden	Sie hätten gebunden
sie bänden	sie hätten gebunden

INFINITIVE

PRESENT
binden

PAST (6)
gebunden haben

PARTICIPLE

PRESENT
bindend

PAST
gebunden

IMPERATIVE

bind(e)!
bindet!
binden Sie!
binden wir!

FUTURE PERFECT (5) *NOTE*

ich werde gebunden
haben
du wirst gebunden haben
etc

also intransitive: (1) ich bin gebunden *etc (2)* ich
war gebunden *etc (3)* ich sei gebunden *etc (4)* ich
wäre gebunden *etc (5)* ich werde gebunden sein
etc (6) gebunden sein

BITTEN
to ask, request

PRESENT	IMPERFECT	FUTURE
ich bitte	ich bat	ich werde bitten
du bittest	du bat(e)st	du wirst bitten
er/sie bittet	er/sie bat	er/sie wird bitten
wir bitten	wir baten	wir werden bitten
ihr bittet	ihr batet	ihr werdet bitten
Sie bitten	Sie baten	Sie werden bitten
sie bitten	sie baten	sie werden bitten

PERFECT	PLUPERFECT	CONDITIONAL
ich habe gebeten	ich hatte gebeten	ich würde bitten
du hast gebeten	du hattest gebeten	du würdest bitten
er/sie hat gebeten	er/sie hatte gebeten	er/sie würde bitten
wir haben gebeten	wir hatten gebeten	wir würden bitten
ihr habt gebeten	ihr hattet gebeten	ihr würdet bitten
Sie haben gebeten	Sie hatten gebeten	Sie würden bitten
sie haben gebeten	sie hatten gebeten	sie würden bitten

SUBJUNCTIVE

PRESENT	PERFECT
ich bitte	ich habe gebeten
du bittest	du habest gebeten
er/sie bitte	er/sie habe gebeten
wir bitten	wir haben gebeten
ihr bittet	ihr habet gebeten
Sie bitten	Sie haben gebeten
sie bitten	sie haben gebeten

IMPERFECT	PLUPERFECT
ich bäte	ich hätte gebeten
du bätest	du hättest gebeten
er/sie bäte	er/sie hätte gebeten
wir bäten	wir hätten gebeten
ihr bätet	ihr hättet gebeten
Sie bäten	Sie hätten gebeten
sie bäten	sie hätten gebeten

INFINITIVE

PRESENT
bitten

PAST
gebeten haben

PARTICIPLE

PRESENT
bittend

PAST
gebeten

IMPERATIVE

bitt(e)!
bittet!
bitten Sie!
bitten wir!

FUTURE PERFECT

ich werde gebeten haben
du wirst gebeten haben
etc

24 BLASEN
to blow

PRESENT	IMPERFECT	FUTURE
ich blase	ich blies	ich werde blasen
du bläst	du bliesest	du wirst blasen
er/sie bläst	er/sie blies	er/sie wird blasen
wir blasen	wir bliesen	wir werden blasen
ihr blast	ihr bliest	ihr werdet blasen
Sie blasen	Sie bliesen	Sie werden blasen
sie blasen	sie bliesen	sie werden blasen

PERFECT	PLUPERFECT	CONDITIONAL
ich habe geblasen	ich hatte geblasen	ich würde blasen
du hast geblasen	du hattest geblasen	du würdest blasen
er/sie hat geblasen	er/sie hatte geblasen	er/sie würde blasen
wir haben geblasen	wir hatten geblasen	wir würden blasen
ihr habt geblasen	ihr hattet geblasen	ihr würdet blasen
Sie haben geblasen	Sie hatten geblasen	Sie würden blasen
sie haben geblasen	sie hatten geblasen	sie würden blasen

SUBJUNCTIVE

PRESENT	PERFECT
ich blase	ich habe geblasen
du blasest	du habest geblasen
er/sie blase	er/sie habe geblasen
wir blasen	wir haben geblasen
ihr blaset	ihr habet geblasen
Sie blasen	Sie haben geblasen
sie blasen	sie haben geblasen

IMPERFECT	PLUPERFECT
ich bliese	ich hätte geblasen
du bliesest	du hättest geblasen
er/sie bliese	er/sie hätte geblasen
wir bliesen	wir hätten geblasen
ihr blieset	ihr hättet geblasen
Sie bliesen	Sie hätten geblasen
sie bliesen	sie hätten geblasen

INFINITIVE

PRESENT
blasen

PAST
geblasen haben

PARTICIPLE

PRESENT
blasend

PAST
geblasen

IMPERATIVE

blas(e)!
blast!
blasen Sie!
blasen wir!

FUTURE PERFECT

ich werde geblasen haben
du wirst geblasen haben
etc

PRESENT	IMPERFECT	FUTURE
ich bleibe	ich blieb	ich werde bleiben
du bleibst	du bliebst	du wirst bleiben
er/sie bleibt	er/sie blieb	er/sie wird bleiben
wir bleiben	wir blieben	wir werden bleiben
ihr bleibt	ihr bliebt	ihr werdet bleiben
Sie bleiben	Sie blieben	Sie werden bleiben
sie bleiben	sie blieben	sie werden bleiben

PERFECT	PLUPERFECT	CONDITIONAL
ich bin geblieben	ich war geblieben	ich würde bleiben
du bist geblieben	du warst geblieben	du würdest bleiben
er/sie ist geblieben	er/sie war geblieben	er/sie würde bleiben
wir sind geblieben	wir waren geblieben	wir würden bleiben
ihr seid geblieben	ihr wart geblieben	ihr würdet bleiben
Sie sind geblieben	Sie waren geblieben	Sie würden bleiben
sie sind geblieben	sie waren geblieben	sie würden bleiben

SUBJUNCTIVE

PRESENT	PERFECT
ich bleibe	ich sei geblieben
du bleibest	du sei(e)st geblieben
er/sie bleibe	er/sie sei geblieben
wir bleiben	wir seien geblieben
ihr bleibet	ihr seiet geblieben
Sie bleiben	Sie seien geblieben
sie bleiben	sie seien geblieben

IMPERFECT	PLUPERFECT
ich bliebe	ich wäre geblieben
du bliebest	du wär(e)st geblieben
er/sie bliebe	er/sie wäre geblieben
wir blieben	wir wären geblieben
ihr bliebet	ihr wär(e)t geblieben
Sie blieben	Sie wären geblieben
sie blieben	sie wären geblieben

FUTURE PERFECT

ich werde geblieben sein
du wirst geblieben sein
etc

INFINITIVE

PRESENT
bleiben

PAST
geblieben sein

PARTICIPLE

PRESENT
bleibend

PAST
geblieben

IMPERATIVE

bleib(e)!
bleibt!
bleiben Sie!
bleiben wir!

BRATEN
to roast, fry

PRESENT	IMPERFECT	FUTURE
ich brate	ich briet	ich werde braten
du brätst	du brietst	du wirst braten
er/sie brät	er/sie briet	er/sie wird braten
wir braten	wir brieten	wir werden braten
ihr bratet	ihr brietet	ihr werdet braten
Sie braten	Sie brieten	Sie werden braten
sie braten	sie brieten	sie werden braten

PERFECT	PLUPERFECT	CONDITIONAL
ich habe gebraten	ich hatte gebraten	ich würde braten
du hast gebraten	du hattest gebraten	du würdest braten
er/sie hat gebraten	er/sie hatte gebraten	er/sie würde braten
wir haben gebraten	wir hatten gebraten	wir würden braten
ihr habt gebraten	ihr hattet gebraten	ihr würdet braten
Sie haben gebraten	Sie hatten gebraten	Sie würden braten
sie haben gebraten	sie hatten gebraten	sie würden braten

SUBJUNCTIVE

PRESENT	PERFECT	INFINITIVE
ich brate	ich habe gebraten	**PRESENT** braten
du bratest	du habest gebraten	
er/sie brate	er/sie habe gebraten	**PAST** gebraten haben
wir braten	wir haben gebraten	
ihr bratet	ihr habet gebraten	
Sie braten	Sie haben gebraten	
sie braten	sie haben gebraten	

INFINITIVE

PRESENT
braten

PAST
gebraten haben

PARTICIPLE

PRESENT
bratend

IMPERFECT	PLUPERFECT	
ich briete	ich hätte gebraten	
du brietest	du hättest gebraten	
er/sie briete	er/sie hätte gebraten	
wir brieten	wir hätten gebraten	
ihr brietet	ihr hättet gebraten	
Sie brieten	Sie hätten gebraten	
sie brieten	sie hätten gebraten	

PAST
gebraten

IMPERATIVE

brat(e)!
bratet!
braten Sie!
braten wir!

FUTURE PERFECT

ich werde gebraten
haben
du wirst gebraten
haben *etc*

BRAUCHEN
to need

PRESENT	**IMPERFECT**	**FUTURE**
ich brauche	ich brauchte	ich werde brauchen
du brauchst	du brauchtest	du wirst brauchen
er/sie braucht	er/sie brauchte	er/sie wird brauchen
wir brauchen	wir brauchten	wir werden brauchen
ihr braucht	ihr brauchtet	ihr werdet brauchen
Sie brauchen	Sie brauchten	Sie werden brauchen
sie brauchen	sie brauchten	sie werden brauchen

PERFECT	**PLUPERFECT**	**CONDITIONAL**
ich habe gebraucht	ich hatte gebraucht	ich würde brauchen
du hast gebraucht	du hattest gebraucht	du würdest brauchen
er/sie hat gebraucht	er/sie hatte gebraucht	er/sie würde brauchen
wir haben gebraucht	wir hatten gebraucht	wir würden brauchen
ihr habt gebraucht	ihr hattet gebraucht	ihr würdet brauchen
Sie haben gebraucht	Sie hatten gebraucht	Sie würden brauchen
sie haben gebraucht	sie hatten gebraucht	sie würden brauchen

SUBJUNCTIVE

PRESENT	**PERFECT**
ich brauche	ich habe gebraucht
du brauchest	du habest gebraucht
er/sie brauche	er/sie habe gebraucht
wir brauchen	wir haben gebraucht
ihr brauchet	ihr habet gebraucht
Sie brauchen	Sie haben gebraucht
sie brauchen	sie haben gebraucht

INFINITIVE

PRESENT
brauchen

PAST
gebraucht haben

IMPERFECT	**PLUPERFECT**
ich brauchte	ich hätte gebraucht
du brauchtest	du hättest gebraucht
er/sie brauchte	er/sie hätte gebraucht
wir brauchten	wir hätten gebraucht
ihr brauchtet	ihr hättet gebraucht
Sie brauchten	Sie hätten gebraucht
sie brauchten	sie hätten gebraucht

PARTICIPLE

PRESENT
brauchend

PAST
gebraucht

IMPERATIVE

brauch(e)!
braucht!
brauchen Sie!
brauchen wir!

FUTURE PERFECT

ich werde gebraucht
haben
du wirst gebraucht
haben *etc*

28

BRECHEN
to break

PRESENT	IMPERFECT	FUTURE
ich breche	ich brach	ich werde brechen
du brichst	du brachst	du wirst brechen
er/sie bricht	er/sie brach	er/sie wird brechen
wir brechen	wir brachen	wir werden brechen
ihr brecht	ihr bracht	ihr werdet brechen
Sie brechen	Sie brachen	Sie werden brechen
sie brechen	sie brachen	sie werden brechen

PERFECT *(1)*	PLUPERFECT *(2)*	CONDITIONAL
ich habe gebrochen	ich hatte gebrochen	ich würde brechen
du hast gebrochen	du hattest gebrochen	du würdest brechen
er/sie hat gebrochen	er/sie hatte gebrochen	er/sie würde brechen
wir haben gebrochen	wir hatten gebrochen	wir würden brechen
ihr habt gebrochen	ihr hattet gebrochen	ihr würdet brechen
Sie haben gebrochen	Sie hatten gebrochen	Sie würden brechen
sie haben gebrochen	sie hatten gebrochen	sie würden brechen

SUBJUNCTIVE

PRESENT	PERFECT *(3)*	*INFINITIVE*
ich breche	ich habe gebrochen	**PRESENT**
du brechest	du habest gebrochen	brechen
er/sie breche	er/sie habe gebrochen	**PAST** *(6)*
wir brechen	wir haben gebrochen	gebrochen haben
ihr brechet	ihr habet gebrochen	
Sie brechen	Sie haben gebrochen	*PARTICIPLE*
sie brechen	sie haben gebrochen	**PRESENT**
		brechend

IMPERFECT	PLUPERFECT *(4)*	**PAST**
ich bräche	ich hätte gebrochen	gebrochen
du brächest	du hättest gebrochen	
er/sie bräche	er/sie hätte gebrochen	*IMPERATIVE*
wir brächen	wir hätten gebrochen	brich!
ihr brächet	ihr hättet gebrochen	brecht!
Sie brächen	Sie hätten gebrochen	brechen Sie!
sie brächen	sie hätten gebrochen	brechen wir!

FUTURE PERFECT *(5)* *NOTE*

ich werde gebrochen
haben
du wirst gebrochen
haben *etc*

also intransitive: (1) ich bin gebrochen etc (2) ich war gebrochen etc (3) ich sei gebrochen etc (4) ich wäre gebrochen etc (5) ich werde gebrochen sein etc (6) gebrochen sein

BRENNEN
to burn

PRESENT	IMPERFECT	FUTURE
ich brenne	ich brannte	ich werde brennen
du brennst	du branntest	du wirst brennen
er/sie brennt	er/sie brannte	er/sie wird brennen
wir brennen	wir brannten	wir werden brennen
ihr brennt	ihr branntet	ihr werdet brennen
Sie brennen	Sie brannten	Sie werden brennen
sie brennen	sie brannten	sie werden brennen

PERFECT	PLUPERFECT	CONDITIONAL
ich habe gebrannt	ich hatte gebrannt	ich würde brennen
du hast gebrannt	du hattest gebrannt	du würdest brennen
er/sie hat gebrannt	er/sie hatte gebrannt	er/sie würde brennen
wir haben gebrannt	wir hatten gebrannt	wir würden brennen
ihr habt gebrannt	ihr hattet gebrannt	ihr würdet brennen
Sie haben gebrannt	Sie hatten gebrannt	Sie würden brennen
sie haben gebrannt	sie hatten gebrannt	sie würden brennen

SUBJUNCTIVE

PRESENT	PERFECT
ich brenne	ich habe gebrannt
du brennest	du habest gebrannt
er/sie brenne	er/sie habe gebrannt
wir brennen	wir haben gebrannt
ihr brennet	ihr habet gebrannt
Sie brennen	Sie haben gebrannt
sie brennen	sie haben gebrannt

IMPERFECT	PLUPERFECT
ich brennte	ich hätte gebrannt
du brenntest	du hättest gebrannt
er/sie brennte	er/sie hätte gebrannt
wir brennten	wir hätten gebrannt
ihr brenntet	ihr hättet gebrannt
Sie brennten	Sie hätten gebrannt
sie brennten	sie hätten gebrannt

FUTURE PERFECT

ich werde gebrannt
haben
du wirst gebrannt haben
etc

INFINITIVE

PRESENT
brennen
PAST
gebrannt haben

PARTICIPLE

PRESENT
brennend
PAST
gebrannt

IMPERATIVE

brenn(e)!
brennt!
brennen Sie!
brennen wir!

BRINGEN
to bring, take

PRESENT	IMPERFECT	FUTURE
ich bringe	ich brachte	ich werde bringen
du bringst	du brachtest	du wirst bringen
er/sie bringt	er/sie brachte	er/sie wird bringen
wir bringen	wir brachten	wir werden bringen
ihr bringt	ihr brachtet	ihr werdet bringen
Sie bringen	Sie brachten	Sie werden bringen
sie bringen	sie brachten	sie werden bringen

PERFECT	PLUPERFECT	CONDITIONAL
ich habe gebracht	ich hatte gebracht	ich würde bringen
du hast gebracht	du hattest gebracht	du würdest bringen
er/sie hat gebracht	er/sie hatte gebracht	er/sie würde bringen
wir haben gebracht	wir hatten gebracht	wir würden bringen
ihr habt gebracht	ihr hattet gebracht	ihr würdet bringen
Sie haben gebracht	Sie hatten gebracht	Sie würden bringen
sie haben gebracht	sie hatten gebracht	sie würden bringen

SUBJUNCTIVE

PRESENT	PERFECT
ich bringe	ich habe gebracht
du bringest	du habest gebracht
er/sie bringe	er/sie habe gebracht
wir bringen	wir haben gebracht
ihr bringet	ihr habet gebracht
Sie bringen	Sie haben gebracht
sie bringen	sie haben gebracht

IMPERFECT	PLUPERFECT
ich brächte	ich hätte gebracht
du brächtest	du hättest gebracht
er/sie brächte	er/sie hätte gebracht
wir brächten	wir hätten gebracht
ihr brächtet	ihr hättet gebracht
Sie brächten	Sie hätten gebracht
sie brächten	sie hätten gebracht

FUTURE PERFECT

ich werde gebracht
haben
du wirst gebracht
haben *etc*

INFINITIVE

PRESENT
bringen

PAST
gebracht haben

PARTICIPLE

PRESENT
bringend

PAST
gebracht

IMPERATIVE

bring(e)!
bringt!
bringen Sie!
bringen wir!

DASEIN
to be there

PRESENT	IMPERFECT	FUTURE
ich bin da	ich war da	ich werde dasein
du bist da	du warst da	du wirst dasein
er/sie ist da	er/sie war da	er/sie wird dasein
wir sind da	wir waren da	wir werden dasein
ihr seid da	ihr wart da	ihr werdet dasein
Sie sind da	Sie waren da	Sie werden dasein
sie sind da	sie waren da	sie werden dasein

PERFECT	PLUPERFECT	CONDITIONAL
ich bin dagewesen	ich war dagewesen	ich würde dasein
du bist dagewesen	du warst dagewesen	du würdest dasein
er/sie ist dagewesen	er/sie war dagewesen	er/sie würde dasein
wir sind dagewesen	wir waren dagewesen	wir würden dasein
ihr seid dagewesen	ihr wart dagewesen	ihr würdet dasein
Sie sind dagewesen	Sie waren dagewesen	Sie würden dasein
sie sind dagewesen	sie waren dagewesen	sie würden dasein

SUBJUNCTIVE

PRESENT	PERFECT	INFINITIVE
ich sei da	ich sei dagewesen	**PRESENT**
du seist da	du sei(e)st dagewesen	dasein
er/sie sei da	er/sie sei dagewesen	**PAST**
wir seien da	wir seien dagewesen	dagewesen sein
ihr seiet da	ihr seiet dagewesen	
Sie seien da	Sie seien dagewesen	**PARTICIPLE**
sie seien da	sie seien dagewesen	**PRESENT**
		daseiend

IMPERFECT	PLUPERFECT	PAST
ich wäre da	ich wäre dagewesen	dagewesen
du wärest da	du wär(e)st dagewesen	
er/sie wäre da	er/sie wäre dagewesen	**IMPERATIVE**
wir wären da	wir wären dagewesen	
ihr wäret da	ihr wär(e)t dagewesen	sei da!
Sie wären da	Sie wären dagewesen	seid da!
sie wären da	sie wären dagewesen	seien Sie da!
		seien wir da!

FUTURE PERFECT

ich werde dagewesen
sein
du wirst dagewesen
sein *etc*

32 DENKEN
to think

PRESENT

ich denke
du denkst
er/sie denkt
wir denken
ihr denkt
Sie denken
sie denken

IMPERFECT

ich dachte
du dachtest
er/sie dachte
wir dachten
ihr dachtet
Sie dachten
sie dachten

FUTURE

ich werde denken
du wirst denken
er/sie wird denken
wir werden denken
ihr werdet denken
Sie werden denken
sie werden denken

PERFECT

ich habe gedacht
du hast gedacht
er/sie hat gedacht
wir haben gedacht
ihr habt gedacht
Sie haben gedacht
sie haben gedacht

PLUPERFECT

ich hatte gedacht
du hattest gedacht
er/sie hatte gedacht
wir hatten gedacht
ihr hattet gedacht
Sie hatten gedacht
sie hatten gedacht

CONDITIONAL

ich würde denken
du würdest denken
er/sie würde denken
wir würden denken
ihr würdet denken
Sie würden denken
sie würden denken

SUBJUNCTIVE

PRESENT

ich denke
du denkest
er/sie denke
wir denken
ihr denket
Sie denken
sie denken

PERFECT

ich habe gedacht
du habest gedacht
er/sie habe gedacht
wir haben gedacht
ihr habet gedacht
Sie haben gedacht
sie haben gedacht

INFINITIVE

PRESENT

denken

PAST

gedacht haben

PARTICIPLE

PRESENT

denkend

PAST

gedacht

IMPERFECT

ich dächte
du dächtest
er/sie dächte
wir dächten
ihr dächtet
Sie dächten
sie dächten

PLUPERFECT

ich hätte gedacht
du hättest gedacht
er/sie hätte gedacht
wir hätten gedacht
ihr hättet gedacht
Sie hätten gedacht
sie hätten gedacht

IMPERATIVE

denk(e)!
denkt!
denken Sie!
denken wir!

FUTURE PERFECT

ich werde gedacht
haben
du wirst gedacht haben
etc

DRESCHEN
to thresh

33

PRESENT

ich dresche
du drischst
er/sie drischt
wir dreschen
ihr drescht
Sie dreschen
sie dreschen

IMPERFECT *(1)*

ich drosch
du droschst
er/sie drosch
wir droschen
ihr droscht
Sie droschen
sie droschen

FUTURE

ich werde dreschen
du wirst dreschen
er/sie wird dreschen
wir werden dreschen
ihr werdet dreschen
Sie werden dreschen
sie werden dreschen

PERFECT

ich habe gedroschen
du hast gedroschen
er/sie hat gedroschen
wir haben gedroschen
ihr habt gedroschen
Sie haben gedroschen
sie haben gedroschen

PLUPERFECT

ich hatte gedroschen
du hattest gedroschen
er/sie hatte gedroschen
wir hatten gedroschen
ihr hattet gedroschen
Sie hatten gedroschen
sie hatten gedroschen

CONDITIONAL

ich würde dreschen
du würdest dreschen
er/sie würde dreschen
wir würden dreschen
ihr würdet dreschen
Sie würden dreschen
sie würden dreschen

SUBJUNCTIVE

PRESENT

ich dresche
du dreschest
er/sie dresche
wir dreschen
ihr dreschet
Sie dreschen
sie dreschen

PERFECT

ich habe gedroschen
du habest gedroschen
er/sie habe gedroschen
wir haben gedroschen
ihr habet gedroschen
Sie haben gedroschen
sie haben gedroschen

INFINITIVE

PRESENT

dreschen

PAST

gedroschen haben

PARTICIPLE

PRESENT

dreschend

PAST

gedroschen

IMPERFECT

ich drösche
du dröschest
er/sie drösche
wir dröschen
ihr dröschet
Sie dröschen
sie dröschen

PLUPERFECT

ich hätte gedroschen
du hättest gedroschen
er/sie hätte gedroschen
wir hätten gedroschen
ihr hättet gedroschen
Sie hätten gedroschen
sie hätten gedroschen

IMPERATIVE

drisch!
drescht!
dreschen Sie!
dreschen wir!

FUTURE PERFECT

ich werde gedroschen
haben
du wirst gedroschen
haben *etc*

NOTE

(1) older forms: ich drasch, du draschst *etc*

DRINGEN
to penetrate

PRESENT	IMPERFECT	FUTURE
ich dringe	ich drang	ich werde dringen
du dringst	du drangst	du wirst dringen
er/sie dringt	er/sie drang	er/sie wird dringen
wir dringen	wir drangen	wir werden dringen
ihr dringt	ihr drangt	ihr werdet dringen
Sie dringen	Sie drangen	Sie werden dringen
sie dringen	sie drangen	sie werden dringen

PERFECT	PLUPERFECT	CONDITIONAL
ich bin gedrungen	ich war gedrungen	ich würde dringen
du bist gedrungen	du warst gedrungen	du würdest dringen
er/sie ist gedrungen	er/sie war gedrungen	er/sie würde dringen
wir sind gedrungen	wir waren gedrungen	wir würden dringen
ihr seid gedrungen	ihr wart gedrungen	ihr würdet dringen
Sie sind gedrungen	Sie waren gedrungen	Sie würden dringen
sie sind gedrungen	sie waren gedrungen	sie würden dringen

SUBJUNCTIVE

PRESENT	PERFECT	INFINITIVE
ich dringe	ich sei gedrungen	**PRESENT**
du dringest	du sei(e)st gedrungen	dringen
er/sie dringe	er/sie sei gedrungen	**PAST**
wir dringen	wir seien gedrungen	gedrungen sein
ihr dringet	ihr seiet gedrungen	
Sie dringen	Sie seien gedrungen	**PARTICIPLE**
sie dringen	sie seien gedrungen	**PRESENT**
		dringend

IMPERFECT	PLUPERFECT	PAST
ich dränge	ich wäre gedrungen	gedrungen
du drängest	du wär(e)st gedrungen	
er/sie dränge	er/sie wäre gedrungen	**IMPERATIVE**
wir drängen	wir wären gedrungen	dring(e)!
ihr dränget	ihr wär(e)t gedrungen	dringt!
Sie drängen	Sie wären gedrungen	dringen Sie!
sie drängen	sie wären gedrungen	dringen wir!

FUTURE PERFECT

ich werde gedrungen sein
du wirst gedrungen sein
etc

DÜRFEN
to be allowed to

35

PRESENT	IMPERFECT	FUTURE
ich darf	ich durfte	ich werde dürfen
du darfst	du durftest	du wirst dürfen
er/sie darf	er/sie durfte	er/sie wird dürfen
wir dürfen	wir durften	wir werden dürfen
ihr dürft	ihr durftet	ihr werdet dürfen
Sie dürfen	Sie durften	Sie werden dürfen
sie dürfen	sie durften	sie werden dürfen

PERFECT (1)	PLUPERFECT (2)	CONDITIONAL
ich habe gedurft	ich hatte gedurft	ich würde dürfen
du hast gedurft	du hattest gedurft	du würdest dürfen
er/sie hat gedurft	er/sie hatte gedurft	er/sie würde dürfen
wir haben gedurft	wir hatten gedurft	wir würden dürfen
ihr habt gedurft	ihr hattet gedurft	ihr würdet dürfen
Sie haben gedurft	Sie hatten gedurft	Sie würden dürfen
sie haben gedurft	sie hatten gedurft	sie würden dürfen

SUBJUNCTIVE

PRESENT	PERFECT (1)
ich dürfe	ich habe gedurft
du dürfest	du habest gedurft
er/sie dürfe	er/sie habe gedurft
wir dürfen	wir haben gedurft
ihr dürfet	ihr habet gedurft
Sie dürfen	Sie haben gedurft
sie dürfen	sie haben gedurft

IMPERFECT	PLUPERFECT (3)
ich dürfte	ich hätte gedurft
du dürftest	du hättest gedurft
er/sie dürfte	er/sie hätte gedurft
wir dürften	wir hätten gedurft
ihr dürftet	ihr hättet gedurft
Sie dürften	Sie hätten gedurft
sie dürften	sie hätten gedurft

INFINITIVE

PRESENT
dürfen

PAST
gedurft haben

PARTICIPLE

PRESENT
dürfend

PAST
gedurft

NOTE

when preceded by an infinitive: (1) ich habe ...
dürfen *etc (2)* ich hatte ... dürfen *etc (3)* ich
hätte ... dürfen *etc*

36

EILEN
to rush

PRESENT	IMPERFECT	FUTURE
ich eile	ich eilte	ich werde eilen
du eilst	du eiltest	du wirst eilen
er/sie eilt	er/sie eilte	er/sie wird eilen
wir eilen	wir eilten	wir werden eilen
ihr eilt	ihr eiltet	ihr werdet eilen
Sie eilen	Sie eilten	Sie werden eilen
sie eilen	sie eilten	sie werden eilen

PERFECT	PLUPERFECT	CONDITIONAL
ich bin geeilt	ich war geeilt	ich würde eilen
du bist geeilt	du warst geeilt	du würdest eilen
er/sie ist geeilt	er/sie war geeilt	er/sie würde eilen
wir sind geeilt	wir waren geeilt	wir würden eilen
ihr seid geeilt	ihr wart geeilt	ihr würdet eilen
Sie sind geeilt	Sie waren geeilt	Sie würden eilen
sie sind geeilt	sie waren geeilt	sie würden eilen

SUBJUNCTIVE

PRESENT	PERFECT
ich eile	ich sei geeilt
du eilest	du sei(e)st geeilt
er/sie eile	er/sie sei geeilt
wir eilen	wir seien geeilt
ihr eilet	ihr seiet geeilt
Sie eilen	Sie seien geeilt
sie eilen	sie seien geeilt

IMPERFECT	PLUPERFECT
ich eilte	ich wäre geeilt
du eiltest	du wär(e)st geeilt
er/sie eilte	er/sie wäre geeilt
wir eilten	wir wären geeilt
ihr eiltet	ihr wär(e)t geeilt
Sie eilten	Sie wären geeilt
sie eilten	sie wären geeilt

INFINITIVE
PRESENT
eilen
PAST
geeilt sein

PARTICIPLE
PRESENT
eilend
PAST
geeilt

IMPERATIVE
eil(e)!
eilt!
eilen Sie!
eilen wir!

FUTURE PERFECT
ich werde geeilt sein
du wirst geeilt sein *etc*

EMPFEHLEN

37

to recommend

PRESENT	IMPERFECT	FUTURE
ich empfehle	ich empfahl	ich werde empfehlen
du empfiehlst	du empfahlst	du wirst empfehlen
er/sie empfiehlt	er/sie empfahl	er/sie wird empfehlen
wir empfehlen	wir empfahlen	wir werden empfehlen
ihr empfehlt	ihr empfahlt	ihr werdet empfehlen
Sie empfehlen	Sie empfahlen	Sie werden empfehlen
sie empfehlen	sie empfahlen	sie werden empfehlen

PERFECT	PLUPERFECT	CONDITIONAL
ich habe empfohlen	ich hatte empfohlen	ich würde empfehlen
du hast empfohlen	du hattest empfohlen	du würdest empfehlen
er/sie hat empfohlen	er/sie hatte empfohlen	er/sie würde empfehlen
wir haben empfohlen	wir hatten empfohlen	wir würden empfehlen
ihr habt empfohlen	ihr hattet empfohlen	ihr würdet empfehlen
Sie haben empfohlen	Sie hatten empfohlen	Sie würden empfehlen
sie haben empfohlen	sie hatten empfohlen	sie würden empfehlen

SUBJUNCTIVE

PRESENT	PERFECT
ich empfehle	ich habe empfohlen
du empfehlest	du habest empfohlen
er/sie empfehle	er/sie habe empfohlen
wir empfehlen	wir haben empfohlen
ihr empfehlet	ihr habet empfohlen
Sie empfehlen	Sie haben empfohlen
sie empfehlen	sie haben empfohlen

IMPERFECT *(1)*	PLUPERFECT
ich empföhle	ich hätte empfohlen
du empföhlest	du hättest empfohlen
er/sie empföhle	er/sie hätte empfohlen
wir empföhlen	wir hätten empfohlen
ihr empföhlet	ihr hättet empfohlen
Sie empföhlen	Sie hätten empfohlen
sie empföhlen	sie hätten empfohlen

FUTURE PERFECT

ich werde empfohlen
haben
du wirst empfohlen
haben *etc*

INFINITIVE

PRESENT
empfehlen
PAST
empfohlen haben

PARTICIPLE

PRESENT
empfehlend
PAST
empfohlen

IMPERATIVE

empfiehl!
empfehlt!
empfehlen Sie!
empfehlen wir!

NOTE

(1) ich empfähle, du empfählest etc is also possible

38 ENTSCHEIDEN
to decide

PRESENT

ich entscheide
du entscheidest
er/sie entscheidet
wir entscheiden
ihr entscheidet
Sie entscheiden
sie entscheiden

IMPERFECT

ich entschied
du entschiedest
er/sie entschied
wir entschieden
ihr entschiedet
Sie entschieden
sie entschieden

FUTURE

ich werde entscheiden
du wirst entscheiden
er/sie wird entscheiden
wir werden entscheiden
ihr werdet entscheiden
Sie werden entscheiden
sie werden entscheiden

PERFECT

ich habe entschieden
du hast entschieden
er/sie hat entschieden
wir haben entschieden
ihr habt entschieden
Sie haben entschieden
sie haben entschieden

PLUPERFECT

ich hatte entschieden
du hattest entschieden
er/sie hatte entschieden
wir hatten entschieden
ihr hattet entschieden
Sie hatten entschieden
sie hatten entschieden

CONDITIONAL

ich würde entscheiden
du würdest entscheiden
er/sie würde entscheiden
wir würden entscheiden
ihr würdet entscheiden
Sie würden entscheiden
sie würden entscheiden

SUBJUNCTIVE
PRESENT

ich entscheide
du entscheidest
er/sie entscheide
wir entscheiden
ihr entscheidet
Sie entscheiden
sie entscheiden

PERFECT

ich habe entschieden
du habest entschieden
er/sie habe entschieden
wir haben entschieden
ihr habet entschieden
Sie haben entschieden
sie haben entschieden

INFINITIVE
PRESENT
entscheiden

PAST
entschieden haben

PARTICIPLE
PRESENT
entscheidend

PAST
entschieden

IMPERFECT

ich entschiede
du entschiedest
er/sie entschiede
wir entschieden
ihr entschiedet
Sie entschieden
sie entschieden

PLUPERFECT

ich hätte entschieden
du hättest entschieden
er/sie hätte entschieden
wir hätten entschieden
ihr hättet entschieden
Sie hätten entschieden
sie hätten entschieden

IMPERATIVE

entscheid(e)!
entscheidet!
entscheiden Sie!
entscheiden wir!

FUTURE PERFECT

ich werde entschieden
haben
du wirst entschieden
haben *etc*

ERKLIMMEN
to climb

PRESENT
ich erklimme
du erklimmst
er/sie erklimmt
wir erklimmen
ihr erklimmt
Sie erklimmen
sie erklimmen

IMPERFECT
ich erklomm
du erklommst
er/sie erklomm
wir erklommen
ihr erklommt
Sie erklommen
sie erklommen

FUTURE
ich werde erklimmen
du wirst erklimmen
er/sie wird erklimmen
wir werden erklimmen
ihr werdet erklimmen
Sie werden erklimmen
sie werden erklimmen

PERFECT
ich habe erklommen
du hast erklommen
er/sie hat erklommen
wir haben erklommen
ihr habt erklommen
Sie haben erklommen
sie haben erklommen

PLUPERFECT
ich hatte erklommen
du hattest erklommen
er/sie hatte erklommen
wir hatten erklommen
ihr hattet erklommen
Sie hatten erklommen
sie hatten erklommen

CONDITIONAL
ich würde erklimmen
du würdest erklimmen
er/sie würde erklimmen
wir würden erklimmen
ihr würdet erklimmen
Sie würden erklimmen
sie würden erklimmen

SUBJUNCTIVE

PRESENT
ich erklimme
du erklimmest
er/sie erklimme
wir erklimmen
ihr erklimmet
Sie erklimmen
sie erklimmen

PERFECT
ich habe erklommen
du habest erklommen
er/sie habe erklommen
wir haben erklommen
ihr habet erklommen
Sie haben erklommen
sie haben erklommen

INFINITIVE

PRESENT
erklimmen

PAST
erklommen haben

PARTICIPLE

PRESENT
erklimmend

PAST
erklommen

IMPERFECT
ich erklömme
du erklömmest
er/sie erklömme
wir erklömmen
ihr erklömmet
Sie erklömmen
sie erklömmen

PLUPERFECT
ich hätte erklommen
du hättest erklommen
er/sie hätte erklommen
wir hätten erklommen
ihr hättet erklommen
Sie hätten erklommen
sie hätten erklommen

IMPERATIVE
erklimm(e)!
erklimmt!
erklimmen Sie!
erklimmen wir!

FUTURE PERFECT
ich werde erklommen
haben
du wirst erklommen
haben *etc*

40 ERSCHRECKEN
to be startled *(1)*

PRESENT
ich erschrecke
du erschrickst
er/sie erschrickt
wir erschrecken
ihr erschreckt
Sie erschrecken
sie erschrecken

IMPERFECT
ich erschrak
du erschrakst
er/sie erschrak
wir erschraken
ihr erschrakt
Sie erschraken
sie erschraken

FUTURE
ich werde erschrecken
du wirst erschrecken
er/sie wird erschrecken
wir werden erschrecken
ihr werdet erschrecken
Sie werden erschrecken
sie werden erschrecken

PERFECT
ich bin erschrocken
du bist erschrocken
er/sie ist erschrocken
wir sind erschrocken
ihr seid erschrocken
Sie sind erschrocken
sie sind erschrocken

PLUPERFECT
ich war erschrocken
du warst erschrocken
er/sie war erschrocken
wir waren erschrocken
ihr wart erschrocken
Sie waren erschrocken
sie waren erschrocken

CONDITIONAL
ich würde erschrecken
du würdest erschrecken
er/sie würde erschrecken
wir würden erschrecken
ihr würdet erschrecken
Sie würden erschrecken
sie würden erschrecken

SUBJUNCTIVE

PRESENT
ich erschrecke
du erschreckst
er/sie erschreckt
wir erschrecken
ihr erschrecket
Sie erschrecken
sie erschrecken

PERFECT
ich sei erschrocken
du sei(e)st erschrocken
er/sie sei erschrocken
wir seien erschrocken
ihr seiet erschrocken
Sie seien erschrocken
sie seien erschrocken

INFINITIVE
PRESENT
erschrecken
PAST
erschrocken sein

IMPERFECT
ich erschräke
du erschräkest
er/sie erschräke
wir erschräken
ihr erschräket
Sie erschräken
sie erschräken

PLUPERFECT
ich wäre erschrocken
du wär(e)st erschrocken
er/sie wäre erschrocken
wir wären erschrocken
ihr wär(e)t erschrocken
Sie wären erschrocken
sie wären erschrocken

PARTICIPLE
PRESENT
erschreckend
PAST
erschrocken

IMPERATIVE
erschreck(e)!
erschreckt!
erschrecken Sie!
erschrecken wir!

FUTURE PERFECT
ich werde erschrocken
sein
du wirst erschrocken sein
etc

NOTE

(1) also a weak transitive verb meaning 'to frighten', conjugated with haben ich erschreckte, ich habe erschreckt *etc*

ERWÄGEN
to consider

PRESENT	IMPERFECT	FUTURE
ich erwäge	ich erwog	ich werde erwägen
du erwägst	du erwogst	du wirst erwägen
er/sie erwägt	er/sie erwog	er/sie wird erwägen
wir erwägen	wir erwogen	wir werden erwägen
ihr erwägt	ihr erwogt	ihr werdet erwägen
Sie erwägen	Sie erwogen	Sie werden erwägen
sie erwägen	sie erwogen	sie werden erwägen

PERFECT	PLUPERFECT	CONDITIONAL
ich habe erwogen	ich hatte erwogen	ich würde erwägen
du hast erwogen	du hattest erwogen	du würdest erwägen
er/sie hat erwogen	er/sie hatte erwogen	er/sie würde erwägen
wir haben erwogen	wir hatten erwogen	wir würden erwägen
ihr habt erwogen	ihr hattet erwogen	ihr würdet erwägen
Sie haben erwogen	Sie hatten erwogen	Sie würden erwägen
sie haben erwogen	sie hatten erwogen	sie würden erwägen

SUBJUNCTIVE

PRESENT	PERFECT
ich erwäge	ich habe erwogen
du erwägest	du habest erwogen
er/sie erwäge	er/sie habe erwogen
wir erwägen	wir haben erwogen
ihr erwäget	ihr habet erwogen
Sie erwägen	Sie haben erwogen
sie erwägen	sie haben erwogen

IMPERFECT	PLUPERFECT
ich erwöge	ich hätte erwogen
du erwögest	du hättest erwogen
er/sie erwöge	er/sie hätte erwogen
wir erwögen	wir hätten erwogen
ihr erwöget	ihr hättet erwogen
Sie erwögen	Sie hätten erwogen
sie erwögen	sie hätten erwogen

FUTURE PERFECT

ich werde erwogen haben
du wirst erwogen haben
etc

INFINITIVE

PRESENT
erwägen

PAST
erwogen haben

PARTICIPLE

PRESENT
erwägend

PAST
erwogen

IMPERATIVE

erwäg(e)!
erwägt!
erwägen Sie!
erwägen wir!

42

ESSEN
to eat

PRESENT	IMPERFECT	FUTURE
ich esse	ich aß	ich werde essen
du ißt	du aßest	du wirst essen
er/sie ißt	er/sie aß	er/sie wird essen
wir essen	wir aßen	wir werden essen
ihr eßt	ihr aßt	ihr werdet essen
Sie essen	Sie aßen	Sie werden essen
sie essen	sie aßen	sie werden essen

PERFECT	PLUPERFECT	CONDITIONAL
ich habe gegessen	ich hatte gegessen	ich würde essen
du hast gegessen	du hattest gegessen	du würdest essen
er/sie hat gegessen	er/sie hatte gegessen	er/sie würde essen
wir haben gegessen	wir hatten gegessen	wir würden essen
ihr habt gegessen	ihr hattet gegessen	ihr würdet essen
Sie haben gegessen	Sie hatten gegessen	Sie würden essen
sie haben gegessen	sie hatten gegessen	sie würden essen

SUBJUNCTIVE

PRESENT	PERFECT
ich esse	ich habe gegessen
du essest	du habest gegessen
er/sie esse	er/sie habe gegessen
wir essen	wir haben gegessen
ihr esset	ihr habet gegessen
Sie essen	Sie haben gegessen
sie essen	sie haben gegessen

INFINITIVE

PRESENT
essen

PAST
gegessen haben

IMPERFECT	PLUPERFECT
ich äße	ich hätte gegessen
du äßest	du hättest gegessen
er/sie äße	er/sie hätte gegessen
wir äßen	wir hätten gegessen
ihr äßet	ihr hättet gegessen
Sie äßen	Sie hätten gegessen
sie äßen	sie hätten gegessen

PARTICIPLE

PRESENT
essend

PAST
gegessen

IMPERATIVE

iß!
eßt!
essen Sie!
essen wir!

FUTURE PERFECT

ich werde gegessen
haben
du wirst gegessen haben
etc

FAHREN

to go, drive

PRESENT	IMPERFECT	FUTURE
ich fahre	ich fuhr	ich werde fahren
du fährst	du fuhrst	du wirst fahren
er/sie fährt	er/sie fuhr	er/sie wird fahren
wir fahren	wir fuhren	wir werden fahren
ihr fahrt	ihr fuhrt	ihr werdet fahren
Sie fahren	Sie fuhren	Sie werden fahren
sie fahren	sie fuhren	sie werden fahren

PERFECT (1)	PLUPERFECT (2)	CONDITIONAL
ich bin gefahren	ich war gefahren	ich würde fahren
du bist gefahren	du warst gefahren	du würdest fahren
er/sie ist gefahren	er/sie war gefahren	er/sie würde fahren
wir sind gefahren	wir waren gefahren	wir würden fahren
ihr seid gefahren	ihr wart gefahren	ihr würdet fahren
Sie sind gefahren	Sie waren gefahren	Sie würden fahren
sie sind gefahren	sie waren gefahren	sie würden fahren

SUBJUNCTIVE

PRESENT	PERFECT (1)	INFINITIVE
ich fahre	ich sei gefahren	**PRESENT**
du fahrest	du sei(e)st gefahren	fahren
er/sie fahre	er/sie sei gefahren	**PAST (5)**
wir fahren	wir seien gefahren	gefahren sein
ihr fahret	ihr seiet gefahren	
Sie fahren	Sie seien gefahren	
sie fahren	sie seien gefahren	

INFINITIVE

PRESENT
fahren

PAST (5)
gefahren sein

IMPERFECT	PLUPERFECT (3)	PARTICIPLE
ich führe	ich wäre gefahren	**PRESENT**
du führest	du wär(e)st gefahren	fahrend
er/sie führe	er/sie wäre gefahren	**PAST**
wir führen	wir wären gefahren	gefahren
ihr führet	ihr wär(e)t gefahren	
Sie führen	Sie wären gefahren	
sie führen	sie wären gefahren	

PARTICIPLE

PRESENT
fahrend

PAST
gefahren

IMPERATIVE

fahr(e)!
fahrt!
fahren Sie!
fahren wir!

FUTURE PERFECT (4)

ich werde gefahren sein
du wirst gefahren sein *etc*

NOTE

also transitive ('to drive'): *(1)* ich habe gefahren *etc (2)* ich hatte gefahren *etc (3)* ich hätte gefahren *etc (4)* ich werde gefahren haben *etc (5)* gefahren haben

FALLEN
to fall

PRESENT	IMPERFECT	FUTURE
ich falle	ich fiele	ich werde fallen
du fällst	du fielst	du wirst fallen
er/sie fällt	er/sie fiel	er/sie wird fallen
wir fallen	wir fielen	wir werden fallen
ihr fallt	ihr fielt	ihr werdet fallen
Sie fallen	Sie fielen	Sie werden fallen
sie fallen	sie fielen	sie werden fallen

PERFECT	PLUPERFECT	CONDITIONAL
ich bin gefallen	ich war gefallen	ich würde fallen
du bist gefallen	du warst gefallen	du würdest fallen
er/sie ist gefallen	er/sie war gefallen	er/sie würde fallen
wir sind gefallen	wir waren gefallen	wir würden fallen
ihr seid gefallen	ihr wart gefallen	ihr würdet fallen
Sie sind gefallen	Sie waren gefallen	Sie würden fallen
sie sind gefallen	sie waren gefallen	sie würden fallen

SUBJUNCTIVE

PRESENT	PERFECT
ich falle	ich sei gefallen
du fallest	du sei(e)st gefallen
er/sie falle	er/sie sei gefallen
wir fallen	wir seien gefallen
ihr fallet	ihr seiet gefallen
Sie fallen	Sie seien gefallen
sie fallen	sie seien gefallen

IMPERFECT	PLUPERFECT
ich fiele	ich wäre gefallen
du fielest	du wär(e)st gefallen
er/sie fiele	er/sie wäre gefallen
wir fielen	wir wären gefallen
ihr fielet	ihr wär(e)t gefallen
Sie fielen	Sie wären gefallen
sie fielen	sie wären gefallen

FUTURE PERFECT
ich werde gefallen sein
du wirst gefallen sein
etc

INFINITIVE

PRESENT
fallen

PAST
gefallen sein

PARTICIPLE

PRESENT
fallend

PAST
gefallen

IMPERATIVE

fall(e)!
fallt!
fallen Sie!
fallen wir!

FANGEN
to catch

PRESENT	IMPERFECT	FUTURE
ich fange	ich fing	ich werde fangen
du fängst	du fingst	du wirst fangen
er/sie fängt	er/sie fing	er/sie wird fangen
wir fangen	wir fingen	wir werden fangen
ihr fangt	ihr fingt	ihr werdet fangen
Sie fangen	Sie fingen	Sie werden fangen
sie fangen	sie fingen	sie werden fangen

PERFECT	PLUPERFECT	CONDITIONAL
ich habe gefangen	ich hatte gefangen	ich würde fangen
du hast gefangen	du hattest gefangen	du würdest fangen
er/sie hat gefangen	er/sie hatte gefangen	er/sie würde fangen
wir haben gefangen	wir hatten gefangen	wir würden fangen
ihr habt gefangen	ihr hattet gefangen	ihr würdet fangen
Sie haben gefangen	Sie hatten gefangen	Sie würden fangen
sie haben gefangen	sie hatten gefangen	sie würden fangen

SUBJUNCTIVE

PRESENT	PERFECT
ich fange	ich habe gefangen
du fangest	du habest gefangen
er/sie fange	er/sie habe gefangen
wir fangen	wir haben gefangen
ihr fanget	ihr habet gefangen
Sie fangen	Sie haben gefangen
sie fangen	sie haben gefangen

IMPERFECT	PLUPERFECT
ich finge	ich hätte gefangen
du fingest	du hättest gefangen
er/sie finge	er/sie hätte gefangen
wir fingen	wir hätten gefangen
ihr finget	ihr hättet gefangen
Sie fingen	Sie hätten gefangen
sie fingen	sie hätten gefangen

FUTURE PERFECT

ich werde gefangen
haben
du wirst gefangen
haben *etc*

INFINITIVE

PRESENT
fangen
PAST
gefangen haben

PARTICIPLE

PRESENT
fangend
PAST
gefangen

IMPERATIVE

fang(e)!
fangt!
fangen Sie!
fangen wir!

FECHTEN
to fence

PRESENT

ich fechte
du fichtst *(1)*
er/sie ficht
wir fechten
ihr fechtet
Sie fechten
sie fechten

IMPERFECT

ich focht
du fochtest
er/sie focht
wir fochten
ihr fochtet
Sie fochten
sie fochten

FUTURE

ich werde fechten
du wirst fechten
er/sie wird fechten
wir werden fechten
ihr werdet fechten
Sie werden fechten
sie werden fechten

PERFECT

ich habe gefochten
du hast gefochten
er/sie hat gefochten
wir haben gefochten
ihr habt gefochten
Sie haben gefochten
sie haben gefochten

PLUPERFECT

ich hatte gefochten
du hattest gefochten
er/sie hatte gefochten
wir hatten gefochten
ihr hattet gefochten
Sie hatten gefochten
sie hatten gefochten

CONDITIONAL

ich würde fechten
du würdest fechten
er/sie würde fechten
wir würden fechten
ihr würdet fechten
Sie würden fechten
sie würden fechten

SUBJUNCTIVE

PRESENT

ich fechte
du fechtest
er/sie fechte
wir fechten
ihr fechtet
Sie fechten
sie fechten

PERFECT

ich habe gefochten
du habest gefochten
er/sie habe gefochten
wir haben gefochten
ihr habet gefochten
Sie haben gefochten
sie haben gefochten

INFINITIVE

PRESENT
fechten
PAST
gefochten haben

PARTICIPLE

PRESENT
fechtend
PAST
gefochten

IMPERFECT

ich föchte
du föchtest
er/sie föchte
wir föchten
ihr föchtet
Sie föchten
sie föchten

PLUPERFECT

ich hätte gefochten
du hättest gefochten
er/sie hätte gefochten
wir hätten gefochten
ihr hättet gefochten
Sie hätten gefochten
sie hätten gefochten

IMPERATIVE

ficht!
fechtet!
fechten Sie!
fechten wir!

FUTURE PERFECT

ich werde gefochten
haben
du wirst gefochten
haben *etc*

NOTE

(1) du fichst *is also possible*

FINDEN
to find

PRESENT	IMPERFECT	FUTURE
ich finde	ich fand	ich werde finden
du findest	du fandest	du wirst finden
er/sie findet	er/sie fand	er/sie wird finden
wir finden	wir fanden	wir werden finden
ihr findet	ihr fandet	ihr werdet finden
Sie finden	Sie fanden	Sie werden finden
sie finden	sie fanden	sie werden finden

PERFECT	PLUPERFECT	CONDITIONAL
ich habe gefunden	ich hatte gefunden	ich würde finden
du hast gefunden	du hattest gefunden	du würdest finden
er/sie hat gefunden	er/sie hatte gefunden	er/sie würde finden
wir haben gefunden	wir hatten gefunden	wir würden finden
ihr habt gefunden	ihr hattet gefunden	ihr würdet finden
Sie haben gefunden	Sie hatten gefunden	Sie würden finden
sie haben gefunden	sie hatten gefunden	sie würden finden

SUBJUNCTIVE

PRESENT	PERFECT
ich finde	ich habe gefunden
du findest	du habest gefunden
er/sie finde	er/sie habe gefunden
wir finden	wir haben gefunden
ihr findet	ihr habet gefunden
Sie finden	Sie haben gefunden
sie finden	sie haben gefunden

IMPERFECT	PLUPERFECT
ich fände	ich hätte gefunden
du fändest	du hättest gefunden
er/sie fände	er/sie hätte gefunden
wir fänden	wir hätten gefunden
ihr fändet	ihr hättet gefunden
Sie fänden	Sie hätten gefunden
sie fänden	sie hätten gefunden

FUTURE PERFECT

ich werde gefunden
haben
du wirst gefunden
haben *etc*

INFINITIVE

PRESENT
finden

PAST
gefunden haben

PARTICIPLE

PRESENT
findend

PAST
gefunden

IMPERATIVE

find(e)!
findet!
finden Sie!
finden wir!

48

FLECHTEN
to twine

PRESENT	IMPERFECT	FUTURE
ich flechte	ich flocht	ich werde flechten
du flichtst *(1)*	du flochtest	du wirst flechten
er/sie flicht	er/sie flocht	er/sie wird flechten
wir flechten	wir flochten	wir werden flechten
ihr flechtet	ihr flochtet	ihr werdet flechten
Sie flechten	Sie flochten	Sie werden flechten
sie flechten	sie flochten	sie werden flechten

PERFECT	PLUPERFECT	CONDITIONAL
ich habe geflochten	ich hatte geflochten	ich würde flechten
du hast geflochten	du hattest geflochten	du würdest flechten
er/sie hat geflochten	er/sie hatte geflochten	er/sie würde flechten
wir haben geflochten	wir hatten geflochten	wir würden flechten
ihr habt geflochten	ihr hattet geflochten	ihr würdet flechten
Sie haben geflochten	Sie hatten geflochten	Sie würden flechten
sie haben geflochten	sie hatten geflochten	sie würden flechten

SUBJUNCTIVE

PRESENT	PERFECT	INFINITIVE
ich flechte	ich habe geflochten	**PRESENT**
du flechtest	du habest geflochten	flechten
er/sie flechte	er/sie habe geflochten	**PAST**
wir flechten	wir haben geflochten	geflochten haben
ihr flechtet	ihr habet geflochten	
Sie flechten	Sie haben geflochten	**PARTICIPLE**
sie flechten	sie haben geflochten	**PRESENT**
		flechtend

IMPERFECT	PLUPERFECT	PAST
ich flöchte	ich hätte geflochten	geflochten
du flöchtest	du hättest geflochten	
er/sie flöchte	er/sie hätte geflochten	**IMPERATIVE**
wir flöchten	wir hätten geflochten	flicht!
ihr flöchtet	ihr hättet geflochten	flechtet!
Sie flöchten	Sie hätten geflochten	flechten Sie!
sie flöchten	sie hätten geflochten	flechten wir!

FUTURE PERFECT
ich werde geflochten
haben
du wirst geflochten
haben *etc*

NOTE
(1) du flichst *is also possible*

FLIEGEN
to fly

PRESENT	**IMPERFECT**	**FUTURE**
ich fliege	ich flog	ich werde fliegen
du fliegst	du flogst	du wirst fliegen
er/sie fliegt	er/sie flog	er/sie wird fliegen
wir fliegen	wir flogen	wir werden fliegen
ihr fliegt	ihr flogt	ihr werdet fliegen
Sie fliegen	Sie flogen	Sie werden fliegen
sie fliegen	sie flogen	sie werden fliegen

PERFECT *(1)*	**PLUPERFECT** *(2)*	**CONDITIONAL**
ich bin geflogen	ich war geflogen	ich würde fliegen
du bist geflogen	du warst geflogen	du würdest fliegen
er/sie ist geflogen	er/sie war geflogen	er/sie würde fliegen
wir sind geflogen	wir waren geflogen	wir würden fliegen
ihr seid geflogen	ihr wart geflogen	ihr würdet fliegen
Sie sind geflogen	Sie waren geflogen	Sie würden fliegen
sie sind geflogen	sie waren geflogen	sie würden fliegen

SUBJUNCTIVE

PRESENT	**PERFECT** *(1)*
ich fliege	ich sei geflogen
du fliegest	du sei(e)st geflogen
er/sie fliege	er/sie sei geflogen
wir fliegen	wir seien geflogen
ihr flieget	ihr seiet geflogen
Sie fliegen	Sie seien geflogen
sie fliegen	sie seien geflogen

IMPERFECT	**PLUPERFECT** *(3)*
ich flöge	ich wäre geflogen
du flögest	du wär(e)st geflogen
er/sie flöge	er/sie wäre geflogen
wir flögen	wir wären geflogen
ihr flöget	ihr wär(e)t geflogen
Sie flögen	Sie wären geflogen
sie flögen	sie wären geflogen

INFINITIVE

PRESENT
fliegen

PAST *(5)*
geflogen sein

PARTICIPLE

PRESENT
fliegend

PAST
geflogen

IMPERATIVE

flieg(e)!
fliegt!
fliegen Sie!
fliegen wir!

FUTURE PERFECT *(4)*
ich werde geflogen sein
du wirst geflogen sein *etc*

NOTE

also transitive: (1) ich habe geflogen *etc (2)* ich hatte geflogen *etc (3)* ich hätte geflogen *etc (4)* ich werde geflogen haben *etc (5)* geflogen haben

FLIEHEN
to flee

PRESENT	IMPERFECT	FUTURE
ich fliehe	ich floh	ich werde fliehen
du fliehst	du flohst	du wirst fliehen
er/sie flieht	er/sie floh	er/sie wird fliehen
wir fliehen	wir flohen	wir werden fliehen
ihr flieht	ihr floht	ihr werdet fliehen
Sie fliehen	Sie flohen	Sie werden fliehen
sie fliehen	sie flohen	sie werden fliehen

PERFECT	PLUPERFECT	CONDITIONAL
ich bin geflohen	ich war geflohen	ich würde fliehen
du bist geflohen	du warst geflohen	du würdest fliehen
er/sie ist geflohen	er/sie war geflohen	er/sie würde fliehen
wir sind geflohen	wir waren geflohen	wir würden fliehen
ihr seid geflohen	ihr wart geflohen	ihr würdet fliehen
Sie sind geflohen	Sie waren geflohen	Sie würden fliehen
sie sind geflohen	sie waren geflohen	sie würden fliehen

SUBJUNCTIVE

PRESENT	PERFECT
ich fliehe	ich sei geflohen
du fliehest	du sei(e)st geflohen
er/sie fliehe	er/sie sei geflohen
wir fliehen	wir seien geflohen
ihr fliehet	ihr seiet geflohen
Sie fliehen	Sie seien geflohen
sie fliehen	sie seien geflohen

IMPERFECT	PLUPERFECT
ich flöhe	ich wäre geflohen
du flöhest	du wär(e)st geflohen
er/sie flöhe	er/sie wäre geflohen
wir flöhen	wir wären geflohen
ihr flöhet	ihr wär(e)t geflohen
Sie flöhen	Sie wären geflohen
sie flöhen	sie wären geflohen

FUTURE PERFECT
ich werde geflohen sein
du wirst geflohen sein
etc

INFINITIVE

PRESENT
fliehen
PAST
geflohen sein

PARTICIPLE

PRESENT
fliehend
PAST
geflohen

IMPERATIVE

flieh(e)!
flieht!
fliehen Sie!
fliehen wir!

FLIESSEN
to flow

PRESENT	IMPERFECT	FUTURE
ich fließe	ich floß	ich werde fließen
du fließt	du flossest	du wirst fließen
er/sie fließt	er/sie floß	er/sie wird fließen
wir fließen	wir flossen	wir werden fließen
ihr fließt	ihr floßt	ihr werdet fließen
Sie fließen	Sie flossen	Sie werden fließen
sie fließen	sie flossen	sie werden fließen

PERFECT	PLUPERFECT	CONDITIONAL
ich bin geflossen	ich war geflossen	ich würde fließen
du bist geflossen	du warst geflossen	du würdest fließen
er/sie ist geflossen	er/sie war geflossen	er/sie würde fließen
wir sind geflossen	wir waren geflossen	wir würden fließen
ihr seid geflossen	ihr wart geflossen	ihr würdet fließen
Sie sind geflossen	Sie waren geflossen	Sie würden fließen
sie sind geflossen	sie waren geflossen	sie würden fließen

SUBJUNCTIVE

INFINITIVE

PRESENT	PERFECT
ich fließe	ich sei geflossen
du fließest	du sei(e)st geflossen
er/sie fließe	er/sie sei geflossen
wir fließen	wir seien geflossen
ihr fließet	ihr seiet geflossen
Sie fließen	Sie seien geflossen
sie fließen	sie seien geflossen

PRESENT
fließen
PAST
geflossen sein

PARTICIPLE
PRESENT
fließend

IMPERFECT	PLUPERFECT
ich flösse	ich wäre geflossen
du flössest	du wärest geflossen
er/sie flösse	er/sie wäre geflossen
wir flössen	wir wären geflossen
ihr flösset	ihr wär(e)t geflossen
Sie flössen	Sie wären geflossen
sie flössen	sie wären geflossen

PAST
geflossen

IMPERATIVE
fließ(e)!
fließt!
fließen Sie!
fließen wir!

FUTURE PERFECT
ich werde geflossen
sein
du wirst geflossen
sein *etc*

FRAGEN
to ask

PRESENT	IMPERFECT *(1)*	FUTURE
ich frage	ich fragte	ich werde fragen
du fragst	du fragtest	du wirst fragen
er/sie fragt	er/sie fragte	er/sie wird fragen
wir fragen	wir fragten	wir werden fragen
ihr fragt	ihr fragtet	ihr werdet fragen
Sie fragen	Sie fragten	Sie werden fragen
sie fragen	sie fragten	sie werden fragen

PERFECT	PLUPERFECT	CONDITIONAL
ich habe gefragt	ich hatte gefragt	ich würde fragen
du hast gefragt	du hattest gefragt	du würdest fragen
er/sie hat gefragt	er/sie hatte gefragt	er/sie würde fragen
wir haben gefragt	wir hatten gefragt	wir würden fragen
ihr habt gefragt	ihr hattet gefragt	ihr würdet fragen
Sie haben gefragt	Sie hatten gefragt	Sie würden fragen
sie haben gefragt	sie hatten gefragt	sie würden fragen

SUBJUNCTIVE

INFINITIVE

PRESENT	PERFECT	PRESENT
ich frage	ich habe gefragt	fragen
du fragest	du habest gefragt	**PAST**
er/sie frage	er/sie habe gefragt	gefragt haben
wir fragen	wir haben gefragt	
ihr fraget	ihr habet gefragt	*PARTICIPLE*
Sie fragen	Sie haben gefragt	
sie fragen	sie haben gefragt	**PRESENT**
		fragend

IMPERFECT	PLUPERFECT	PAST
ich fragte	ich hätte gefragt	gefragt
du fragtest	du hättest gefragt	
er/sie fragte	er/sie hätte gefragt	*IMPERATIVE*
wir fragten	wir hätten gefragt	
ihr fragtet	ihr hättet gefragt	frag(e)!
Sie fragten	Sie hätten gefragt	fragt!
sie fragten	sie hätten gefragt	fragen Sie!
		fragen wir!

FUTURE PERFECT

ich werde gefragt
haben
du wirst gefragt haben
etc

NOTE

(1) older forms: ich frug, du frugst *etc*

FRESSEN
to eat

PRESENT	**IMPERFECT**	**FUTURE**
ich fresse	ich fraß	ich werde fressen
du frißt	du fraßest	du wirst fressen
er/sie frißt	er/sie fraß	er/sie wird fressen
wir fressen	wir fraßen	wir werden fressen
ihr freßt	ihr fraßt	ihr werdet fressen
Sie fressen	Sie fraßen	Sie werden fressen
sie fressen	sie fraßen	sie werden fressen

PERFECT	**PLUPERFECT**	**CONDITIONAL**
ich habe gefressen	ich hatte gefressen	ich würde fressen
du hast gefressen	du hattest gefressen	du würdest fressen
er/sie hat gefressen	er/sie hatte gefressen	er/sie würde fressen
wir haben gefressen	wir hatten gefressen	wir würden fressen
ihr habt gefressen	ihr hattet gefressen	ihr würdet fressen
Sie haben gefressen	Sie hatten gefressen	Sie würden fressen
sie haben gefressen	sie hatten gefressen	sie würden fressen

SUBJUNCTIVE

PRESENT	**PERFECT**	***INFINITIVE***
ich fresse	ich habe gefressen	**PRESENT**
du fressest	du habest gefressen	fressen
er/sie fresse	er/sie habe gefressen	**PAST**
wir fressen	wir haben gefressen	gefressen haben
ihr fresset	ihr habet gefressen	
Sie fressen	Sie haben gefressen	***PARTICIPLE***
sie fressen	sie haben gefressen	**PRESENT**
		fressend

IMPERFECT	**PLUPERFECT**	**PAST**
ich fräße	ich hätte gefressen	gefressen
du fräßest	du hättest gefressen	
er/sie fräße	er/sie hätte gefressen	***IMPERATIVE***
wir fräßen	wir hätten gefressen	friß!
ihr fräßet	ihr hättet gefressen	freßt!
Sie fräßen	Sie hätten gefressen	fressen Sie!
sie fräßen	sie hätten gefressen	fressen wir!

FUTURE PERFECT

ich werde gefressen
haben
du wirst gefressen
haben *etc*

54   FRIEREN
to freeze

PRESENT	**IMPERFECT**	**FUTURE**
ich friere	ich fror	ich werde frieren
du frierst	du frorst	du wirst frieren
er/sie friert	er/sie fror	er/sie wird frieren
wir frieren	wir froren	wir werden frieren
ihr friert	ihr frort	ihr werdet frieren
Sie frieren	Sie froren	Sie werden frieren
sie frieren	sie froren	sie werden frieren

PERFECT (1)	**PLUPERFECT** (2)	**CONDITIONAL**
ich habe gefroren	ich hatte gefroren	ich würde frieren
du hast gefroren	du hattest gefroren	du würdest frieren
er/sie hat gefroren	er/sie hatte gefroren	er/sie würde frieren
wir haben gefroren	wir hatten gefroren	wir würden frieren
ihr habt gefroren	ihr hattet gefroren	ihr würdet frieren
Sie haben gefroren	Sie hatten gefroren	Sie würden frieren
sie haben gefroren	sie hatten gefroren	sie würden frieren

SUBJUNCTIVE

PRESENT	**PERFECT** (3)
ich friere	ich habe gefroren
du frierest	du habest gefroren
er/sie friere	er/sie habe gefroren
wir frieren	wir haben gefroren
ihr frieret	ihr habet gefroren
Sie frieren	Sie haben gefroren
sie frieren	sie haben gefroren

IMPERFECT	**PLUPERFECT** (4)
ich fröre	ich hätte gefroren
du frörest	du hättest gefroren
er/sie fröre	er/sie hätte gefroren
wir frören	wir hätten gefroren
ihr fröret	ihr hättet gefroren
Sie frören	Sie hätten gefroren
sie frören	sie hätten gefroren

INFINITIVE

PRESENT
frieren

PAST (6)
gefroren haben

PARTICIPLE

PRESENT
frierend

PAST
gefroren

IMPERATIVE

frier(e)!
friert!
frieren Sie!
frieren wir!

FUTURE PERFECT (5)   *NOTE*

ich werde gefroren haben   *also intransitive: (1) ich bin gefroren etc (2) ich*
du wirst gefroren haben   *war gefroren etc (3) ich sei gefroren etc (4) ich*
etc   *wäre gefroren etc (5) ich werde gefroren sein etc*
(6) gefroren sein

GEBÄREN
to give birth

55

PRESENT	IMPERFECT	FUTURE
ich gebäre	ich gebar	ich werde gebären
du gebärst *(1)*	du gebarst	du wirst gebären
er/sie gebärt *(2)*	er/sie gebar	er/sie wird gebären
wir gebären	wir gebaren	wir werden gebären
ihr gebärt	ihr gebart	ihr werdet gebären
Sie gebären	Sie gebaren	Sie werden gebären
sie gebären	sie gebaren	sie werden gebären

PERFECT	PLUPERFECT	CONDITIONAL
ich habe geboren	ich hatte geboren	ich würde gebären
du hast geboren	du hattest geboren	du würdest gebären
er/sie hat geboren	er/sie hatte geboren	er/sie würde gebären
wir haben geboren	wir hatten geboren	wir würden gebären
ihr habt geboren	ihr hattet geboren	ihr würdet gebären
Sie haben geboren	Sie hatten geboren	Sie würden gebären
sie haben geboren	sie hatten geboren	sie würden gebären

SUBJUNCTIVE

PRESENT	PERFECT	INFINITIVE
ich gebäre	ich habe geboren	PRESENT
du gebärest	du habest geboren	gebären
er/sie gebäre	er/sie habe geboren	PAST
wir gebären	wir haben geboren	geboren haben
ihr gebäret	ihr habet geboren	
Sie gebären	Sie haben geboren	PARTICIPLE
sie gebären	sie haben geboren	PRESENT
		gebärend

IMPERFECT	PLUPERFECT	PAST
ich gebäre	ich hätte geboren	geboren
du gebärest	du hättest geboren	
er/sie gebäre	er/sie hätte geboren	IMPERATIVE
wir gebären	wir hätten geboren	gebär(e)! *(3)*
ihr gebäret	ihr hättet geboren	gebärt!
Sie gebären	Sie hätten geboren	gebären Sie!
sie gebären	sie hätten geboren	gebären wir!

FUTURE PERFECT

ich werde geboren haben
du wirst geboren haben
etc

NOTE

older forms: (1) du gebierst (2) er/sie gebiert (3)
gebier!

56   GEBEN
to give

PRESENT	**IMPERFECT**	**FUTURE**
ich gebe	ich gab	ich werde geben
du gibst	du gabst	du wirst geben
er/sie gibt	er/sie gab	er/sie wird geben
wir geben	wir gaben	wir werden geben
ihr gebt	ihr gabt	ihr werdet geben
Sie geben	Sie gaben	Sie werden geben
sie geben	sie gaben	sie werden geben

PERFECT	**PLUPERFECT**	**CONDITIONAL**
ich habe gegeben	ich hatte gegeben	ich würde geben
du hast gegeben	du hattest gegeben	du würdest geben
er/sie hat gegeben	er/sie hatte gegeben	er/sie würde geben
wir haben gegeben	wir hatten gegeben	wir würden geben
ihr habt gegeben	ihr hattet gegeben	ihr würdet geben
Sie haben gegeben	Sie hatten gegeben	Sie würden geben
sie haben gegeben	sie hatten gegeben	sie würden geben

SUBJUNCTIVE

PRESENT	**PERFECT**	**INFINITIVE**
ich gebe	ich habe gegeben	**PRESENT**
du gebest	du habest gegeben	geben
er/sie gebe	er/sie habe gegeben	**PAST**
wir geben	wir haben gegeben	gegeben haben
ihr gebet	ihr habet gegeben	
Sie geben	Sie haben gegeben	
sie geben	sie haben gegeben	

IMPERFECT	**PLUPERFECT**	**PARTICIPLE**
ich gäbe	ich hätte gegeben	**PRESENT**
du gäbest	du hättest gegeben	gebend
er/sie gäbe	er/sie hätte gegeben	**PAST**
wir gäben	wir hätten gegeben	gegeben
ihr gäbet	ihr hättet gegeben	
Sie gäben	Sie hätten gegeben	**IMPERATIVE**
sie gäben	sie hätten gegeben	gib!
		gebt!
		geben Sie!
		geben wir!

FUTURE PERFECT

ich werde gegeben
haben
du wirst gegeben haben
etc

GEDEIHEN
to thrive

PRESENT	**IMPERFECT**	**FUTURE**
ich gedeihe	ich gedieh	ich werde gedeihen
du gedeihst	du gediehst	du wirst gedeihen
er/sie gedeiht	er/sie gedieh	er/sie wird gedeihen
wir gedeihen	wir gediehen	wir werden gedeihen
ihr gedeiht	ihr gedieht	ihr werdet gedeihen
Sie gedeihen	Sie gediehen	Sie werden gedeihen
sie gedeihen	sie gediehen	sie werden gedeihen

PERFECT	**PLUPERFECT**	**CONDITIONAL**
ich bin gediehen	ich war gediehen	ich würde gedeihen
du bist gediehen	du warst gediehen	du würdest gedeihen
er/sie ist gediehen	er/sie war gediehen	er/sie würde gedeihen
wir sind gediehen	wir waren gediehen	wir würden gedeihen
ihr seid gediehen	ihr wart gediehen	ihr würdet gedeihen
Sie sind gediehen	Sie waren gediehen	Sie würden gedeihen
sie sind gediehen	sie waren gediehen	sie würden gedeihen

SUBJUNCTIVE

PRESENT	**PERFECT**	*INFINITIVE*
ich gedeihe	ich sei gediehen	**PRESENT**
du gedeihest	du sei(e)st gediehen	gedeihen
er/sie gedeihe	er/sie sei gediehen	**PAST**
wir gedeihen	wir seien gediehen	gediehen sein
ihr gedeihet	ihr seiet gediehen	
Sie gedeihen	Sie seien gediehen	*PARTICIPLE*
sie gedeihen	sie seien gediehen	**PRESENT**
		gedeihend

IMPERFECT	**PLUPERFECT**	**PAST**
ich gediehe	ich wäre gediehen	gediehen
du gediehest	du wär(e)st gediehen	
er/sie gediehe	er/sie wäre gediehen	*IMPERATIVE*
wir gediehen	wir wären gediehen	gedeih(e)!
ihr gediehet	ihr wär(e)t gediehen	gedeiht!
Sie gediehen	Sie wären gediehen	gedeihen Sie!
sie gediehen	sie wären gediehen	gedeihen wir!

FUTURE PERFECT

ich werde gediehen
sein
du wirst gediehen
sein *etc*

58

GEHEN
to go

PRESENT

ich gehe
du gehst
er/sie geht
wir gehen
ihr geht
Sie gehen
sie gehen

IMPERFECT

ich ging
du gingst
er/sie ging
wir gingen
ihr gingt
Sie gingen
sie gingen

FUTURE

ich werde gehen
du wirst gehen
er/sie wird gehen
wir werden gehen
ihr werdet gehen
Sie werden gehen
sie werden gehen

PERFECT

ich bin gegangen
du bist gegangen
er/sie ist gegangen
wir sind gegangen
ihr seid gegangen
Sie sind gegangen
sie sind gegangen

PLUPERFECT

ich war gegangen
du warst gegangen
er/sie war gegangen
wir waren gegangen
ihr wart gegangen
Sie waren gegangen
sie waren gegangen

CONDITIONAL

ich würde gehen
du würdest gehen
er/sie würde gehen
wir würden gehen
ihr würdet gehen
Sie würden gehen
sie würden gehen

SUBJUNCTIVE

PRESENT

ich gehe
du gehest
er/sie gehe
wir gehen
ihr gehet
Sie gehen
sie gehen

PERFECT

ich sei gegangen
du sei(e)st gegangen
er/sie sei gegangen
wir seien gegangen
ihr seiet gegangen
Sie seien gegangen
sie seien gegangen

INFINITIVE

PRESENT

gehen

PAST

gegangen sein

IMPERFECT

ich ginge
du gingest
er/sie ginge
wir gingen
ihr ginget
Sie gingen
sie gingen

PLUPERFECT

ich wäre gegangen
du wär(e)st gegangen
er/sie wäre gegangen
wir wären gegangen
ihr wär(e)t gegangen
Sie wären gegangen
sie wären gegangen

PARTICIPLE

PRESENT

gehend

PAST

gegangen

IMPERATIVE

geh(e)!
geht!
gehen Sie!
gehen wir!

FUTURE PERFECT

ich werde gegangen sein
du wirst gegangen sein
etc

GELINGEN
to succeed

PRESENT	IMPERFECT	FUTURE
es gelingt	es gelang	es wird gelingen

PERFECT	PLUPERFECT	CONDITIONAL
es ist gelungen	es war gelungen	es würde gelingen

SUBJUNCTIVE		*INFINITIVE*
PRESENT	**PERFECT**	**PRESENT**
		gelingen
		PAST
es gelinge	es sei gelungen	gelungen sein
		PARTICIPLE
		PRESENT
		gelingend
		PAST
IMPERFECT	**PLUPERFECT**	gelungen
		IMPERATIVE
es gelänge	es wäre gelungen	geling(e)!
		gelingt!

FUTURE PERFECT	*NOTE*
es wird gelungen sein	*impersonal verb, only used in 3rd person singular*

60

GELTEN
to be valid

PRESENT	IMPERFECT	FUTURE
ich gelte	ich galt	ich werde gelten
du giltst	du galtst	du wirst gelten
er/sie gilt	er/sie galt	er/sie wird gelten
wir gelten	wir galten	wir werden gelten
ihr geltet	ihr galtet	ihr werdet gelten
Sie gelten	Sie galten	Sie werden gelten
sie gelten	sie galten	sie werden gelten

PERFECT	PLUPERFECT	CONDITIONAL
ich habe gegolten	ich hatte gegolten	ich würde gelten
du hast gegolten	du hattest gegolten	du würdest gelten
er/sie hat gegolten	er/sie hatte gegolten	er/sie würde gelten
wir haben gegolten	wir hatten gegolten	wir würden gelten
ihr habt gegolten	ihr hattet gegolten	ihr würdet gelten
Sie haben gegolten	Sie hatten gegolten	Sie würden gelten
sie haben gegolten	sie hatten gegolten	sie würden gelten

SUBJUNCTIVE

INFINITIVE

PRESENT	PERFECT	PRESENT
ich gelte	ich habe gegolten	gelten
du geltest	du habest gegolten	**PAST**
er/sie gelte	er/sie habe gegolten	gegolten haben
wir gelten	wir haben gegolten	
ihr geltet	ihr habet gegolten	**PARTICIPLE**
Sie gelten	Sie haben gegolten	**PRESENT**
sie gelten	sie haben gegolten	geltend

IMPERFECT *(1)*	PLUPERFECT	PAST
ich gälte	ich hätte gegolten	gegolten
du gältest	du hättest gegolten	
er/sie gälte	er/sie hätte gegolten	**IMPERATIVE**
wir gälten	wir hätten gegolten	
ihr gältet	ihr hättet gegolten	gilt!
Sie gälten	Sie hätten gegolten	geltet!
sie gälten	sie hätten gegolten	gelten Sie!
		gelten wir!

FUTURE PERFECT
ich werde gegolten haben
du wirst gegolten haben
etc

NOTE

(1) ich gölte, du göltest etc is also possible

GENESEN
to convalesce, recover

61

PRESENT	IMPERFECT	FUTURE
ich genese	ich genas	ich werde genesen
du genest	du genasest	du wirst genesen
er/sie genest	er/sie genas	er/sie wird genesen
wir genesen	wir genasen	wir werden genesen
ihr genest	ihr genast	ihr werdet genesen
Sie genesen	Sie genasen	Sie werden genesen
sie genesen	sie genasen	sie werden genesen

PERFECT	PLUPERFECT	CONDITIONAL
ich bin genesen	ich war genesen	ich würde genesen
du bist genesen	du warst genesen	du würdest genesen
er/sie ist genesen	er/sie war genesen	er/sie würde genesen
wir sind genesen	wir waren genesen	wir würden genesen
ihr seid genesen	ihr wart genesen	ihr würdet genesen
Sie sind genesen	Sie waren genesen	Sie würden genesen
sie sind genesen	sie waren genesen	sie würden genesen

SUBJUNCTIVE

PRESENT	PERFECT	*INFINITIVE*
ich genese	ich sei genesen	**PRESENT**
du genesest	du sei(e)st genesen	genesen
er/sie genese	er/sie sei genesen	**PAST**
wir genesen	wir seien genesen	genesen sein
ihr geneset	ihr seiet genesen	
Sie genesen	Sie seien genesen	*PARTICIPLE*
sie genesen	sie seien genesen	**PRESENT**

IMPERFECT	PLUPERFECT	genesend
ich genäse	ich wäre genesen	**PAST**
du genäsest	du wär(e)st genesen	genesen
er/sie genäse	er/sie wäre genesen	
wir genäsen	wir wären genesen	*IMPERATIVE*
ihr genäset	ihr wär(e)t genesen	genes(e)!
Sie genäsen	Sie wären genesen	genest!
sie genäsen	sie wären genesen	genesen Sie!
		genesen wir!

FUTURE PERFECT

ich werde genesen sein
du wirst genesen sein *etc*

62

GENIESSEN
to enjoy

PRESENT	**IMPERFECT**	**FUTURE**
ich genieße	ich genoß	ich werde genießen
du genießt	du genossest	du wirst genießen
er/sie genießt	er/sie genoß	er/sie wird genießen
wir genießen	wir genossen	wir werden genießen
ihr genießt	ihr genoßt	ihr werdet genießen
Sie genießen	Sie genossen	Sie werden genießen
sie genießen	sie genossen	sie werden genießen

PERFECT	**PLUPERFECT**	**CONDITIONAL**
ich habe genossen	ich hatte genossen	ich würde genießen
du hast genossen	du hattest genossen	du würdest genießen
er/sie hat genossen	er/sie hatte genossen	er/sie würde genießen
wir haben genossen	wir hatten genossen	wir würden genießen
ihr habt genossen	ihr hattet genossen	ihr würdet genießen
Sie haben genossen	Sie hatten genossen	Sie würden genießen
sie haben genossen	sie hatten genossen	sie würden genießen

SUBJUNCTIVE

PRESENT	**PERFECT**
ich genieße	ich habe genossen
du genießest	du habest genossen
er/sie genieße	er/sie habe genossen
wir genießen	wir haben genossen
ihr genießet	ihr habet genossen
Sie genießen	Sie haben genossen
sie genießen	sie haben genossen

IMPERFECT	**PLUPERFECT**
ich genösse	ich hätte genossen
du genössest	du hättest genossen
er/sie genösse	er/sie hätte genossen
wir genössen	wir hätten genossen
ihr genösset	ihr hättet genossen
Sie genössen	Sie hätten genossen
sie genössen	sie hätten genossen

FUTURE PERFECT

ich werde genossen
haben
du wirst genossen haben
etc

INFINITIVE

PRESENT
genießen

PAST
genossen haben

PARTICIPLE

PRESENT
genießend

PAST
genossen

IMPERATIVE

genieß(e)!
genießt!
genießen Sie!
genießen wir!

to get, turn out

PRESENT	**IMPERFECT**	**FUTURE**
ich gerate	ich geriet	ich werde geraten
du gerätst	du gerietst	du wirst geraten
er/sie gerät	er/sie geriet	er/sie wird geraten
wir geraten	wir gerieten	wir werden geraten
ihr geratet	ihr grietet	ihr werdet geraten
Sie geraten	Sie gerieten	Sie werden geraten
sie geraten	sie gerieten	sie werden geraten

PERFECT	**PLUPERFECT**	**CONDITIONAL**
ich bin geraten	ich war geraten	ich würde geraten
du bist geraten	du warst geraten	du würdest geraten
er/sie ist geraten	er/sie war geraten	er/sie würde geraten
wir sind geraten	wir waren geraten	wir würden geraten
ihr seid geraten	ihr wart geraten	ihr würdet geraten
Sie sind geraten	Sie waren geraten	Sie würden geraten
sie sind geraten	sie waren geraten	sie würden geraten

SUBJUNCTIVE

PRESENT	**PERFECT**
ich gerate	ich sei geraten
du geratest	du sei(e)st geraten
er/sie gerate	er/sie sei geraten
wir geraten	wir seien geraten
ihr geratet	ihr seiet geraten
Sie geraten	Sie seien geraten
sie geraten	sie seien geraten

IMPERFECT	**PLUPERFECT**
ich geriete	ich wäre geraten
du gerietest	du wär(e)st geraten
er/sie geriete	er/sie wäre geraten
wir gerieten	wir wären geraten
ihr gerietet	ihr wär(e)t geraten
Sie gerieten	Sie wären geraten
sie gerieten	sie wären geraten

FUTURE PERFECT

ich werde geraten sein
du wirst geraten sein
etc

INFINITIVE

PRESENT
geraten
PAST
geraten sein

PARTICIPLE

PRESENT
geratend
PAST
geraten

IMPERATIVE

gerat(e)!
geratet!
geraten Sie!
geraten wir!

GESCHEHEN
to happen

PRESENT	IMPERFECT	FUTURE
es geschieht	es geschah	es wird geschehen

PERFECT	PLUPERFECT	CONDITIONAL
es ist geschehen	es war geschehen	es würde geschehen

SUBJUNCTIVE

PRESENT	PERFECT	INFINITIVE
		PRESENT geschehen
es geschehe	es sei geschehen	**PAST** geschehen sein

		PARTICIPLE
		PRESENT geschehend
IMPERFECT	PLUPERFECT	**PAST** geschehen
es geschähe	es wäre geschehen	IMPERATIVE
		gescheh(e)! gescheht!

FUTURE PERFECT	NOTE
es wird geschehen sein	*impersonal verb, only used in 3rd person singular*

GEWINNEN
to win

PRESENT	**IMPERFECT**	**FUTURE**
ich gewinne	ich gewann	ich werde gewinnen
du gewinnst	du gewannst	du wirst gewinnen
er/sie gewinnt	er/sie gewann	er/sie wird gewinnen
wir gewinnen	wir gewannen	wir werden gewinnen
ihr gewinnt	ihr gewannt	ihr werdet gewinnen
Sie gewinnen	Sie gewannen	Sie werden gewinnen
sie gewinnen	sie gewannen	sie werden gewinnen

PERFECT	**PLUPERFECT**	**CONDITIONAL**
ich habe gewonnen	ich hatte gewonnen	ich würde gewinnen
du hast gewonnen	du hattest gewonnen	du würdest gewinnen
er/sie hat gewonnen	er/sie hatte gewonnen	er/sie würde gewinnen
wir haben gewonnen	wir hatten gewonnen	wir würden gewinnen
ihr habt gewonnen	ihr hattet gewonnen	ihr würdet gewinnen
Sie haben gewonnen	Sie hatten gewonnen	Sie würden gewinnen
sie haben gewonnen	sie hatten gewonnen	sie würden gewinnen

SUBJUNCTIVE

PRESENT

PRESENT	**PERFECT**
ich gewinne	ich habe gewonnen
du gewinnest	du habest gewonnen
er/sie gewinne	er/sie habe gewonnen
wir gewinnen	wir haben gewonnen
ihr gewinnet	ihr habet gewonnen
Sie gewinnen	Sie haben gewonnen
sie gewinnen	sie haben gewonnen

IMPERFECT *(1)*	**PLUPERFECT**
ich gewänne	ich hätte gewonnen
du gewännest	du hättest gewonnen
er/sie gewänne	er/sie hätte gewonnen
wir gewännen	wir hätten gewonnen
ihr gewännet	ihr hättet gewonnen
Sie gewännen	Sie hätten gewonnen
sie gewännen	sie hätten gewonnen

FUTURE PERFECT

ich werde gewonnen haben
du wirst gewonnen haben
etc

INFINITIVE

PRESENT
gewinnen
PAST
gewonnen haben

PARTICIPLE

PRESENT
gewinnend
PAST
gewonnen

IMPERATIVE

gewinn(e)!
gewinnt!
gewinnen Sie!
gewinnen wir!

NOTE

(1) ich gewönne, du gewönnest etc is also possible

GIESSEN
to pour

PRESENT	IMPERFECT	FUTURE
ich gieße	ich goß	ich werde gießen
du gießt	du gossest	du wirst gießen
er/sie gießt	er/sie goß	er/sie wird gießen
wir gießen	wir gossen	wir werden gießen
ihr gießt	ihr goßt	ihr werdet gießen
Sie gießen	Sie gossen	Sie werden gießen
sie gießen	sie gossen	sie werden gießen

PERFECT	PLUPERFECT	CONDITIONAL
ich habe gegossen	ich hatte gegossen	ich würde gießen
du hast gegossen	du hattest gegossen	du würdest gießen
er/sie hat gegossen	er/sie hatte gegossen	er/sie würde gießen
wir haben gegossen	wir hatten gegossen	wir würden gießen
ihr habt gegossen	ihr hattet gegossen	ihr würdet gießen
Sie haben gegossen	Sie hatten gegossen	Sie würden gießen
sie haben gegossen	sie hatten gegossen	sie würden gießen

SUBJUNCTIVE

PRESENT	PERFECT	INFINITIVE
ich gieße	ich habe gegossen	**PRESENT**
du gießest	du habest gegossen	gießen
er/sie gieße	er/sie habe gegossen	**PAST**
wir gießen	wir haben gegossen	gegossen haben
ihr gießet	ihr habet gegossen	
Sie gießen	Sie haben gegossen	
sie gießen	sie haben gegossen	

		PARTICIPLE
		PRESENT
		gießend

IMPERFECT	PLUPERFECT	PAST
ich gösse	ich hätte gegossen	gegossen
du gössest	du hättest gegossen	
er/sie gösse	er/sie hätte gegossen	**IMPERATIVE**
wir gössen	wir hätten gegossen	gieß(e)!
ihr gösset	ihr hättet gegossen	gießt!
Sie gössen	Sie hätten gegossen	gießen Sie!
sie gössen	sie hätten gegossen	gießen wir!

FUTURE PERFECT

ich werde gegossen
haben
du wirst gegossen
haben *etc*

GLEICHEN
to resemble, be similar to

67

PRESENT	IMPERFECT	FUTURE
ich gleiche	ich glich	ich werde gleichen
du gleichst	du glichst	du wirst gleichen
er/sie gleicht	er/sie glich	er/sie wird gleichen
wir gleichen	wir glichen	wir werden gleichen
ihr gleicht	ihr glicht	ihr werdet gleichen
Sie gleichen	Sie glichen	Sie werden gleichen
sie gleichen	sie glichen	sie werden gleichen

PERFECT	PLUPERFECT	CONDITIONAL
ich habe geglichen	ich hatte geglichen	ich würde gleichen
du hast geglichen	du hattest geglichen	du würdest gleichen
er/sie hat geglichen	er/sie hatte geglichen	er/sie würde gleichen
wir haben geglichen	wir hatten geglichen	wir würden gleichen
ihr habt geglichen	ihr hattet geglichen	ihr würdet gleichen
Sie haben geglichen	Sie hatten geglichen	Sie würden gleichen
sie haben geglichen	sie hatten geglichen	sie würden gleichen

SUBJUNCTIVE

PRESENT	PERFECT	*INFINITIVE*
ich gleiche	ich habe geglichen	**PRESENT**
du gleichest	du habest geglichen	gleichen
er/sie gleiche	er/sie habe geglichen	**PAST**
wir gleichen	wir haben geglichen	geglichen haben
ihr gleichet	ihr habet geglichen	
Sie gleichen	Sie haben geglichen	
sie gleichen	sie haben geglichen	

PARTICIPLE

PRESENT
gleichend

IMPERFECT	PLUPERFECT	
ich gliche	ich hätte geglichen	**PAST**
du glichest	du hättest geglichen	geglichen
er/sie gliche	er/sie hätte geglichen	
wir glichen	wir hätten geglichen	*IMPERATIVE*
ihr glichet	ihr hättet geglichen	gleich(e)!
Sie glichen	Sie hätten geglichen	gleicht!
sie glichen	sie hätten geglichen	gleichen Sie!
		gleichen wir!

FUTURE PERFECT
ich werde geglichen
haben
du wirst geglichen
haben *etc*

GLEITEN
to glide

PRESENT	IMPERFECT	FUTURE
ich gleite	ich glitt	ich werde gleiten
du gleitest	du glittst	du wirst gleiten
er/sie gleitet	er/sie glitt	er/sie wird gleiten
wir gleiten	wir glitten	wir werden gleiten
ihr gleitet	ihr glittet	ihr werdet gleiten
Sie gleiten	Sie glitten	Sie werden gleiten
sie gleiten	sie glitten	sie werden gleiten

PERFECT	PLUPERFECT	CONDITIONAL
ich bin geglitten	ich war geglitten	ich würde gleiten
du bist geglitten	du warst geglitten	du würdest gleiten
er/sie ist geglitten	er/sie war geglitten	er/sie würde gleiten
wir sind geglitten	wir waren geglitten	wir würden gleiten
ihr seid geglitten	ihr wart geglitten	ihr würdet gleiten
Sie sind geglitten	Sie waren geglitten	Sie würden gleiten
sie sind geglitten	sie waren geglitten	sie würden gleiten

SUBJUNCTIVE

PRESENT	PERFECT
ich gleite	ich sei geglitten
du gleitest	du sei(e)st geglitten
er/sie gleite	er/sie sei geglitten
wir gleiten	wir seien geglitten
ihr gleitet	ihr seiet geglitten
Sie gleiten	Sie seien geglitten
sie gleiten	sie seien geglitten

IMPERFECT	PLUPERFECT
ich glitte	ich wäre geglitten
du glittest	du wär(e)st geglitten
er/sie glitte	er/sie wäre geglitten
wir glitten	wir wären geglitten
ihr glittet	ihr wär(e)t geglitten
Sie glitten	Sie wären geglitten
sie glitten	sie wären geglitten

INFINITIVE

PRESENT
gleiten

PAST
geglitten sein

PARTICIPLE

PRESENT
gleitend

PAST
geglitten

IMPERATIVE

gleit(e)!
gleitet!
gleiten Sie!
gleiten wir!

FUTURE PERFECT

ich werde geglitten sein
du wirst geglitten sein *etc*

to dig

PRESENT

ich grabe
du gräbst
er/sie gräbt
wir graben
ihr grabt
Sie graben
sie graben

IMPERFECT

ich grub
du grubst
er/sie grub
wir gruben
ihr grubt
Sie gruben
sie gruben

FUTURE

ich werde graben
du wirst graben
er/sie wird graben
wir werden graben
ihr werdet graben
Sie werden graben
sie werden graben

PERFECT

ich habe gegraben
du hast gegraben
er/sie hat gegraben
wir haben gegraben
ihr habt gegraben
Sie haben gegraben
sie haben gegraben

PLUPERFECT

ich hatte gegraben
du hattest gegraben
er/sie hatte gegraben
wir hatten gegraben
ihr hattet gegraben
Sie hatten gegraben
sie hatten gegraben

CONDITIONAL

ich würde graben
du würdest graben
er/sie würde graben
wir würden graben
ihr würdet graben
Sie würden graben
sie würden graben

SUBJUNCTIVE

PRESENT

ich grabe
du grabest
er/sie grabe
wir graben
ihr grabet
Sie graben
sie graben

PERFECT

ich habe gegraben
du habest gegraben
er/sie habe gegraben
wir haben gegraben
ihr habet gegraben
Sie haben gegraben
sie haben gegraben

INFINITIVE

PRESENT

graben

PAST

gegraben haben

PARTICIPLE

PRESENT

grabend

PAST

gegraben

IMPERFECT

ich grübe
du grübest
er/sie grübe
wir grüben
ihr grübet
Sie grüben
sie grüben

PLUPERFECT

ich hätte gegraben
du hättest gegraben
er/sie hätte gegraben
wir hätten gegraben
ihr hättet gegraben
Sie hätten gegraben
sie hätten gegraben

IMPERATIVE

grab(e)!
grabt!
graben Sie!
graben wir!

FUTURE PERFECT

ich werde gegraben
haben
du wirst gegraben haben
etc

70 GREIFEN
to seize

PRESENT	**IMPERFECT**	**FUTURE**
ich greife	ich griff	ich werde greifen
du greifst	du griffst	du wirst greifen
er/sie greift	er/sie griff	er/sie wird greifen
wir greifen	wir griffen	wir werden greifen
ihr greift	ihr grifft	ihr werdet greifen
Sie greifen	Sie griffen	Sie werden greifen
sie greifen	sie griffen	sie werden greifen

PERFECT	**PLUPERFECT**	**CONDITIONAL**
ich habe gegriffen	ich hatte gegriffen	ich würde greifen
du hast gegriffen	du hattest gegriffen	du würdest greifen
er/sie hat gegriffen	er/sie hatte gegriffen	er/sie würde greifen
wir haben gegriffen	wir hatten gegriffen	wir würden greifen
ihr habt gegriffen	ihr hattet gegriffen	ihr würdet greifen
Sie haben gegriffen	Sie hatten gegriffen	Sie würden greifen
sie haben gegriffen	sie hatten gegriffen	sie würden greifen

SUBJUNCTIVE

PRESENT	**PERFECT**
ich greife	ich habe gegriffen
du greifest	du habest gegriffen
er/sie greife	er/sie habe gegriffen
wir greifen	wir haben gegriffen
ihr greifet	ihr habet gegriffen
Sie greifen	Sie haben gegriffen
sie greifen	sie haben gegriffen

IMPERFECT	**PLUPERFECT**
ich griffe	ich hätte gegriffen
du griffest	du hättest gegriffen
er/sie griffe	er/sie hätte gegriffen
wir griffen	wir hätten gegriffen
ihr griffet	ihr hättet gegriffen
Sie griffen	Sie hätten gegriffen
sie griffen	sie hätten gegriffen

FUTURE PERFECT
ich werde gegriffen
haben
du wirst gegriffen haben
etc

INFINITIVE
PRESENT
greifen
PAST
gegriffen haben

PARTICIPLE
PRESENT
greifend
PAST
gegriffen

IMPERATIVE
greif(e)!
greift!
greifen Sie!
greifen wir!

GRÜSSEN

to salute, greet

PRESENT	IMPERFECT	FUTURE
ich grüße	ich grüßte	ich werde grüßen
du grüßt	du grüßtest	du wirst grüßen
er/sie grüßt	er/sie grüßte	er/sie wird grüßen
wir grüßen	wir grüßten	wir werden grüßen
ihr grüßt	ihr grüßtet	ihr werdet grüßen
Sie grüßen	Sie grüßten	Sie werden grüßen
sie grüßen	sie grüßten	sie werden grüßen

PERFECT	PLUPERFECT	CONDITIONAL
ich habe gegrüßt	ich hatte gegrüßt	ich würde grüßen
du hast gegrüßt	du hattest gegrüßt	du würdest grüßen
er/sie hat gegrüßt	er/sie hatte gegrüßt	er/sie würde grüßen
wir haben gegrüßt	wir hatten gegrüßt	wir würden grüßen
ihr habt gegrüßt	ihr hattet gegrüßt	ihr würdet grüßen
Sie haben gegrüßt	Sie hatten gegrüßt	Sie würden grüßen
sie haben gegrüßt	sie hatten gegrüßt	sie würden grüßen

SUBJUNCTIVE

PRESENT	PERFECT	INFINITIVE
ich grüße	ich habe gegrüßt	**PRESENT**
du grüßest	du habest gegrüßt	grüßen
er/sie grüße	er/sie habe gegrüßt	**PAST**
wir grüßen	wir haben gegrüßt	gegrüßt haben
ihr grüßet	ihr habet gegrüßt	
Sie grüßen	Sie haben gegrüßt	
sie grüßen	sie haben gegrüßt	

PARTICIPLE

PRESENT
grüßend

IMPERFECT	PLUPERFECT	
ich grüßte	ich hätte gegrüßt	**PAST**
du grüßtest	du hättest gegrüßt	gegrüßt
er/sie grüßte	er/sie hätte gegrüßt	
wir grüßten	wir hätten gegrüßt	
ihr grüßtet	ihr hättet gegrüßt	**IMPERATIVE**
Sie grüßten	Sie hätten gegrüßt	grüß(e)!
sie grüßten	sie hätten gegrüßt	grüßt!
		grüßen Sie!
		grüßen wir!

FUTURE PERFECT

ich werde gegrüßt haben
du wirst gegrüßt haben
etc

HABEN
to have

PRESENT	IMPERFECT	FUTURE
ich habe	ich hatte	ich werde haben
du hast	du hattest	du wirst haben
er/sie hat	er/sie hatte	er/sie wird haben
wir haben	wir hatten	wir werden haben
ihr habt	ihr hattet	ihr werdet haben
Sie haben	Sie hatten	Sie werden haben
sie haben	sie hatten	sie werden haben

PERFECT	PLUPERFECT	CONDITIONAL
ich habe gehabt	ich hatte gehabt	ich würde haben
du hast gehabt	du hattest gehabt	du würdest haben
er/sie hat gehabt	er/sie hatte gehabt	er/sie würde haben
wir haben gehabt	wir hatten gehabt	wir würden haben
ihr habt gehabt	ihr hattet gehabt	ihr würdet haben
Sie haben gehabt	Sie hatten gehabt	Sie würden haben
sie haben gehabt	sie hatten gehabt	sie würden haben

SUBJUNCTIVE

PRESENT	PERFECT
ich habe	ich habe gehabt
du habest	du habest gehabt
er/sie habe	er/sie habe gehabt
wir haben	wir haben gehabt
ihr habet	ihr habet gehabt
Sie haben	Sie haben gehabt
sie haben	sie haben gehabt

IMPERFECT	PLUPERFECT
ich hätte	ich hätte gehabt
du hättest	du hättest gehabt
er/sie hätte	er/sie hätte gehabt
wir hätten	wir hätten gehabt
ihr hättet	ihr hättet gehabt
Sie hätten	Sie hätten gehabt
sie hätten	sie hätten gehabt

FUTURE PERFECT
ich werde gehabt haben
du wirst gehabt haben
etc

INFINITIVE

PRESENT
haben

PAST
gehabt haben

PARTICIPLE

PRESENT
habend

PAST
gehabt

IMPERATIVE

hab(e)!
habt!
haben Sie!
haben wir!

HALTEN
to hold, stop

73

PRESENT	**IMPERFECT**	**FUTURE**
ich halte	ich hielt	ich werde halten
du hältst	du hieltst	du wirst halten
er/sie hält	er/sie hielt	er/sie wird halten
wir halten	wir hielten	wir werden halten
ihr haltet	ihr hieltet	ihr werdet halten
Sie halten	Sie hielten	Sie werden halten
sie halten	sie hielten	sie werden halten

PERFECT	**PLUPERFECT**	**CONDITIONAL**
ich habe gehalten	ich hatte gehalten	ich würde halten
du hast gehalten	du hattest gehalten	du würdest halten
er/sie hat gehalten	er/sie hatte gehalten	er/sie würde halten
wir haben gehalten	wir hatten gehalten	wir würden halten
ihr habt gehalten	ihr hattet gehalten	ihr würdet halten
Sie haben gehalten	Sie hatten gehalten	Sie würden halten
sie haben gehalten	sie hatten gehalten	sie würden halten

SUBJUNCTIVE

PRESENT	**PERFECT**	*INFINITIVE*
ich halte	ich habe gehalten	**PRESENT**
du haltest	du habest gehalten	halten
er/sie halte	er/sie habe gehalten	**PAST**
wir halten	wir haben gehalten	gehalten haben
ihr haltet	ihr habet gehalten	
Sie halten	Sie haben gehalten	*PARTICIPLE*
sie halten	sie haben gehalten	**PRESENT**
		haltend

IMPERFECT	**PLUPERFECT**	**PAST**
ich hielte	ich hätte gehalten	gehalten
du hieltest	du hättest gehalten	
er/sie hielte	er/sie hätte gehalten	*IMPERATIVE*
wir hielten	wir hätten gehalten	
ihr hieltet	ihr hättet gehalten	halt(e)!
Sie hielten	Sie hätten gehalten	haltet!
sie hielten	sie hätten gehalten	halten Sie!
		halten wir!

FUTURE PERFECT

ich werde gehalten
haben
du wirst gehalten
haben *etc*

HÄNGEN
to hang *(1)*

PRESENT	IMPERFECT	FUTURE
ich hänge	ich hing	ich werde hängen
du hängst	du hingst	du wirst hängen
er/sie hängt	er/sie hing	er/sie wird hängen
wir hängen	wir hingen	wir werden hängen
ihr hängt	ihr hingt	ihr werdet hängen
Sie hängen	Sie hingen	Sie werden hängen
sie hängen	sie hingen	sie werden hängen

PERFECT	PLUPERFECT	CONDITIONAL
ich habe gehangen	ich hatte gehangen	ich würde hängen
du hast gehangen	du hattest gehangen	du würdest hängen
er/sie hat gehangen	er/sie hatte gehangen	er/sie würde hängen
wir haben gehangen	wir hatten gehangen	wir würden hängen
ihr habt gehangen	ihr hattet gehangen	ihr würdet hängen
Sie haben gehangen	Sie hatten gehangen	Sie würden hängen
sie haben gehangen	sie hatten gehangen	sie würden hängen

SUBJUNCTIVE

PRESENT	PERFECT	INFINITIVE
ich hänge	ich habe gehangen	**PRESENT**
du hängest	du habest gehangen	hängen
er/sie hänge	er/sie habe gehangen	**PAST**
wir hängen	wir haben gehangen	gehangen haben
ihr hänget	ihr habet gehangen	
Sie hängen	Sie haben gehangen	
sie hängen	sie haben gehangen	

PARTICIPLE

PRESENT
hängend

IMPERFECT	PLUPERFECT	PAST
ich hinge	ich hätte gehangen	gehangen
du hingest	du hättest gehangen	
er/sie hinge	er/sie hätte gehangen	**IMPERATIVE**
wir hingen	wir hätten gehangen	
ihr hinget	ihr hättet gehangen	häng(e)!
Sie hingen	Sie hätten gehangen	hängt!
sie hingen	sie hätten gehangen	hängen Sie!
		hängen wir!

FUTURE PERFECT

ich werde gehangen
haben
du wirst gehangen haben
etc

NOTES

(1) also a weak verb when transitive: ich hängte,
ich habe gehängt *etc*

HAUEN
to hit, hew *(1)*

75

PRESENT	IMPERFECT	FUTURE
ich haue	ich hieb	ich werde hauen
du haust	du hiebst	du wirst hauen
er/sie haut	er/sie hieb	er/sie wird hauen
wir hauen	wir hieben	wir werden hauen
ihr haut	ihr hiebt	ihr werdet hauen
Sie hauen	Sie hieben	Sie werden hauen
sie hauen	sie hieben	sie werden hauen

PERFECT	PLUPERFECT	CONDITIONAL
ich habe gehauen	ich hatte gehauen	ich würde hauen
du hast gehauen	du hattest gehauen	du würdest hauen
er/sie hat gehauen	er/sie hatte gehauen	er/sie würde hauen
wir haben gehauen	wir hatten gehauen	wir würden hauen
ihr habt gehauen	ihr hattet gehauen	ihr würdet hauen
Sie haben gehauen	Sie hatten gehauen	Sie würden hauen
sie haben gehauen	sie hatten gehauen	sie würden hauen

SUBJUNCTIVE

PRESENT	PERFECT	*INFINITIVE*
ich haue	ich habe gehauen	**PRESENT**
du hauest	du habest gehauen	hauen
er/sie haue	er/sie habe gehauen	**PAST**
wir hauen	wir haben gehauen	gehauen haben
ihr hauet	ihr habet gehauen	
Sie hauen	Sie haben gehauen	*PARTICIPLE*
sie hauen	sie haben gehauen	**PRESENT**
		hauend

IMPERFECT	PLUPERFECT	PAST
ich hiebe	ich hätte gehauen	gehauen
du hiebest	du hättest gehauen	
er/sie hiebe	er/sie hätte gehauen	*IMPERATIVE*
wir hieben	wir hätten gehauen	hau(e)!
ihr hiebet	ihr hättet gehauen	haut!
Sie hieben	Sie hätten gehauen	hauen Sie!
sie hieben	sie hätten gehauen	hauen wir!

FUTURE PERFECT

ich werde gehauen
haben
du wirst gehauen haben
etc

NOTES

(1) also a weak verb: ich haute, ich habe gehaut
etc

PRESENT

ich hebe
du hebst
er/sie hebt
wir heben
ihr hebt
Sie heben
sie heben

IMPERFECT

ich hob
du hobst
er/sie hob
wir hoben
ihr hobt
Sie hoben
sie hoben

FUTURE

ich werde heben
du wirst heben
er/sie wird heben
wir werden heben
ihr werdet heben
Sie werden heben
sie werden heben

PERFECT

ich habe gehoben
du hast gehoben
er/sie hat gehoben
wir haben gehoben
ihr habt gehoben
Sie haben gehoben
sie haben gehoben

PLUPERFECT

ich hatte gehoben
du hattest gehoben
er/sie hatte gehoben
wir hatten gehoben
ihr hattet gehoben
Sie hatten gehoben
sie hatten gehoben

CONDITIONAL

ich würde heben
du würdest heben
er/sie würde heben
wir würden heben
ihr würdet heben
Sie würden heben
sie würden heben

SUBJUNCTIVE

PRESENT

ich hebe
du hebest
er/sie hebe
wir heben
ihr hebet
Sie heben
sie heben

PERFECT

ich habe gehoben
du habest gehoben
er/sie habe gehoben
wir haben gehoben
ihr habet gehoben
Sie haben gehoben
sie haben gehoben

INFINITIVE

PRESENT
heben
PAST
gehoben haben

PARTICIPLE

PRESENT
hebend

IMPERFECT

ich höbe
du höbest
er/sie höbe
wir höben
ihr höbet
Sie höben
sie höben

PLUPERFECT

ich hätte gehoben
du hättest gehoben
er/sie hätte gehoben
wir hätten gehoben
ihr hättet gehoben
Sie hätten gehoben
sie hätten gehoben

PAST
gehoben

IMPERATIVE

heb(e)!
hebt!
heben Sie!
heben wir!

FUTURE PERFECT

ich werde gehoben
haben
du wirst gehoben
haben *etc*

HEISSEN
to be called

PRESENT	IMPERFECT	FUTURE
ich heiße	ich hieß	ich werde heißen
du heißt	du hießest	du wirst heißen
er/sie heißt	er/sie hieß	er/sie wird heißen
wir heißen	wir hießen	wir werden heißen
ihr heißt	ihr hießt	ihr werdet heißen
Sie heißen	Sie hießen	Sie werden heißen
sie heißen	sie hießen	sie werden heißen

PERFECT	PLUPERFECT	CONDITIONAL
ich habe geheißen	ich hatte geheißen	ich würde heißen
du hast geheißen	du hattest geheißen	du würdest heißen
er/sie hat geheißen	er/sie hatte geheißen	er/sie würde heißen
wir haben geheißen	wir hatten geheißen	wir würden heißen
ihr habt geheißen	ihr hattet geheißen	ihr würdet heißen
Sie haben geheißen	Sie hatten geheißen	Sie würden heißen
sie haben geheißen	sie hatten geheißen	sie würden heißen

SUBJUNCTIVE

PRESENT	PERFECT
ich heiße	ich habe geheißen
du heißest	du habest geheißen
er/sie heiße	er/sie habe geheißen
wir heißen	wir haben geheißen
ihr heißet	ihr habet geheißen
Sie heißen	Sie haben geheißen
sie heißen	sie haben geheißen

IMPERFECT	PLUPERFECT
ich hieße	ich hätte geheißen
du hießest	du hättest geheißen
er/sie hieße	er/sie hätte geheißen
wir hießen	wir hätten geheißen
ihr hießet	ihr hättet geheißen
Sie hießen	Sie hätten geheißen
sie hießen	sie hätten geheißen

FUTURE PERFECT
ich werde geheißen
haben
du wirst geheißen
haben *etc*

INFINITIVE

PRESENT
heißen
PAST
geheißen haben

PARTICIPLE

PRESENT
heißend
PAST
geheißen

IMPERATIVE

heiß(e)!
heißt!
heißen Sie!
heißen wir!

HELFEN
to help

PRESENT	IMPERFECT	FUTURE
ich helfe	ich half	ich werde helfen
du hilfst	du halfst	du wirst helfen
er/sie hilft	er/sie half	er/sie wird helfen
wir helfen	wir halfen	wir werden helfen
ihr helft	ihr halft	ihr werdet helfen
Sie helfen	Sie halfen	Sie werden helfen
sie helfen	sie halfen	sie werden helfen

PERFECT	PLUPERFECT	CONDITIONAL
ich habe geholfen	ich hatte geholfen	ich würde helfen
du hast geholfen	du hattest geholfen	du würdest helfen
er/sie hat geholfen	er/sie hatte geholfen	er/sie würde helfen
wir haben geholfen	wir hatten geholfen	wir würden helfen
ihr habt geholfen	ihr hattet geholfen	ihr würdet helfen
Sie haben geholfen	Sie hatten geholfen	Sie würden helfen
sie haben geholfen	sie hatten geholfen	sie würden helfen

SUBJUNCTIVE

PRESENT	PERFECT	INFINITIVE
ich helfe	ich habe geholfen	**PRESENT**
du helfest	du habest geholfen	helfen
er/sie helfe	er/sie habe geholfen	**PAST**
wir helfen	wir haben geholfen	geholfen haben
ihr helfet	ihr habet geholfen	
Sie helfen	Sie haben geholfen	
sie helfen	sie haben geholfen	

PARTICIPLE

PRESENT
helfend

IMPERFECT	PLUPERFECT	PAST
ich hülfe	ich hätte geholfen	geholfen
du hülfest	du hättest geholfen	
er/sie hülfe	er/sie hätte geholfen	**IMPERATIVE**
wir hülfen	wir hätten geholfen	hilf!
ihr hülfet	ihr hättet geholfen	helft!
Sie hülfen	Sie hätten geholfen	helfen Sie!
sie hülfen	sie hätten geholfen	helfen wir!

FUTURE PERFECT

ich werde geholfen
haben
du wirst geholfen
haben *etc*

NOTE

takes the dative: ich helfe ihm, ich habe ihm
geholfen *etc*

KENNEN
to know

PRESENT	**IMPERFECT**	**FUTURE**
ich kenne	ich kannte	ich werde kennen
du kennst	du kanntest	du wirst kennen
er/sie kennt	er/sie kannte	er/sie wird kennen
wir kennen	wir kannten	wir werden kennen
ihr kennt	ihr kanntet	ihr werdet kennen
Sie kennen	Sie kannten	Sie werden kennen
sie kennen	sie kannten	sie werden kennen

PERFECT	**PLUPERFECT**	**CONDITIONAL**
ich habe gekannt	ich hatte gekannt	ich würde kennen
du hast gekannt	du hattest gekannt	du würdest kennen
er/sie hat gekannt	er/sie hatte gekannt	er/sie würde kennen
wir haben gekannt	wir hatten gekannt	wir würden kennen
ihr habt gekannt	ihr hattet gekannt	ihr würdet kennen
Sie haben gekannt	Sie hatten gekannt	Sie würden kennen
sie haben gekannt	sie hatten gekannt	sie würden kennen

SUBJUNCTIVE

PRESENT	**PERFECT**	*INFINITIVE*
ich kenne	ich habe gekannt	**PRESENT**
du kennest	du habest gekannt	kennen
er/sie kenne	er/sie habe gekannt	**PAST**
wir kennen	wir haben gekannt	gekannt haben
ihr kennet	ihr habet gekannt	
Sie kennen	Sie haben gekannt	*PARTICIPLE*
sie kennen	sie haben gekannt	**PRESENT**
		kennend

IMPERFECT	**PLUPERFECT**	**PAST**
ich kennte	ich hätte gekannt	gekannt
du kenntest	du hättest gekannt	
er/sie kennte	er/sie hätte gekannt	*IMPERATIVE*
wir kennten	wir hätten gekannt	kenn(e)!
ihr kenntet	ihr hättet gekannt	kennt!
Sie kennten	Sie hätten gekannt	kennen Sie!
sie kennten	sie hätten gekannt	kennen wir!

FUTURE PERFECT

ich werde gekannt
haben
du wirst gekannt
haben *etc*

KENNENLERNEN
to get to know

PRESENT	IMPERFECT	FUTURE
ich lerne kennen	ich lernte kennen	ich werde kennenlernen
du lernst kennen	du lerntest kennen	du wirst kennenlernen
er/sie lernt kennen	er/sie lernte kennen	er/sie wird kennenlernen
wir lernen kennen	wir lernten kennen	wir werden kennenlernen
ihr lernt kennen	ihr lerntet kennen	ihr werdet kennenlernen
Sie lernen kennen	Sie lernten kennen	Sie werden kennenlernen
sie lernen kennen	sie lernten kennen	sie werden kennenlernen

PERFECT	PLUPERFECT	CONDITIONAL
ich habe kennengelernt	ich hatte kennengelernt	ich würde kennenlernen
du hast kennengelernt	du hattest kennengelernt	du würdest kennenlernen
er/sie hat kennengelernt	er/sie hatte kennengelernt	er/sie würde kennenlernen
wir haben kennengelernt	wir hatten kennengelernt	wir würden kennenlernen
ihr habt kennengelernt	ihr hattet kennengelernt	ihr würdet kennenlernen
Sie haben kennengelernt	Sie hatten kennengelernt	Sie würden kennenlernen
sie haben kennengelernt	sie hatten kennengelernt	sie würden kennenlernen

SUBJUNCTIVE

PRESENT	PERFECT	INFINITIVE
ich lerne kennen	ich habe kennengelernt	**PRESENT** kennenlernen
du lernest kennen	du habest kennengelernt	**PAST** kennengelernt haben
er/sie lerne kennen	er/sie habe kennengelernt	
wir lernen kennen	wir haben kennengelernt	
ihr lernet kennen	ihr habet kennengelernt	*PARTICIPLE*
Sie lernen kennen	Sie haben kennengelernt	**PRESENT** kennenlernend
sie lernen kennen	sie haben kennengelernt	

IMPERFECT	PLUPERFECT	PAST kennengelernt
ich lernte kennen	ich hätte kennengelernt	
du lerntest kennen	du hättest kennengelernt	*IMPERATIVE*
er/sie lernte kennen	er/sie hätte kennengelernt	
wir lernten kennen	wir hätten kennengelernt	lern(e) kennen!
ihr lerntet kennen	ihr hättet kennengelernt	lernt kennen!
Sie lernten kennen	Sie hätten kennengelernt	lernen Sie kennen!
sie lernten kennen	sie hätten kennengelernt	lernen wir kennen!

FUTURE PERFECT

ich werde
kennengelernt haben
du wirst kennengelernt
haben *etc*

to sound

PRESENT	**IMPERFECT**	**FUTURE**
ich klinge	ich klang	ich werde klingen
du klingst	du klangst	du wirst klingen
er/sie klingt	er/sie klang	er/sie wird klingen
wir klingen	wir klangen	wir werden klingen
ihr klingt	ihr klangt	ihr werdet klingen
Sie klingen	Sie klangen	Sie werden klingen
sie klingen	sie klangen	sie werden klingen

PERFECT	**PLUPERFECT**	**CONDITIONAL**
ich habe geklungen	ich hatte geklungen	ich würde klingen
du hast geklungen	du hattest geklungen	du würdest klingen
er/sie hat geklungen	er/sie hatte geklungen	er/sie würde klingen
wir haben geklungen	wir hatten geklungen	wir würden klingen
ihr habt geklungen	ihr hattet geklungen	ihr würdet klingen
Sie haben geklungen	Sie hatten geklungen	Sie würden klingen
sie haben geklungen	sie hatten geklungen	sie würden klingen

SUBJUNCTIVE

PRESENT	**PERFECT**	*INFINITIVE*
ich klinge	ich habe geklungen	**PRESENT**
du klingest	du habest geklungen	klingen
er/sie klinge	er/sie habe geklungen	**PAST**
wir klingen	wir haben geklungen	geklungen haben
ihr klinget	ihr habet geklungen	
Sie klingen	Sie haben geklungen	*PARTICIPLE*
sie klingen	sie haben geklungen	**PRESENT**
		klingend

IMPERFECT	**PLUPERFECT**	**PAST**
ich klänge	ich hätte geklungen	geklungen
du klängest	du hättest geklungen	
er/sie klänge	er/sie hätte geklungen	*IMPERATIVE*
wir klängen	wir hätten geklungen	kling(e)!
ihr klänget	ihr hättet geklungen	klingt!
Sie klängen	Sie hätten geklungen	klingen Sie!
sie klängen	sie hätten geklungen	klingen wir!

FUTURE PERFECT

ich werde geklungen
haben
du wirst geklungen
haben *etc*

KNEIFEN
to pinch

PRESENT

ich kneife
du kneifst
er/sie kneift
wir kneifen
ihr kneift
Sie kneifen
sie kneifen

IMPERFECT

ich kniff
du kniffst
er/sie kniff
wir kniffen
ihr knifft
Sie kniffen
sie kniffen

FUTURE

ich werde kneifen
du wirst kneifen
er/sie wird kneifen
wir werden kneifen
ihr werdet kneifen
Sie werden kneifen
sie werden kneifen

PERFECT

ich habe gekniffen
du hast gekniffen
er/sie hat gekniffen
wir haben gekniffen
ihr habt gekniffen
Sie haben gekniffen
sie haben gekniffen

PLUPERFECT

ich hatte gekniffen
du hattest gekniffen
er/sie hatte gekniffen
wir hatten gekniffen
ihr hattet gekniffen
Sie hatten gekniffen
sie hatten gekniffen

CONDITIONAL

ich würde kneifen
du würdest kneifen
er/sie würde kneifen
wir würden kneifen
ihr würdet kneifen
Sie würden kneifen
sie würden kneifen

SUBJUNCTIVE

PRESENT

ich kneife
du kneifest
er/sie kneife
wir kneifen
ihr kneifet
Sie kneifen
sie kneifen

PERFECT

ich habe gekniffen
du habest gekniffen
er/sie habe gekniffen
wir haben gekniffen
ihr habet gekniffen
Sie haben gekniffen
sie haben gekniffen

INFINITIVE

PRESENT

kneifen

PAST

gekniffen haben

PARTICIPLE

PRESENT

kneifend

PAST

gekniffen

IMPERFECT

ich kniffe
du kniffest
er/sie kniffe
wir kniffen
ihr kniffet
Sie kniffen
sie kniffen

PLUPERFECT

ich hätte gekniffen
du hättest gekniffen
er/sie hätte gekniffen
wir hätten gekniffen
ihr hättet gekniffen
Sie hätten gekniffen
sie hätten gekniffen

IMPERATIVE

kneif(e)!
kneift!
kneifen Sie!
kneifen wir!

FUTURE PERFECT

ich werde gekniffen
haben
du wirst gekniffen
haben *etc*

KNIEN
to kneel

PRESENT	**IMPERFECT**	**FUTURE**
ich knie	ich kniete	ich werde knien
du kniest	du knietest	du wirst knien
er/sie kniet	er/sie kniete	er/sie wird knien
wir knien	wir knieten	wir werden knien
ihr kniet	ihr knietet	ihr werdet knien
Sie knien	Sie knieten	Sie werden knien
sie knien	sie knieten	sie werden knien

PERFECT	**PLUPERFECT**	**CONDITIONAL**
ich habe gekniet	ich hatte gekniet	ich würde knien
du hast gekniet	du hattest gekniet	du würdest knien
er/sie hat gekniet	er/sie hatte gekniet	er/sie würde knien
wir haben gekniet	wir hatten gekniet	wir würden knien
ihr habt gekniet	ihr hattet gekniet	ihr würdet knien
Sie haben gekniet	Sie hatten gekniet	Sie würden knien
sie haben gekniet	sie hatten gekniet	sie würden knien

SUBJUNCTIVE

PRESENT	**PERFECT**
ich knie	ich habe gekniet
du kniest	du habest gekniet
er/sie knie	er/sie habe gekniet
wir knien	wir haben gekniet
ihr kniet	ihr habet gekniet
Sie knien	Sie haben gekniet
sie knien	sie haben gekniet

IMPERFECT	**PLUPERFECT**
ich kniete	ich hätte gekniet
du knietest	du hättest gekniet
er/sie kniete	er/sie hätte gekniet
wir knieten	wir hätten gekniet
ihr knietet	ihr hättet gekniet
Sie knieten	Sie hätten gekniet
sie knieten	sie hätten gekniet

FUTURE PERFECT

ich werde gekniet
haben
du wirst gekniet
haben *etc*

INFINITIVE

PRESENT
knien

PAST
gekniet haben

PARTICIPLE

PRESENT
kniend

PAST
gekniet

IMPERATIVE

knie!
kniet!
knien Sie!
knien wir!

KOMMEN
to come

PRESENT	IMPERFECT	FUTURE
ich komme	ich kam	ich werde kommen
du kommst	du kamst	du wirst kommen
er/sie kommt	er/sie kam	er/sie wird kommen
wir kommen	wir kamen	wir werden kommen
ihr kommt	ihr kamt	ihr werdet kommen
Sie kommen	Sie kamen	Sie werden kommen
sie kommen	sie kamen	sie werden kommen

PERFECT	PLUPERFECT	CONDITIONAL
ich bin gekommen	ich war gekommen	ich würde kommen
du bist gekommen	du warst gekommen	du würdest kommen
er/sie ist gekommen	er/sie war gekommen	er/sie würde kommen
wir sind gekommen	wir waren gekommen	wir würden kommen
ihr seid gekommen	ihr wart gekommen	ihr würdet kommen
Sie sind gekommen	Sie waren gekommen	Sie würden kommen
sie sind gekommen	sie waren gekommen	sie würden kommen

SUBJUNCTIVE

PRESENT	PERFECT	INFINITIVE
		PRESENT
ich komme	ich sei gekommen	kommen
du kommest	du sei(e)st gekommen	**PAST**
er/sie komme	er/sie sei gekommen	gekommen sein
wir kommen	wir seien gekommen	
ihr kommet	ihr seiet gekommen	*PARTICIPLE*
Sie kommen	Sie seien gekommen	**PRESENT**
sie kommen	sie seien gekommen	kommend

IMPERFECT	PLUPERFECT	PAST
		gekommen
ich käme	ich wäre gekommen	
du kämest	du wär(e)st gekommen	*IMPERATIVE*
er/sie käme	er/sie wäre gekommen	
wir kämen	wir wären gekommen	komm(e)!
ihr kämet	ihr wär(e)t gekommen	kommt!
Sie kämen	Sie wären gekommen	kommen Sie!
sie kämen	sie wären gekommen	kommen wir!

FUTURE PERFECT

ich werde gekommen
sein
du wirst gekommen sein
etc

PRESENT	**IMPERFECT**	**FUTURE**
ich kann	ich konnte	ich werde können
du kannst	du konntest	du wirst können
er/sie kann	er/sie konnte	er/sie wird können
wir können	wir konnten	wir werden können
ihr könnt	ihr konntet	ihr werdet können
Sie können	Sie konnten	Sie werden können
sie können	sie konnten	sie werden können

PERFECT (1)	**PLUPERFECT** (2)	**CONDITIONAL**
ich habe gekonnt	ich hatte gekonnt	ich würde können
du hast gekonnt	du hattest gekonnt	du würdest können
er/sie hat gekonnt	er/sie hatte gekonnt	er/sie würde können
wir haben gekonnt	wir hatten gekonnt	wir würden können
ihr habt gekonnt	ihr hattet gekonnt	ihr würdet können
Sie haben gekonnt	Sie hatten gekonnt	Sie würden können
sie haben gekonnt	sie hatten gekonnt	sie würden können

SUBJUNCTIVE

PRESENT	**PERFECT** (1)
ich könne	ich habe gekonnt
du könnest	du habest gekonnt
er/sie könne	er/sie habe gekonnt
wir können	wir haben gekonnt
ihr könnet	ihr habet gekonnt
Sie können	Sie haben gekonnt
sie können	sie haben gekonnt

IMPERFECT	**PLUPERFECT** (3)
ich könnte	ich hätte gekonnt
du könntest	du hättest gekonnt
er/sie könnte	er/sie hätte gekonnt
wir könnten	wir hätten gekonnt
ihr könntet	ihr hättet gekonnt
Sie könnten	Sie hätten gekonnt
sie könnten	sie hätten gekonnt

INFINITIVE

PRESENT
können

PAST
gekonnt haben

PARTICIPLE

PRESENT
könnend

PAST
gekonnt

NOTE

*when preceded by an infinitive: (1) ich habe . . .
können etc (2) ich hatte . . . können etc (3) ich
hatte . . . können etc*

86

KRIECHEN
to crawl

PRESENT	IMPERFECT	FUTURE
ich krieche	ich kroch	ich werde kriechen
du kriechst	du krochst	du wirst kriechen
er/sie kriecht	er/sie kroch	er/sie wird kriechen
wir kriechen	wir krochen	wir werden kriechen
ihr kriecht	ihr krocht	ihr werdet kriechen
Sie kriechen	Sie krochen	Sie werden kriechen
sie kriechen	sie krochen	sie werden kriechen

PERFECT	PLUPERFECT	CONDITIONAL
ich bin gekrochen	ich war gekrochen	ich würde kriechen
du bist gekrochen	du warst gekrochen	du würdest kriechen
er/sie ist gekrochen	er/sie war gekrochen	er/sie würde kriechen
wir sind gekrochen	wir waren gekrochen	wir würden kriechen
ihr seid gekrochen	ihr wart gekrochen	ihr würdet kriechen
Sie sind gekrochen	Sie waren gekrochen	Sie würden kriechen
sie sind gekrochen	sie waren gekrochen	sie würden kriechen

SUBJUNCTIVE

PRESENT	PERFECT	INFINITIVE
ich krieche	ich sei gekrochen	**PRESENT**
du kriechest	du sei(e)st gekrochen	kriechen
er/sie krieche	er/sie sei gekrochen	**PAST**
wir kriechen	wir seien gekrochen	gekrochen sein
ihr kriechet	ihr seiet gekrochen	
Sie kriechen	Sie seien gekrochen	**PARTICIPLE**
sie kriechen	sie seien gekrochen	**PRESENT**
		kriechend

IMPERFECT	PLUPERFECT	
ich kröche	ich wäre gekrochen	**PAST**
du kröchest	du wär(e)st gekrochen	gekrochen
er/sie kröche	er/sie wäre gekrochen	
wir kröchen	wir wären gekrochen	**IMPERATIVE**
ihr kröchet	ihr wär(e)t gekrochen	
Sie kröchen	Sie wären gekrochen	kriech(e)!
sie kröchen	sie wären gekrochen	kriecht!
		kriechen Sie!
		kriechen wir!

FUTURE PERFECT

ich werde gekrochen
sein
du wirst gekrochen sein
etc

LACHEN
to laugh

PRESENT	IMPERFECT	FUTURE
ich lache	ich lachte	ich werde lachen
du lachst	du lachtest	du wirst lachen
er/sie lacht	er/sie lachte	er/sie wird lachen
wir lachen	wir lachten	wir werden lachen
ihr lacht	ihr lachtet	ihr werdet lachen
Sie lachen	Sie lachten	Sie werden lachen
sie lachen	sie lachten	sie werden lachen

PERFECT	PLUPERFECT	CONDITIONAL
ich habe gelacht	ich hatte gelacht	ich würde lachen
du hast gelacht	du hattest gelacht	du würdest lachen
er/sie hat gelacht	er/sie hatte gelacht	er/sie würde lachen
wir haben gelacht	wir hatten gelacht	wir würden lachen
ihr habt gelacht	ihr hattet gelacht	ihr würdet lachen
Sie haben gelacht	Sie hatten gelacht	Sie würden lachen
sie haben gelacht	sie hatten gelacht	sie würden lachen

SUBJUNCTIVE

PRESENT	PERFECT	*INFINITIVE*
ich lache	ich habe gelacht	**PRESENT**
du lachest	du habest gelacht	lachen
er/sie lache	er/sie habe gelacht	**PAST**
wir lachen	wir haben gelacht	gelacht haben
ihr lachet	ihr habet gelacht	
Sie lachen	Sie haben gelacht	*PARTICIPLE*
sie lachen	sie haben gelacht	**PRESENT**
		lachend

IMPERFECT	PLUPERFECT	PAST
ich lachte	ich hätte gelacht	gelacht
du lachtest	du hättest gelacht	
er/sie lachte	er/sie hätte gelacht	*IMPERATIVE*
wir lachten	wir hätten gelacht	lach(e)!
ihr lachtet	ihr hättet gelacht	lacht!
Sie lachten	Sie hätten gelacht	lachen Sie!
sie lachten	sie hätten gelacht	lachen wir!

FUTURE PERFECT
ich werde gelacht
haben
du wirst gelacht
haben *etc*

LADEN
to load

PRESENT	IMPERFECT	FUTURE
ich lade	ich lud	ich werde laden
du lädst	du ludst	du wirst laden
er/sie lädt	er/sie lud	er/sie wird laden
wir laden	wir luden	wir werden laden
ihr ladet	ihr ludet	ihr werdet laden
Sie laden	Sie luden	Sie werden laden
sie laden	sie luden	sie werden laden

PERFECT	PLUPERFECT	CONDITIONAL
ich habe geladen	ich hatte geladen	ich würde laden
du hast geladen	du hattest geladen	du würdest laden
er/sie hat geladen	er/sie hatte geladen	er/sie würde laden
wir haben geladen	wir hatten geladen	wir würden laden
ihr habt geladen	ihr hattet geladen	ihr würdet laden
Sie haben geladen	Sie hatten geladen	Sie würden laden
sie haben geladen	sie hatten geladen	sie würden laden

SUBJUNCTIVE

PRESENT	PERFECT	INFINITIVE
ich lade	ich habe geladen	**PRESENT**
du ladest	du habest geladen	laden
er/sie lade	er/sie habe geladen	**PAST**
wir laden	wir haben geladen	geladen haben
ihr ladet	ihr habet geladen	
Sie laden	Sie haben geladen	**PARTICIPLE**
sie laden	sie haben geladen	**PRESENT**
		ladend

IMPERFECT	PLUPERFECT	
ich lüde	ich hätte geladen	**PAST**
du lüdest	du hättest geladen	geladen
er/sie lüde	er/sie hätte geladen	**IMPERATIVE**
wir lüden	wir hätten geladen	
ihr lüdet	ihr hättet geladen	lad(e)!
Sie lüden	Sie hätten geladen	ladet!
sie lüden	sie hätten geladen	laden Sie!
		laden wir!

FUTURE PERFECT

ich werde geladen
haben
du wirst geladen haben
etc

LANDEN
to land

PRESENT	**IMPERFECT**	**FUTURE**
ich lande	ich landete	ich werde landen
du landest	du landetest	du wirst landen
er/sie landet	er/sie landete	er/sie wird landen
wir landen	wir landeten	wir werden landen
ihr landet	ihr landetet	ihr werdet landen
Sie landen	Sie landeten	Sie werden landen
sie landen	sie landeten	sie werden landen

PERFECT	**PLUPERFECT**	**CONDITIONAL**
ich bin gelandet	ich war gelandet	ich würde landen
du bist gelandet	du warst gelandet	du würdest landen
er/sie ist gelandet	er/sie war gelandet	er/sie würde landen
wir sind gelandet	wir waren gelandet	wir würden landen
ihr seid gelandet	ihr wart gelandet	ihr würdet landen
Sie sind gelandet	Sie waren gelandet	Sie würden landen
sie sind gelandet	sie waren gelandet	sie würden landen

SUBJUNCTIVE

PRESENT	**PERFECT**
ich lande	ich sei gelandet
du landest	du sei(e)st gelandet
er/sie lande	er/sie sei gelandet
wir landen	wir seien gelandet
ihr landet	ihr seiet gelandet
Sie landen	Sie seien gelandet
sie landen	sie seien gelandet

IMPERFECT	**PLUPERFECT**
ich landete	ich wäre gelandet
du landetest	du wär(e)st gelandet
er/sie landete	er/sie wäre gelandet
wir landeten	wir wären gelandet
ihr landetet	ihr wär(e)t gelandet
Sie landeten	Sie wären gelandet
sie landeten	sie wären gelandet

FUTURE PERFECT
ich werde gelandet
sein
du wirst gelandet sein
etc

INFINITIVE

PRESENT
landen

PAST
gelandet sein

PARTICIPLE

PRESENT
landend

PAST
gelandet

IMPERATIVE

land(e)!
landet!
landen Sie!
landen wir!

90   LASSEN
to leave, let

PRESENT	IMPERFECT	FUTURE
ich lasse	ich ließ	ich werde lassen
du läßt	du ließest	du wirst lassen
er/sie läßt	er/sie ließ	er/sie wird lassen
wir lassen	wir ließen	wir werden lassen
ihr laßt	ihr ließt	ihr werdet lassen
Sie lassen	Sie ließen	Sie werden lassen
sie lassen	sie ließen	sie werden lassen

PERFECT (1)	PLUPERFECT (2)	CONDITIONAL
ich habe gelassen	ich hatte gelassen	ich würde lassen
du hast gelassen	du hattest gelassen	du würdest lassen
er/sie hat gelassen	er/sie hatte gelassen	er/sie würde lassen
wir haben gelassen	wir hatten gelassen	wir würden lassen
ihr habt gelassen	ihr hattet gelassen	ihr würdet lassen
Sie haben gelassen	Sie hatten gelassen	Sie würden lassen
sie haben gelassen	sie hatten gelassen	sie würden lassen

SUBJUNCTIVE

INFINITIVE

PRESENT	PERFECT (1)	PRESENT
ich lasse	ich habe gelassen	lassen
du lassest	du habest gelassen	**PAST**
er/sie lasse	er/sie habe gelassen	gelassen haben
wir lassen	wir haben gelassen	
ihr lasset	ihr habet gelassen	
Sie lassen	Sie haben gelassen	**PARTICIPLE**
sie lassen	sie haben gelassen	PRESENT
		lassend

IMPERFECT	PLUPERFECT (3)	PAST
ich ließe	ich hätte gelassen	gelassen
du ließest	du hättest gelassen	
er/sie ließe	er/sie hätte gelassen	**IMPERATIVE**
wir ließen	wir hätten gelassen	laß!
ihr ließet	ihr hättet gelassen	laßt!
Sie ließen	Sie hätten gelassen	lassen Sie!
sie ließen	sie hätten gelassen	lassen wir!

FUTURE PERFECT	NOTE
ich werde gelassen haben	*when preceded by an infinitive: (1)* ich habe ...
du wirst gelassen haben	lassen *etc (2)* ich hatte ... lassen *etc (3)* ich
etc	hätte ... lassen *etc*

to run

PRESENT	**IMPERFECT**	**FUTURE**
ich laufe	ich lief	ich werde laufen
du läufst	du liefst	du wirst laufen
er/sie läuft	er/sie lief	er/sie wird laufen
wir laufen	wir liefen	wir werden laufen
ihr lauft	ihr lief	ihr werdet laufen
Sie laufen	Sie liefen	Sie werden laufen
sie laufen	sie liefen	sie werden laufen

PERFECT	**PLUPERFECT**	**CONDITIONAL**
ich bin gelaufen	ich war gelaufen	ich würde laufen
du bist gelaufen	du warst gelaufen	du würdest laufen
er/sie ist gelaufen	er/sie war gelaufen	er/sie würde laufen
wir sind gelaufen	wir waren gelaufen	wir würden laufen
ihr seid gelaufen	ihr wart gelaufen	ihr würdet laufen
Sie sind gelaufen	Sie waren gelaufen	Sie würden laufen
sie sind gelaufen	sie waren gelaufen	sie würden laufen

SUBJUNCTIVE

PRESENT	**PERFECT**	*INFINITIVE*
ich laufe	ich sei gelaufen	**PRESENT**
du laufest	du sei(e)st gelaufen	laufen
er/sie laufe	er/sie sei gelaufen	**PAST**
wir laufen	wir seien gelaufen	gelaufen sein
ihr laufet	ihr seiet gelaufen	
Sie laufen	Sie seien gelaufen	*PARTICIPLE*
sie laufen	sie seien gelaufen	**PRESENT**
		laufend

IMPERFECT	**PLUPERFECT**	**PAST**
ich liefe	ich wäre gelaufen	gelaufen
du liefest	du wär(e)st gelaufen	
er/sie liefe	er/sie wäre gelaufen	*IMPERATIVE*
wir liefen	wir wären gelaufen	lauf(e)!
ihr liefet	ihr wär(e)t gelaufen	lauft!
Sie liefen	Sie wären gelaufen	laufen Sie!
sie liefen	sie wären gelaufen	laufen wir!

FUTURE PERFECT

ich werde gelaufen sein
du wirst gelaufen sein *etc*

LEBEN
to live

PRESENT	IMPERFECT	FUTURE
ich lebe	ich lebte	ich werde leben
du lebst	du lebtest	du wirst leben
er/sie lebt	er/sie lebte	er/sie wird leben
wir leben	wir lebten	wir werden leben
ihr lebt	ihr lebtet	ihr werdet leben
Sie leben	Sie lebten	Sie werden leben
sie leben	sie lebten	sie werden leben

PERFECT	PLUPERFECT	CONDITIONAL
ich habe gelebt	ich hatte gelebt	ich würde leben
du hast gelebt	du hattest gelebt	du würdest leben
er/sie hat gelebt	er/sie hatte gelebt	er/sie würde leben
wir haben gelebt	wir hatten gelebt	wir würden leben
ihr habt gelebt	ihr hattet gelebt	ihr würdet leben
Sie haben gelebt	Sie hatten gelebt	Sie würden leben
sie haben gelebt	sie hatten gelebt	sie würden leben

SUBJUNCTIVE

PRESENT	PERFECT
ich lebe	ich habe gelebt
du lebest	du habest gelebt
er/sie lebe	er/sie habe gelebt
wir leben	wir haben gelebt
ihr lebet	ihr habet gelebt
Sie leben	Sie haben gelebt
sie leben	sie haben gelebt

IMPERFECT	PLUPERFECT
ich lebte	ich hätte gelebt
du lebtest	du hättest gelebt
er/sie lebte	er/sie hätte gelebt
wir lebten	wir hätten gelebt
ihr lebtet	ihr hättet gelebt
Sie lebten	Sie hätten gelebt
sie lebten	sie hätten gelebt

FUTURE PERFECT

ich werde gelebt haben
du wirst gelebt haben
etc

INFINITIVE

PRESENT
leben

PAST
gelebt haben

PARTICIPLE

PRESENT
lebend

PAST
gelebt

IMPERATIVE

leb(e)!
lebt!
leben Sie!
leben wir!

LEIDEN
to suffer

PRESENT	IMPERFECT	FUTURE
ich leide	ich litt	ich werde leiden
du leidest	du littst	du wirst leiden
er/sie leidt	er/sie litt	er/sie wird leiden
wir leiden	wir litten	wir werden leiden
ihr leidet	ihr littet	ihr werdet leiden
Sie leiden	Sie litten	Sie werden leiden
sie leiden	sie litten	sie werden leiden

PERFECT	PLUPERFECT	CONDITIONAL
ich habe gelitten	ich hatte gelitten	ich würde leiden
du hast gelitten	du hattest gelitten	du würdest leiden
er/sie hat gelitten	er/sie hatte gelitten	er/sie würde leiden
wir haben gelitten	wir hatten gelitten	wir würden leiden
ihr habt gelitten	ihr hattet gelitten	ihr würdet leiden
Sie haben gelitten	Sie hatten gelitten	Sie würden leiden
sie haben gelitten	sie hatten gelitten	sie würden leiden

SUBJUNCTIVE

PRESENT	PERFECT	
ich leide	ich habe gelitten	
du leidest	du habest gelitten	
er/sie leide	er/sie habe gelitten	
wir leiden	wir haben gelitten	
ihr leidet	ihr habet gelitten	
Sie leiden	Sie haben gelitten	
sie leiden	sie haben gelitten	

INFINITIVE
PRESENT
leiden
PAST
gelitten haben

PARTICIPLE
PRESENT
leidend
PAST
gelitten

IMPERFECT	PLUPERFECT	
ich litte	ich hätte gelitten	
du littest	du hättest gelitten	
er/sie litte	er/sie hätte gelitten	
wir litten	wir hätten gelitten	
ihr littet	ihr hättet gelitten	
Sie litten	Sie hätten gelitten	
sie litten	sie hätten gelitten	

IMPERATIVE
leid(e)!
leidet!
leiden Sie!
leiden wir!

FUTURE PERFECT

ich werde gelitten
haben
du wirst gelitten
haben *etc*

LEIHEN
to lend, borrow

PRESENT

ich leihe
du leihst
er/sie leiht
wir leihen
ihr leiht
Sie leihen
sie leihen

IMPERFECT

ich lieh
du liehst
er/sie lieh
wir liehen
ihr lieht
Sie liehen
sie liehen

FUTURE

ich werde leihen
du wirst leihen
er/sie wird leihen
wir werden leihen
ihr werdet leihen
Sie werden leihen
sie werden leihen

PERFECT

ich habe geliehen
du hast geliehen
er/sie hat geliehen
wir haben geliehen
ihr habt geliehen
Sie haben geliehen
sie haben geliehen

PLUPERFECT

ich hatte geliehen
du hattest geliehen
er/sie hatte geliehen
wir hatten geliehen
ihr hattet geliehen
Sie hatten geliehen
sie hatten geliehen

CONDITIONAL

ich würde leihen
du würdest leihen
er/sie würde leihen
wir würden leihen
ihr würdet leihen
Sie würden leihen
sie würden leihen

SUBJUNCTIVE

PRESENT

ich leihe
du leihest
er/sie leihe
wir leihen
ihr leihet
Sie leihen
sie leihen

PERFECT

ich habe geliehen
du habest geliehen
er/sie habe geliehen
wir haben geliehen
ihr habet geliehen
Sie haben geliehen
sie haben geliehen

INFINITIVE

PRESENT
leihen

PAST
geliehen haben

PARTICIPLE

PRESENT
leihend

PAST
geliehen

IMPERFECT

ich liehe
du liehest
er/sie liehe
wir liehen
ihr liehet
Sie liehen
sie liehen

PLUPERFECT

ich hätte geliehen
du hättest geliehen
er/sie hätte geliehen
wir hätten geliehen
ihr hättet geliehen
Sie hätten geliehen
sie hätten geliehen

IMPERATIVE

leih(e)!
leiht!
leihen Sie!
leihen wir!

FUTURE PERFECT

ich werde geliehen haben
du wirst geliehen haben
etc

LESEN
to read

PRESENT	IMPERFECT	FUTURE
ich lese	ich las	ich werde lesen
du liest	du lasest	du wirst lesen
er/sie liest	er/sie las	er/sie wird lesen
wir lesen	wir lasen	wir werden lesen
ihr lest	ihr last	ihr werdet lesen
Sie lesen	Sie lasen	Sie werden lesen
sie lesen	sie lasen	sie werden lesen

PERFECT	PLUPERFECT	CONDITIONAL
ich habe gelesen	ich hatte gelesen	ich würde lesen
du hast gelesen	du hattest gelesen	du würdest lesen
er/sie hat gelesen	er/sie hatte gelesen	er/sie würde lesen
wir haben gelesen	wir hatten gelesen	wir würden lesen
ihr habt gelesen	ihr hattet gelesen	ihr würdet lesen
Sie haben gelesen	Sie hatten gelesen	Sie würden lesen
sie haben gelesen	sie hatten gelesen	sie würden lesen

SUBJUNCTIVE

PRESENT	PERFECT		INFINITIVE
ich lese	ich habe gelesen		PRESENT
du lesest	du habest gelesen		lesen
er/sie lese	er/sie habe gelesen		PAST
wir lesen	wir haben gelesen		gelesen haben
ihr leset	ihr habet gelesen		
Sie lesen	Sie haben gelesen		PARTICIPLE
sie lesen	sie haben gelesen		PRESENT
			lesend

IMPERFECT	PLUPERFECT		PAST
ich läse	ich hätte gelesen		gelesen
du läsest	du hättest gelesen		
er/sie läse	er/sie hätte gelesen		IMPERATIVE
wir läsen	wir hätten gelesen		
ihr läset	ihr hättet gelesen		lies!
Sie läsen	Sie hätten gelesen		lest!
sie läsen	sie hätten gelesen		lesen Sie!
			lesen wir!

FUTURE PERFECT

ich werde gelesen haben
du wirst gelesen haben
etc

LIEGEN
to lie

PRESENT	IMPERFECT	FUTURE
ich liege	ich lag	ich werde liegen
du liegst	du lagst	du wirst liegen
er/sie liegt	er/sie lag	er/sie wird liegen
wir liegen	wir lagen	wir werden liegen
ihr liegt	ihr lagt	ihr werdet liegen
Sie liegen	Sie lagen	Sie werden liegen
sie liegen	sie lagen	sie werden liegen

PERFECT (1)	PLUPERFECT (2)	CONDITIONAL
ich habe gelegen	ich hatte gelegen	ich würde liegen
du hast gelegen	du hattest gelegen	du würdest liegen
er/sie hat gelegen	er/sie hatte gelegen	er/sie würde liegen
wir haben gelegen	wir hatten gelegen	wir würden liegen
ihr habt gelegen	ihr hattet gelegen	ihr würdet liegen
Sie haben gelegen	Sie hatten gelegen	Sie würden liegen
sie haben gelegen	sie hatten gelegen	sie würden liegen

SUBJUNCTIVE

PRESENT	PERFECT (3)
ich liege	ich habe gelegen
du liegest	du habest gelegen
er/sie liege	er/sie habe gelegen
wir liegen	wir haben gelegen
ihr lieget	ihr habet gelegen
Sie liegen	Sie haben gelegen
sie liegen	sie haben gelegen

IMPERFECT	PLUPERFECT (4)
ich läge	ich hätte gelegen
du lägest	du hättest gelegen
er/sie läge	er/sie hätte gelegen
wir lägen	wir hätten gelegen
ihr läget	ihr hättet gelegen
Sie lägen	Sie hätten gelegen
sie lägen	sie hätten gelegen

INFINITIVE

PRESENT
liegen

PAST (6)
gelegen haben

PARTICIPLE

PRESENT
liegend

PAST
gelegen

IMPERATIVE

lieg(e)!
liegt!
liegen Sie!
liegen wir!

FUTURE PERFECT (5)

ich werde gelegen haben
du wirst gelegen haben
etc

NOTE

also intransitive, conjugated with sein (*meaning 'to be situated'*): (1) ich bin gelegen *etc* (2) ich war gelegen *etc* (3) ich sei gelegen *etc* (4) ich wäre gelegen *etc* (5) ich werde gelegen sein *etc* (6) gelegen sein

LÜGEN
to lie, tell lies

PRESENT	IMPERFECT	FUTURE
ich lüge	ich log	ich werde lügen
du lügst	du logst	du wirst lügen
er/sie lügt	er/sie log	er/sie wird lügen
wir lügen	wir logen	wir werden lügen
ihr lügt	ihr logt	ihr werdet lügen
Sie lügen	Sie logen	Sie werden lügen
sie lügen	sie logen	sie werden lügen

PERFECT	PLUPERFECT	CONDITIONAL
ich habe gelogen	ich hatte gelogen	ich würde lügen
du hast gelogen	du hattest gelogen	du würdest lügen
er/sie hat gelogen	er/sie hatte gelogen	er/sie würde lügen
wir haben gelogen	wir hatten gelogen	wir würden lügen
ihr habt gelogen	ihr hattet gelogen	ihr würdet lügen
Sie haben gelogen	Sie hatten gelogen	Sie würden lügen
sie haben gelogen	sie hatten gelogen	sie würden lügen

SUBJUNCTIVE

PRESENT	PERFECT
ich lüge	ich habe gelogen
du lügest	du habest gelogen
er/sie lüge	er/sie habe gelogen
wir lügen	wir haben gelogen
ihr lüget	ihr habet gelogen
Sie lügen	Sie haben gelogen
sie lügen	sie haben gelogen

IMPERFECT	PLUPERFECT
ich löge	ich hätte gelogen
du lögest	du hättest gelogen
er/sie löge	er/sie hätte gelogen
wir lögen	wir hätten gelogen
ihr löget	ihr hättet gelogen
Sie lögen	Sie hätten gelogen
sie lögen	sie hätten gelogen

INFINITIVE

PRESENT
lügen

PAST
gelogen haben

PARTICIPLE

PRESENT
lügend

PAST
gelogen

IMPERATIVE

lüg(e)!
lügt!
lügen Sie!
lügen wir!

FUTURE PERFECT

ich werde gelogen haben
du wirst gelogen haben
etc

MAHLEN
to grind

PRESENT	IMPERFECT	FUTURE
ich mahle	ich mahlte	ich werde mahlen
du mahlst	du mahltest	du wirst mahlen
er/sie mahlt	er/sie mahlte	er/sie wird mahlen
wir mahlen	wir mahlten	wir werden mahlen
ihr mahlt	ihr mahltet	ihr werdet mahlen
Sie mahlen	Sie mahlten	Sie werden mahlen
sie mahlen	sie mahlten	sie werden mahlen

PERFECT	PLUPERFECT	CONDITIONAL
ich habe gemahlen	ich hatte gemahlen	ich würde mahlen
du hast gemahlen	du hattest gemahlen	du würdest mahlen
er/sie hat gemahlen	er/sie hatte gemahlen	er/sie würde mahlen
wir haben gemahlen	wir hatten gemahlen	wir würden mahlen
ihr habt gemahlen	ihr hattet gemahlen	ihr würdet mahlen
Sie haben gemahlen	Sie hatten gemahlen	Sie würden mahlen
sie haben gemahlen	sie hatten gemahlen	sie würden mahlen

SUBJUNCTIVE

PRESENT	PERFECT	INFINITIVE
ich mahle	ich habe gemahlen	**PRESENT**
du mahlest	du habest gemahlen	mahlen
er/sie mahle	er/sie habe gemahlen	**PAST**
wir mahlen	wir haben gemahlen	gemahlen haben
ihr mahlet	ihr habet gemahlen	
Sie mahlen	Sie haben gemahlen	**PARTICIPLE**
sie mahlen	sie haben gemahlen	**PRESENT**
		mahlend

IMPERFECT	PLUPERFECT	PAST
ich mahlte	ich hätte gemahlen	gemahlen
du mahltest	du hättest gemahlen	
er/sie mahlte	er/sie hätte gemahlen	**IMPERATIVE**
wir mahlten	wir hätten gemahlen	mahl(e)!
ihr mahltet	ihr hättet gemahlen	mahlt!
Sie mahlten	Sie hätten gemahlen	mahlen Sie!
sie mahlten	sie hätten gemahlen	mahlen wir!

FUTURE PERFECT

ich werde gemahlen
haben
du wirst gemahlen
haben *etc*

MEIDEN
to avoid

PRESENT

ich meide
du meidest
er/sie meidet
wir meiden
ihr meidet
Sie meiden
sie meiden

IMPERFECT

ich mied
du miedest
er/sie mied
wir mieden
ihr miedet
Sie mieden
sie mieden

FUTURE

ich werde meiden
du wirst meiden
er/sie wird meiden
wir werden meiden
ihr werdet meiden
Sie werden meiden
sie werden meiden

PERFECT

ich habe gemieden
du hast gemieden
er/sie hat gemieden
wir haben gemieden
ihr habt gemieden
Sie haben gemieden
sie haben gemieden

PLUPERFECT

ich hatte gemieden
du hattest gemieden
er/sie hatte gemieden
wir hatten gemieden
ihr hattet gemieden
Sie hatten gemieden
sie hatten gemieden

CONDITIONAL

ich würde meiden
du würdest meiden
er/sie würde meiden
wir würden meiden
ihr würdet meiden
Sie würden meiden
sie würden meiden

SUBJUNCTIVE

PRESENT

ich meide
du meidest
er/sie meide
wir meiden
ihr meidet
Sie meiden
sie meiden

PERFECT

ich habe gemieden
du habest gemieden
er/sie habe gemieden
wir haben gemieden
ihr habet gemieden
Sie haben gemieden
sie haben gemieden

INFINITIVE

PRESENT
meiden
PAST
gemieden haben

PARTICIPLE

PRESENT
meidend
PAST
gemieden

IMPERFECT

ich miede
du miedest
er/sie miede
wir mieden
ihr miedet
Sie mieden
sie mieden

PLUPERFECT

ich hätte gemieden
du hättest gemieden
er/sie hätte gemieden
wir hätten gemieden
ihr hättet gemieden
Sie hätten gemieden
sie hätten gemieden

IMPERATIVE

meid(e)!
meidet!
meiden Sie!
meiden wir!

FUTURE PERFECT

ich werde gemieden
haben
du wirst gemieden
haben *etc*

100 MESSEN
to measure

PRESENT	**IMPERFECT**	**FUTURE**
ich messe	ich maß	ich werde messen
du mißt	du maßest	du wirst messen
er/sie mißt	er/sie maß	er/sie wird messen
wir messen	wir maßen	wir werden messen
ihr meßt	ihr maßt	ihr werdet messen
Sie messen	Sie maßen	Sie werden messen
sie messen	sie maßen	sie werden messen

PERFECT	**PLUPERFECT**	**CONDITIONAL**
ich habe gemessen	ich hatte gemessen	ich würde messen
du hast gemessen	du hattest gemessen	du würdest messen
er/sie hat gemessen	er/sie hatte gemessen	er/sie würde messen
wir haben gemessen	wir hatten gemessen	wir würden messen
ihr habt gemessen	ihr hattet gemessen	ihr würdet messen
Sie haben gemessen	Sie hatten gemessen	Sie würden messen
sie haben gemessen	sie hatten gemessen	sie würden messen

SUBJUNCTIVE

PRESENT	**PERFECT**
ich messe	ich habe gemessen
du messest	du habest gemessen
er/sie messe	er/sie habe gemessen
wir messen	wir haben gemessen
ihr messet	ihr habet gemessen
Sie messen	Sie haben gemessen
sie messen	sie haben gemessen

IMPERFECT	**PLUPERFECT**
ich mäße	ich hätte gemessen
du mäßest	du hättest gemessen
er/sie mäße	er/sie hätte gemessen
wir mäßen	wir hätten gemessen
ihr mäßet	ihr hättet gemessen
Sie mäßen	Sie hätten gemessen
sie mäßen	sie hätten gemessen

FUTURE PERFECT

ich werde gemessen
haben
du wirst gemessen haben
etc

INFINITIVE

PRESENT
messen

PAST
gemessen haben

PARTICIPLE

PRESENT
messend

PAST
gemessen

IMPERATIVE

miß!
meßt!
messen Sie!
messen wir!

PRESENT	**IMPERFECT**	**FUTURE**
ich mag	ich mochte	ich werde mögen
du magst	du mochtest	du wirst mögen
er/sie mag	er/sie mochte	er/sie wird mögen
wir mögen	wir mochten	wir werden mögen
ihr mögt	ihr mochtet	ihr werdet mögen
Sie mögen	Sie mochten	Sie werden mögen
sie mögen	sie mochten	sie werden mögen

PERFECT *(1)*	**PLUPERFECT** *(2)*	**CONDITIONAL**
ich habe gemocht	ich hatte gemocht	ich würde mögen
du hast gemocht	du hattest gemocht	du würdest mögen
er/sie hat gemocht	er/sie hatte gemocht	er/sie würde mögen
wir haben gemocht	wir hatten gemocht	wir würden mögen
ihr habt gemocht	ihr hattet gemocht	ihr würdet mögen
Sie haben gemocht	Sie hatten gemocht	Sie würden mögen
sie haben gemocht	sie hatten gemocht	sie würden mögen

SUBJUNCTIVE

PRESENT	**PERFECT** *(1)*	*INFINITIVE*
ich möge	ich habe gemocht	**PRESENT**
du mögest	du habest gemocht	mögen
er/sie möge	er/sie habe gemocht	**PAST**
wir mögen	wir haben gemocht	gemocht haben
ihr möget	ihr habet gemocht	
Sie mögen	Sie haben gemocht	*PARTICIPLE*
sie mögen	sie haben gemocht	**PRESENT**
		mögend

IMPERFECT	**PLUPERFECT** *(3)*	**PAST**
ich möchte	ich hätte gemocht	gemocht
du möchtest	du hättest gemocht	
er/sie möchte	er/sie hätte gemocht	
wir möchten	wir hätten gemocht	
ihr möchtet	ihr hättet gemocht	
Sie möchten	Sie hätten gemocht	
sie möchten	sie hätten gemocht	

NOTE

when preceded by an infinitive: (1) ich habe ...
mögen *etc (2)* ich hatte ... mögen *etc (3)* ich
hätte ... mögen *etc*

MÜSSEN
to have to

PRESENT	IMPERFECT	FUTURE
ich muß	ich mußte	ich werde müssen
du mußt	du mußtest	du wirst müssen
er/sie muß	er/sie mußte	er/sie wird müssen
wir müssen	wir mußten	wir werden müssen
ihr müßt	ihr mußtet	ihr werdet müssen
Sie müssen	Sie mußten	Sie werden müssen
sie müssen	sie mußten	sie werden müssen

PERFECT (1)	PLUPERFECT (2)	CONDITIONAL
ich habe gemußt	ich hatte gemußt	ich würde müssen
du hast gemußt	du hattest gemußt	du würdest müssen
er/sie hat gemußt	er/sie hatte gemußt	er/sie würde müssen
wir haben gemußt	wir hatten gemußt	wir würden müssen
ihr habt gemußt	ihr hattet gemußt	ihr würdet müssen
Sie haben gemußt	Sie hatten gemußt	Sie würden müssen
sie haben gemußt	sie hatten gemußt	sie würden müssen

SUBJUNCTIVE

PRESENT	PERFECT (1)
ich müsse	ich habe gemußt
du müßest	du habest gemußt
er/sie müsse	er/sie habe gemußt
wir müssen	wir haben gemußt
ihr müßet	ihr habet gemußt
Sie müssen	Sie haben gemußt
sie müssen	sie haben gemußt

IMPERFECT	PLUPERFECT (3)
ich müßte	ich hätte gemußt
du müßtest	du hättest gemußt
er/sie müßte	er/sie hätte gemußt
wir müßten	wir hätten gemußt
ihr müßtet	ihr hättet gemußt
Sie müßten	Sie hätten gemußt
sie müßten	sie hätten gemußt

INFINITIVE

PRESENT
müssen

PAST
gemußt haben

PARTICIPLE

PRESENT
müssend

PAST
gemußt

NOTE

*when preceded by an infinitive: (1) ich habe . . .
müssen etc (2) ich hatte . . . müssen etc (3) ich
hätte . . . müssen etc*

NEHMEN
to take

PRESENT

ich nehme
du nimmst
er/sie nimmt
wir nehmen
ihr nehmt
Sie nehmen
sie nehmen

IMPERFECT

ich nahm
du nahmst
er/sie nahm
wir nahmen
ihr nahmt
Sie nahmen
sie nahmen

FUTURE

ich werde nehmen
du wirst nehmen
er/sie wird nehmen
wir werden nehmen
ihr werdet nehmen
Sie werden nehmen
sie werden nehmen

PERFECT

ich habe genommen
du hast genommen
er/sie hat genommen
wir haben genommen
ihr habt genommen
Sie haben genommen
sie haben genommen

PLUPERFECT

ich hatte genommen
du hattest genommen
er/sie hatte genommen
wir hatten genommen
ihr hattet genommen
Sie hatten genommen
sie hatten genommen

CONDITIONAL

ich würde nehmen
du würdest nehmen
er/sie würde nehmen
wir würden nehmen
ihr würdet nehmen
Sie würden nehmen
sie würden nehmen

SUBJUNCTIVE

PRESENT

ich nehme
du nehmest
er/sie nehme
wir nehmen
ihr nehmet
Sie nehmen
sie nehmen

PERFECT

ich habe genommen
du habest genommen
er/sie habe genommen
wir haben genommen
ihr habet genommen
Sie haben genommen
sie haben genommen

INFINITIVE

PRESENT
nehmen
PAST
genommen haben

PARTICIPLE

PRESENT
nehmend
PAST
genommen

IMPERFECT

ich nähme
du nähmest
er/sie nähme
wir nähmen
ihr nähmet
Sie nähmen
sie nähmen

PLUPERFECT

ich hätte genommen
du hättest genommen
er/sie hätte genommen
wir hätten genommen
ihr hättet genommen
Sie hätten genommen
sie hätten genommen

IMPERATIVE

nimm!
nehmt!
nehmen Sie!
nehmen wir!

FUTURE PERFECT

ich werde genommen
haben
du wirst genommen
haben *etc*

NENNEN
to call, name

PRESENT	IMPERFECT	FUTURE
ich nenne	ich nannte	ich werde nennen
du nennst	du nanntest	du wirst nennen
er/sie nennt	er/sie nannte	er/sie wird nennen
wir nennen	wir nannten	wir werden nennen
ihr nennt	ihr nanntet	ihr werdet nennen
Sie nennen	Sie nannten	Sie werden nennen
sie nennen	sie nannten	sie werden nennen

PERFECT	PLUPERFECT	CONDITIONAL
ich habe genannt	ich hatte genannt	ich würde nennen
du hast genannt	du hattest genannt	du würdest nennen
er/sie hat genannt	er/sie hatte genannt	er/sie würde nennen
wir haben genannt	wir hatten genannt	wir würden nennen
ihr habt genannt	ihr hattet genannt	ihr würdet nennen
Sie haben genannt	Sie hatten genannt	Sie würden nennen
sie haben genannt	sie hatten genannt	sie würden nennen

SUBJUNCTIVE

PRESENT	PERFECT
ich nenne	ich habe genannt
du nennest	du habest genannt
er/sie nenne	er/sie habe genannt
wir nennen	wir haben genannt
ihr nennet	ihr habet genannt
Sie nennen	Sie haben genannt
sie nennen	sie haben genannt

IMPERFECT	PLUPERFECT
ich nennte	ich hätte genannt
du nenntest	du hättest genannt
er/sie nennte	er/sie hätte genannt
wir nennten	wir hätten genannt
ihr nenntet	ihr hättet genannt
Sie nennten	Sie hätten genannt
sie nennten	sie hätten genannt

FUTURE PERFECT

ich werde genannt haben
du wirst genannt haben
etc

INFINITIVE

PRESENT
nennen
PAST
genannt haben

PARTICIPLE

PRESENT
nennend
PAST
genannt

IMPERATIVE

nenn(e)!
nennt!
nennen Sie!
nennen wir!

PASSEN
to fit, suit

PRESENT	**IMPERFECT**	**FUTURE**
ich passe	ich paßte	ich werde passen
du paßt	du paßtest	du wirst passen
er/sie paßt	er/sie paßte	er/sie wird passen
wir passen	wir paßten	wir werden passen
ihr paßt	ihr paßtet	ihr werdet passen
Sie passen	Sie paßten	Sie werden passen
sie passen	sie paßten	sie werden passen

PERFECT	**PLUPERFECT**	**CONDITIONAL**
ich habe gepaßt	ich hatte gepaßt	ich würde passen
du hast gepaßt	du hattest gepaßt	du würdest passen
er/sie hat gepaßt	er/sie hatte gepaßt	er/sie würde passen
wir haben gepaßt	wir hatten gepaßt	wir würden passen
ihr habt gepaßt	ihr hattet gepaßt	ihr würdet passen
Sie haben gepaßt	Sie hatten gepaßt	Sie würden passen
sie haben gepaßt	sie hatten gepaßt	sie würden passen

SUBJUNCTIVE

PRESENT	**PERFECT**	**INFINITIVE**
ich passe	ich habe gepaßt	**PRESENT**
du passest	du habest gepaßt	passen
er/sie passe	er/sie habe gepaßt	**PAST**
wir passen	wir haben gepaßt	gepaßt haben
ihr passet	ihr habet gepaßt	
Sie passen	Sie haben gepaßt	**PARTICIPLE**
sie passen	sie haben gepaßt	**PRESENT**
		passend

IMPERFECT	**PLUPERFECT**	**PAST**
ich paßte	ich hätte gepaßt	gepaßt
du paßtest	du hättest gepaßt	
er/sie paßte	er/sie hätte gepaßt	**IMPERATIVE**
wir paßten	wir hätten gepaßt	
ihr paßtet	ihr hättet gepaßt	paß! passe!
Sie paßten	Sie hätten gepaßt	paßt!
sie paßten	sie hätten gepaßt	passen Sie!
		passen wir!

FUTURE PERFECT	**NOTE**
ich werde gepaßt haben	*takes the dative:* ich passe ihm, ich habe ihm
du wirst gepaßt haben *etc*	gepaßt *etc*

106 PFEIFEN
to whistle

PRESENT

ich pfeife
du pfeifst
er/sie pfeift
wir pfeifen
ihr pfeift
Sie pfeifen
sie pfeifen

IMPERFECT

ich pfiff
du pfiffst
er/sie pfiff
wir pfiffen
ihr pfifft
Sie pfiffen
sie pfiffen

FUTURE

ich werde pfeifen
du wirst pfeifen
er/sie wird pfeifen
wir werden pfeifen
ihr werdet pfeifen
Sie werden pfeifen
sie werden pfeifen

PERFECT

ich habe gepfiffen
du hast gepfiffen
er/sie hat gepfiffen
wir haben gepfiffen
ihr habt gepfiffen
Sie haben gepfiffen
sie haben gepfiffen

PLUPERFECT

ich hatte gepfiffen
du hattest gepfiffen
er/sie hatte gepfiffen
wir hatten gepfiffen
ihr hattet gepfiffen
Sie hatten gepfiffen
sie hatten gepfiffen

CONDITIONAL

ich würde pfeifen
du würdest pfeifen
er/sie würde pfeifen
wir würden pfeifen
ihr würdet pfeifen
Sie würden pfeifen
sie würden pfeifen

SUBJUNCTIVE

PRESENT

ich pfeife
du pfeifest
er/sie pfeife
wir pfeifen
ihr pfeifet
Sie pfeifen
sie pfeifen

PERFECT

ich habe gepfiffen
du habest gepfiffen
er/sie habe gepfiffen
wir haben gepfiffen
ihr habet gepfiffen
Sie haben gepfiffen
sie haben gepfiffen

INFINITIVE

PRESENT

pfeifen

PAST

gepfiffen haben

PARTICIPLE

PRESENT

pfeifend

PAST

gepfiffen

IMPERFECT

ich pfiffe
du pfiffest
er/sie pfiffe
wir pfiffen
ihr pfiffet
Sie pfiffen
sie pfiffen

PLUPERFECT

ich hätte gepfiffen
du hättest gepfiffen
er/sie hätte gepfiffen
wir hätten gepfiffen
ihr hättet gepfiffen
Sie hätten gepfiffen
sie hätten gepfiffen

IMPERATIVE

pfeif(e)!
pfeift!
pfeifen Sie!
pfeifen wir!

FUTURE PERFECT

ich werde gepfiffen
haben
du wirst gepfiffen haben
etc

PREISEN
to praise

PRESENT	**IMPERFECT**	**FUTURE**
ich preise	ich pries	ich werde preisen
du preist	du priest	du wirst preisen
er/sie preist	er/sie pries	er/sie wird preisen
wir preisen	wir priesen	wir werden preisen
ihr preist	ihr priest	ihr werdet preisen
Sie preisen	Sie priesen	Sie werden preisen
sie preisen	sie priesen	sie werden preisen

PERFECT	**PLUPERFECT**	**CONDITIONAL**
ich habe gepriesen	ich hatte gepriesen	ich würde preisen
du hast gepriesen	du hattest gepriesen	du würdest preisen
er/sie hat gepriesen	er/sie hatte gepriesen	er/sie würde preisen
wir haben gepriesen	wir hatten gepriesen	wir würden preisen
ihr habt gepriesen	ihr hattet gepriesen	ihr würdet preisen
Sie haben gepriesen	Sie hatten gepriesen	Sie würden preisen
sie haben gepriesen	sie hatten gepriesen	sie würden preisen

SUBJUNCTIVE

PRESENT	**PERFECT**
ich preise	ich habe gepriesen
du preisest	du habest gepriesen
er/sie preise	er/sie habe gepriesen
wir preisen	wir haben gepriesen
ihr preiset	ihr habet gepriesen
Sie preisen	Sie haben gepriesen
sie preisen	sie haben gepriesen

IMPERFECT	**PLUPERFECT**
ich priese	ich hätte gepriesen
du priesest	du hättest gepriesen
er/sie priese	er/sie hätte gepriesen
wir priesen	wir hätten gepriesen
ihr prieset	ihr hättet gepriesen
Sie priesen	Sie hätten gepriesen
sie priesen	sie hätten gepriesen

INFINITIVE
PRESENT
preisen
PAST
gepriesen haben

PARTICIPLE
PRESENT
preisend
PAST
gepriesen

IMPERATIVE
preis(e)!
preist!
preisen Sie!
preisen wir!

FUTURE PERFECT

ich werde gepriesen
haben
du wirst gepriesen haben
etc

108

QUELLEN
to pour, swell

PRESENT	IMPERFECT	FUTURE
ich quelle	ich quoll	ich werde quellen
du quillst	du quollst	du wirst quellen
er/sie quillt	er/sie quoll	er/sie wird quellen
wir quellen	wir quollen	wir werden quellen
ihr quellt	ihr quollt	ihr werdet quellen
Sie quellen	Sie quollen	Sie werden quellen
sie quellen	sie quollen	sie werden quellen

PERFECT	PLUPERFECT	CONDITIONAL
ich bin gequollen	ich war gequollen	ich würde quellen
du bist gequollen	du warst gequollen	du würdest quellen
er/sie ist gequollen	er/sie war gequollen	er/sie würde quellen
wir sind gequollen	wir waren gequollen	wir würden quellen
ihr seid gequollen	ihr wart gequollen	ihr würdet quellen
Sie sind gequollen	Sie waren gequollen	Sie würden quellen
sie sind gequollen	sie waren gequollen	sie würden quellen

SUBJUNCTIVE

PRESENT	PERFECT	INFINITIVE
ich quelle	ich sei gequollen	**PRESENT**
du quellest	du sei(e)st gequollen	quellen
er/sie quelle	er/sie sei gequollen	**PAST**
wir quellen	wir seien gequollen	gequollen sein
ihr quellet	ihr seiet gequollen	
Sie quellen	Sie seien gequollen	**PARTICIPLE**
sie quellen	sie seien gequollen	**PRESENT**
		quellend

IMPERFECT	PLUPERFECT	PAST
ich quölle	ich wäre gequollen	gequollen
du quöllest	du wär(e)st gequollen	
er/sie quölle	er/sie wäre gequollen	**IMPERATIVE**
wir quöllen	wir wären gequollen	
ihr quöllet	ihr wär(e)t gequollen	quill!
Sie quöllen	Sie wären gequollen	quillt!
sie quöllen	sie wären gequollen	quellen Sie!
		quellen wir!

FUTURE PERFECT

ich werde gequollen sein
du wirst gequollen sein
etc

RATEN
to guess, advise

PRESENT	**IMPERFECT**	**FUTURE**
ich rate	ich riet	ich werde raten
du rätst	du rietest	du wirst raten
er/sie rät	er/sie riet	er/sie wird raten
wir raten	wir rieten	wir werden raten
ihr ratet	ihr rietet	ihr werdet raten
Sie raten	Sie rieten	Sie werden raten
sie raten	sie rieten	sie werden raten

PERFECT	**PLUPERFECT**	**CONDITIONAL**
ich habe geraten	ich hatte geraten	ich würde raten
du hast geraten	du hattest geraten	du würdest raten
er/sie hat geraten	er/sie hatte geraten	er/sie würde raten
wir haben geraten	wir hatten geraten	wir würden raten
ihr habt geraten	ihr hattet geraten	ihr würdet raten
Sie haben geraten	Sie hatten geraten	Sie würden raten
sie haben geraten	sie hatten geraten	sie würden raten

SUBJUNCTIVE

PRESENT	**PERFECT**
ich rate	ich habe geraten
du ratest	du habest geraten
er/sie rate	er/sie habe geraten
wir raten	wir haben geraten
ihr ratet	ihr habet geraten
Sie raten	Sie haben geraten
sie raten	sie haben geraten

IMPERFECT	**PLUPERFECT**
ich riete	ich hätte geraten
du rietest	du hättest geraten
er/sie riete	er/sie hätte geraten
wir rieten	wir hätten geraten
ihr rietet	ihr hättet geraten
Sie rieten	Sie hätten geraten
sie rieten	sie hätten geraten

FUTURE PERFECT

ich werde geraten
haben
du wirst geraten haben
etc

INFINITIVE

PRESENT

raten

PAST

geraten haben

PARTICIPLE

PRESENT

ratend

PAST

geraten

IMPERATIVE

rat(e)!
ratet!
raten Sie!
raten wir!

REGIEREN
to govern, rule

PRESENT	IMPERFECT	FUTURE
ich regiere	ich regierte	ich werde regieren
du regierst	du regiertest	du wirst regieren
er/sie regiert	er/sie regierte	er/sie wird regieren
wir regieren	wir regierten	wir werden regieren
ihr regiert	ihr regiertet	ihr werdet regieren
Sie regieren	Sie regierten	Sie werden regieren
sie regieren	sie regierten	sie werden regieren

PERFECT	PLUPERFECT	CONDITIONAL
ich habe regiert	ich hatte regiert	ich würde regieren
du hast regiert	du hattest regiert	du würdest regieren
er/sie hat regiert	er/sie hatte regiert	er/sie würde regieren
wir haben regiert	wir hatten regiert	wir würden regieren
ihr habt regiert	ihr hattet regiert	ihr würdet regieren
Sie haben regiert	Sie hatten regiert	Sie würden regieren
sie haben regiert	sie hatten regiert	sie würden regieren

SUBJUNCTIVE

PRESENT	PERFECT
ich regiere	ich habe regiert
du regierest	du habest regiert
er/sie regiere	er/sie habe regiert
wir regieren	wir haben regiert
ihr regieret	ihr habet regiert
Sie regieren	Sie haben regiert
sie regieren	sie haben regiert

IMPERFECT	PLUPERFECT
ich regierte	ich hätte regiert
du regiertest	du hättest regiert
er/sie regierte	er/sie hätte regiert
wir regierten	wir hätten regiert
ihr regiertet	ihr hättet regiert
Sie regierten	Sie hätten regiert
sie regierten	sie hätten regiert

INFINITIVE

PRESENT
regieren

PAST
regiert haben

PARTICIPLE

PRESENT
regierend

PAST
regiert

IMPERATIVE

regier(e)!
regiert!
regieren Sie!
regieren wir!

FUTURE PERFECT
ich werde regiert haben
du wirst regiert haben *etc*

REIBEN
to rub

PRESENT	**IMPERFECT**	**FUTURE**
ich reibe	ich rieb	ich werde reiben
du reibst	du riebst	du wirst reiben
er/sie reibt	er/sie rieb	er/sie wird reiben
wir reiben	wir rieben	wir werden reiben
ihr reibt	ihr riebt	ihr werdet reiben
Sie reiben	Sie rieben	Sie werden reiben
sie reiben	sie rieben	sie werden reiben

PERFECT	**PLUPERFECT**	**CONDITIONAL**
ich habe gerieben	ich hatte gerieben	ich würde reiben
du hast gerieben	du hattest gerieben	du würdest reiben
er/sie hat gerieben	er/sie hatte gerieben	er/sie würde reiben
wir haben gerieben	wir hatten gerieben	wir würden reiben
ihr habt gerieben	ihr hattet gerieben	ihr würdet reiben
Sie haben gerieben	Sie hatten gerieben	Sie würden reiben
sie haben gerieben	sie hatten gerieben	sie würden reiben

SUBJUNCTIVE

PRESENT	**PERFECT**	*INFINITIVE*
ich reibe	ich habe gerieben	**PRESENT**
du reibest	du habest gerieben	reiben
er/sie reibe	er/sie habe gerieben	**PAST**
wir reiben	wir haben gerieben	gerieben haben
ihr reibet	ihr habet gerieben	
Sie reiben	Sie haben gerieben	*PARTICIPLE*
sie reiben	sie haben gerieben	**PRESENT**
		reibend

IMPERFECT	**PLUPERFECT**	**PAST**
ich riebe	ich hätte gerieben	gerieben
du riebest	du hättest gerieben	
er/sie riebe	er/sie hätte gerieben	*IMPERATIVE*
wir rieben	wir hätten gerieben	reib(e)!
ihr riebet	ihr hättet gerieben	reibt!
Sie rieben	Sie hätten gerieben	reiben Sie!
sie rieben	sie hätten gerieben	reiben wir!

FUTURE PERFECT

ich werde gerieben haben
du wirst gerieben haben
etc

112   REISSEN
to tear

PRESENT	IMPERFECT	FUTURE
ich reiße	ich riß	ich werde reißen
du reißt	du rissest	du wirst reißen
er/sie reißt	er/sie riß	er/sie wird reißen
wir reißen	wir rissen	wir werden reißen
ihr reißt	ihr rißt	ihr werdet reißen
Sie reißen	Sie rissen	Sie werden reißen
sie reißen	sie rissen	sie werden reißen

PERFECT (1)	PLUPERFECT (2)	CONDITIONAL
ich habe gerissen	ich hatte gerissen	ich würde reißen
du hast gerissen	du hattest gerissen	du würdest reißen
er/sie hat gerissen	er/sie hatte gerissen	er/sie würde reißen
wir haben gerissen	wir hatten gerissen	wir würden reißen
ihr habt gerissen	ihr hattet gerissen	ihr würdet reißen
Sie haben gerissen	Sie hatten gerissen	Sie würden reißen
sie haben gerissen	sie hatten gerissen	sie würden reißen

SUBJUNCTIVE

INFINITIVE

PRESENT	PERFECT(3)	PRESENT
ich reiße	ich habe gerissen	reißen
du reißest	du habest gerissen	PAST (6)
er/sie reiße	er/sie habe gerissen	gerissen haben
wir reißen	wir haben gerissen	
ihr reißet	ihr habet gerissen	*PARTICIPLE*
Sie reißen	Sie haben gerissen	PRESENT
sie reißen	sie haben gerissen	reißend

IMPERFECT	PLUPERFECT (4)	PAST
ich risse	ich hätte gerissen	gerissen
du rissest	du hättest gerissen	
er/sie risse	er/sie hätte gerissen	*IMPERATIVE*
wir rissen	wir hätten gerissen	reiß(e)!
ihr risset	ihr hättet gerissen	reißt!
Sie rissen	Sie hätten gerissen	reißen Sie!
sie rissen	sie hätten gerissen	reißen wir!

FUTURE PERFECT (5) NOTE

ich werde gerissen haben   *also intransitive: (1) ich bin gerissen etc (2) ich war*
du wirst gerissen haben   *gerissen etc (3) ich sei gerissen etc (4) ich wäre*
etc   *gerissen etc (5) ich werde gerissen sein etc (6)*
  gerissen sein

REITEN
to ride

PRESENT	**IMPERFECT**	**FUTURE**
ich reite	ich ritt	ich werde reiten
du reitest	du rittst	du wirst reiten
er/sie reitet	er/sie ritt	er/sie wird reiten
wir reiten	wir ritten	wir werden reiten
ihr reitet	ihr rittet	ihr werdet reiten
Sie reiten	Sie ritten	Sie werden reiten
sie reiten	sie ritten	sie werden reiten

PERFECT (1)	**PLUPERFECT** (2)	**CONDITIONAL**
ich bin geritten	ich war geritten	ich würde reiten
du bist geritten	du warst geritten	du würdest reiten
er/sie ist geritten	er/sie war geritten	er/sie würde reiten
wir sind geritten	wir waren geritten	wir würden reiten
ihr seid geritten	ihr wart geritten	ihr würdet reiten
Sie sind geritten	Sie waren geritten	Sie würden reiten
sie sind geritten	sie waren geritten	sie würden reiten

SUBJUNCTIVE

PRESENT	**PERFECT** (1)
ich reite	ich sei geritten
du reitest	du sei(e)st geritten
er/sie reite	er/sie sei geritten
wir reiten	wir seien geritten
ihr reitet	ihr seiet geritten
Sie reiten	Sie seien geritten
sie reiten	sie seien geritten

IMPERFECT	**PLUPERFECT** (3)
ich ritte	ich wäre geritten
du rittest	du wär(e)st geritten
er/sie ritte	er/sie wäre geritten
wir ritten	wir wären geritten
ihr rittet	ihr wär(e)t geritten
Sie ritten	Sie wären geritten
sie ritten	sie wären geritten

INFINITIVE

PRESENT
reiten

PAST (5)
geritten sein

PARTICIPLE

PRESENT
reitend

PAST
geritten

IMPERATIVE

reit(e)!
reitet!
reiten Sie!
reiten wir!

FUTURE PERFECT (4)

ich werde geritten sein
du wirst geritten sein *etc*

NOTE

also transitive: (1) ich habe geritten *etc (2)* ich hatte geritten *etc (3)* ich hätte geritten *etc (4)* ich werde geritten haben *etc (5)* geritten haben

114

RENNEN
to run

PRESENT	IMPERFECT	FUTURE
ich renne	ich rannte	ich werde rennen
du rennst	du ranntest	du wirst rennen
er/sie rennt	er/sie rannte	er/sie wird rennen
wir rennen	wir rannten	wir werden rennen
ihr rennt	ihr ranntet	ihr werdet rennen
Sie rennen	Sie rannten	Sie werden rennen
sie rennen	sie rannten	sie werden rennen

PERFECT	PLUPERFECT	CONDITIONAL
ich bin gerannt	ich war gerannt	ich würde rennen
du bist gerannt	du warst gerannt	du würdest rennen
er/sie ist gerannt	er/sie war gerannt	er/sie würde rennen
wir sind gerannt	wir waren gerannt	wir würden rennen
ihr seid gerannt	ihr wart gerannt	ihr würdet rennen
Sie sind gerannt	Sie waren gerannt	Sie würden rennen
sie sind gerannt	sie waren gerannt	sie würden rennen

SUBJUNCTIVE

PRESENT	PERFECT	INFINITIVE
		PRESENT
ich renne	ich sei gerannt	rennen
du rennest	du sei(e)st gerannt	**PAST**
er/sie renne	er/sie sei gerannt	gerannt sein
wir rennen	wir seien gerannt	
ihr rennet	ihr seiet gerannt	*PARTICIPLE*
Sie rennen	Sie seien gerannt	**PRESENT**
sie rennen	sie seien gerannt	rennend

IMPERFECT	PLUPERFECT	PAST
		gerannt
ich rennte	ich wäre gerannt	
du renntest	du wär(e)st gerannt	*IMPERATIVE*
er/sie rennte	er/sie wäre gerannt	
wir rennten	wir wären gerannt	renn(e)!
ihr renntet	ihr wär(e)t gerannt	rennt!
Sie rennten	Sie wären gerannt	rennen Sie!
sie rennten	sie wären gerannt	rennen wir!

FUTURE PERFECT

ich werde gerannt sein
du wirst gerannt sein *etc*

RIECHEN
to smell

PRESENT	**IMPERFECT**	**FUTURE**
ich rieche	ich roch	ich werde riechen
du riechst	du rochst	du wirst riechen
er/sie riecht	er/sie roch	er/sie wird riechen
wir riechen	wir rochen	wir werden riechen
ihr riecht	ihr rocht	ihr werdet riechen
Sie riechen	Sie rochen	Sie werden riechen
sie riechen	sie rochen	sie werden riechen

PERFECT	**PLUPERFECT**	**CONDITIONAL**
ich habe gerochen	ich hatte gerochen	ich würde riechen
du hast gerochen	du hattest gerochen	du würdest riechen
er/sie hat gerochen	er/sie hatte gerochen	er/sie würde riechen
wir haben gerochen	wir hatten gerochen	wir würden riechen
ihr habt gerochen	ihr hattet gerochen	ihr würdet riechen
Sie haben gerochen	Sie hatten gerochen	Sie würden riechen
sie haben gerochen	sie hatten gerochen	sie würden riechen

SUBJUNCTIVE

PRESENT	**PERFECT**	*INFINITIVE*
ich rieche	ich habe gerochen	**PRESENT**
du riechest	du habest gerochen	riechen
er/sie rieche	er/sie habe gerochen	**PAST**
wir riechen	wir haben gerochen	gerochen haben
ihr riechet	ihr habet gerochen	
Sie riechen	Sie haben gerochen	*PARTICIPLE*
sie riechen	sie haben gerochen	**PRESENT**
		riechend

IMPERFECT	**PLUPERFECT**	**PAST**
ich röche	ich hätte gerochen	gerochen
du röchest	du hättest gerochen	
er/sie röche	er/sie hätte gerochen	*IMPERATIVE*
wir röchen	wir hätten gerochen	riech(e)!
ihr röchet	ihr hättet gerochen	riecht!
Sie röchen	Sie hätten gerochen	riechen Sie!
sie röchen	sie hätten gerochen	riechen wir!

FUTURE PERFECT

ich werde gerochen
haben
du wirst gerochen
haben *etc*

RINGEN
to wrestle, struggle

PRESENT	IMPERFECT	FUTURE
ich ringe	ich rang	ich werde ringen
du ringst	du rangst	du wirst ringen
er/sie ringt	er/sie rang	er/sie wird ringen
wir ringen	wir rangen	wir werden ringen
ihr ringt	ihr rangt	ihr werdet ringen
Sie ringen	Sie rangen	Sie werden ringen
sie ringen	sie rangen	sie werden ringen

PERFECT	PLUPERFECT	CONDITIONAL
ich habe gerungen	ich hatte gerungen	ich würde ringen
du hast gerungen	du hattest gerungen	du würdest ringen
er/sie hat gerungen	er/sie hatte gerungen	er/sie würde ringen
wir haben gerungen	wir hatten gerungen	wir würden ringen
ihr habt gerungen	ihr hattet gerungen	ihr würdet ringen
Sie haben gerungen	Sie hatten gerungen	Sie würden ringen
sie haben gerungen	sie hatten gerungen	sie würden ringen

SUBJUNCTIVE

PRESENT	PERFECT
ich ringe	ich habe gerungen
du ringest	du habest gerungen
er/sie ringe	er/sie habe gerungen
wir ringen	wir haben gerungen
ihr ringet	ihr habet gerungen
Sie ringen	Sie haben gerungen
sie ringen	sie haben gerungen

IMPERFECT	PLUPERFECT
ich ränge	ich hätte gerungen
du rängest	du hättest gerungen
er/sie ränge	er/sie hätte gerungen
wir rängen	wir hätten gerungen
ihr ränget	ihr hättet gerungen
Sie rängen	Sie hätten gerungen
sie rängen	sie hätten gerungen

INFINITIVE

PRESENT
ringen

PAST
gerungen haben

PARTICIPLE

PRESENT
ringend

PAST
gerungen

IMPERATIVE

ring(e)!
ringt!
ringen Sie!
ringen wir!

FUTURE PERFECT

ich werde gerungen
haben
du wirst gerungen haben
etc

RINNEN
to flow

PRESENT	IMPERFECT	FUTURE
ich rinne	ich rann	ich werde rinnen
du rinnst	du rannst	du wirst rinnen
er/sie rinnt	er/sie rann	er/sie wird rinnen
wir rinnen	wir rannen	wir werden rinnen
ihr rinnt	ihr rannt	ihr werdet rinnen
Sie rinnen	Sie rannen	Sie werden rinnen
sie rinnen	sie rannen	sie werden rinnen

PERFECT	PLUPERFECT	CONDITIONAL
ich bin geronnen	ich war geronnen	ich würde rinnen
du bist geronnen	du warst geronnen	du würdest rinnen
er/sie ist geronnen	er/sie war geronnen	er/sie würde rinnen
wir sind geronnen	wir waren geronnen	wir würden rinnen
ihr seid geronnen	ihr wart geronnen	ihr würdet rinnen
Sie sind geronnen	Sie waren geronnen	Sie würden rinnen
sie sind geronnen	sie waren geronnen	sie würden rinnen

SUBJUNCTIVE

PRESENT	PERFECT	INFINITIVE
ich rinne	ich sei geronnen	**PRESENT** rinnen
du rinnest	du sei(e)st geronnen	**PAST** geronnen sein
er/sie rinne	er/sie sei geronnen	
wir rinnen	wir seien geronnen	**PARTICIPLE**
ihr rinnet	ihr seiet geronnen	**PRESENT** rinnend
Sie rinnen	Sie seien geronnen	
sie rinnen	sie seien geronnen	**PAST** geronnen

IMPERFECT (1)	PLUPERFECT	
ich ränne	ich wäre geronnen	**IMPERATIVE**
du rännest	du wär(e)st geronnen	rinn(e)!
er/sie ränne	er/sie wäre geronnen	rinnt!
wir rännen	wir wären geronnen	rinnen Sie!
ihr rännet	ihr wär(e)t geronnen	rinnen wir!
Sie rännen	Sie wären geronnen	
sie rännen	sie wären geronnen	

FUTURE PERFECT
ich werde geronnen sein
du wirst geronnen sein
etc

NOTE

(1) ich rönne, du rönnest etc is also possible

RUFEN
to call

PRESENT	IMPERFECT	FUTURE
ich rufe	ich rief	ich werde rufen
du rufst	du riefst	du wirst rufen
er/sie ruft	er/sie rief	er/sie wird rufen
wir rufen	wir riefen	wir werden rufen
ihr ruft	ihr rieft	ihr werdet rufen
Sie rufen	Sie riefen	Sie werden rufen
sie rufen	sie riefen	sie werden rufen

PERFECT	PLUPERFECT	CONDITIONAL
ich habe gerufen	ich hatte gerufen	ich würde rufen
du hast gerufen	du hattest gerufen	du würdest rufen
er/sie hat gerufen	er/sie hatte gerufen	er/sie würde rufen
wir haben gerufen	wir hatten gerufen	wir würden rufen
ihr habt gerufen	ihr hattet gerufen	ihr würdet rufen
Sie haben gerufen	Sie hatten gerufen	Sie würden rufen
sie haben gerufen	sie hatten gerufen	sie würden rufen

SUBJUNCTIVE

PRESENT	PERFECT
ich rufe	ich habe gerufen
du rufest	du habest gerufen
er/sie rufe	er/sie habe gerufen
wir rufen	wir haben gerufen
ihr rufet	ihr habet gerufen
Sie rufen	Sie haben gerufen
sie rufen	sie haben gerufen

IMPERFECT	PLUPERFECT
ich riefe	ich hätte gerufen
du riefest	du hättest gerufen
er/sie riefe	er/sie hätte gerufen
wir riefen	wir hätten gerufen
ihr riefet	ihr hättet gerufen
Sie riefen	Sie hätten gerufen
sie riefen	sie hätten gerufen

FUTURE PERFECT
ich werde gerufen haben
du wirst gerufen haben
etc

INFINITIVE

PRESENT
rufen

PAST
gerufen haben

PARTICIPLE

PRESENT
rufend

PAST
gerufen

IMPERATIVE

ruf(e)!
ruft!
rufen Sie!
rufen wir!

PRESENT	**IMPERFECT**	**FUTURE**
ich saufe	ich soff	ich werde saufen
du säufst	du soffst	du wirst saufen
er/sie säuft	er/sie soff	er/sie wird saufen
wir saufen	wir soffen	wir werden saufen
ihr sauft	ihr sofft	ihr werdet saufen
Sie saufen	Sie soffen	Sie werden saufen
sie saufen	sie soffen	sie werden saufen

PERFECT	**PLUPERFECT**	**CONDITIONAL**
ich habe gesoffen	ich hatte gesoffen	ich würde saufen
du hast gesoffen	du hattest gesoffen	du würdest saufen
er/sie hat gesoffen	er/sie hatte gesoffen	er/sie würde saufen
wir haben gesoffen	wir hatten gesoffen	wir würden saufen
ihr habt gesoffen	ihr hattet gesoffen	ihr würdet saufen
Sie haben gesoffen	Sie hatten gesoffen	Sie würden saufen
sie haben gesoffen	sie hatten gesoffen	sie würden saufen

SUBJUNCTIVE

PRESENT	**PERFECT**
ich saufe	ich habe gesoffen
du saufest	du habest gesoffen
er/sie saufe	er/sie habe gesoffen
wir saufen	wir haben gesoffen
ihr saufet	ihr habet gesoffen
Sie saufen	Sie haben gesoffen
sie saufen	sie haben gesoffen

IMPERFECT	**PLUPERFECT**
ich söffe	ich hätte gesoffen
du söffest	du hättest gesoffen
er/sie söffe	er/sie hätte gesoffen
wir söffen	wir hätten gesoffen
ihr söffet	ihr hättet gesoffen
Sie söffen	Sie hätten gesoffen
sie söffen	sie hätten gesoffen

FUTURE PERFECT

ich werde gesoffen
haben
du wirst gesoffen haben
etc

INFINITIVE

PRESENT
saufen

PAST
gesoffen haben

PARTICIPLE

PRESENT
saufend

PAST
gesoffen

IMPERATIVE

sauf(e)!
sauft!
saufen Sie!
saufen wir!

120 SAUGEN
to suck

PRESENT	IMPERFECT	FUTURE
ich sauge	ich sog	ich werde saugen
du saugst	du sogst	du wirst saugen
er/sie saugt	er/sie sog	er/sie wird saugen
wir saugen	wir sogen	wir werden saugen
ihr saugt	ihr sogt	ihr werdet saugen
Sie saugen	Sie sogen	Sie werden saugen
sie saugen	sie sogen	sie werden saugen

PERFECT	PLUPERFECT	CONDITIONAL
ich habe gesogen	ich hatte gesogen	ich würde saugen
du hast gesogen	du hattest gesogen	du würdest saugen
er/sie hat gesogen	er/sie hatte gesogen	er/sie würde saugen
wir haben gesogen	wir hatten gesogen	wir würden saugen
ihr habt gesogen	ihr hattet gesogen	ihr würdet saugen
Sie haben gesogen	Sie hatten gesogen	Sie würden saugen
sie haben gesogen	sie hatten gesogen	sie würden saugen

SUBJUNCTIVE

PRESENT	PERFECT	INFINITIVE
ich sauge	ich habe gesogen	**PRESENT**
du saugest	du habest gesogen	saugen
er/sie sauge	er/sie habe gesogen	**PAST**
wir saugen	wir haben gesogen	gesogen haben
ihr sauget	ihr habet gesogen	
Sie saugen	Sie haben gesogen	**PARTICIPLE**
sie saugen	sie haben gesogen	**PRESENT**
		saugend

IMPERFECT	PLUPERFECT	PAST
ich söge	ich hätte gesogen	gesogen
du sögest	du hättest gesogen	
er/sie söge	er/sie hätte gesogen	**IMPERATIVE**
wir sögen	wir hätten gesogen	
ihr söget	ihr hättet gesogen	saug(e)!
Sie sögen	Sie hätten gesogen	saugt!
sie sögen	sie hätten gesogen	saugen Sie!
		saugen wir!

FUTURE PERFECT

ich werde gesogen haben
du wirst gesogen haben
etc

NOTE

weak conjugation also possible, esp. common in technical language: ich saugte, ich habe gesaugt etc

SCHAFFEN
to create *(1)*

PRESENT	IMPERFECT	FUTURE
ich schaffe	ich schuf	ich werde schaffen
du schaffst	du schufst	du wirst schaffen
er/sie schafft	er/sie schuf	er/sie wird schaffen
wir schaffen	wir schufen	wir werden schaffen
ihr schafft	ihr schuft	ihr werdet schaffen
Sie schaffen	Sie schufen	Sie werden schaffen
sie schaffen	sie schufen	sie werden schaffen

PERFECT	PLUPERFECT	CONDITIONAL
ich habe geschaffen	ich hatte geschaffen	ich würde schaffen
du hast geschaffen	du hattest geschaffen	du würdest schaffen
er/sie hat geschaffen	er/sie hatte geschaffen	er/sie würde schaffen
wir haben geschaffen	wir hatten geschaffen	wir würden schaffen
ihr habt geschaffen	ihr hattet geschaffen	ihr würdet schaffen
Sie haben geschaffen	Sie hatten geschaffen	Sie würden schaffen
sie haben geschaffen	sie hatten geschaffen	sie würden schaffen

SUBJUNCTIVE

PRESENT	PERFECT
ich schaffe	ich habe geschaffen
du schaffest	du habest geschaffen
er/sie schaffe	er/sie habe geschaffen
wir schaffen	wir haben geschaffen
ihr schaffet	ihr habet geschaffen
Sie schaffen	Sie haben geschaffen
sie schaffen	sie haben geschaffen

IMPERFECT	PLUPERFECT
ich schüfe	ich hätte geschaffen
du schüfest	du hättest geschaffen
er/sie schüfe	er/sie hätte geschaffen
wir schüfen	wir hätten geschaffen
ihr schüfet	ihr hättet geschaffen
Sie schüfen	Sie hätten geschaffen
sie schüfen	sie hätten geschaffen

FUTURE PERFECT

ich werde geschaffen haben
du wirst geschaffen haben *etc*

INFINITIVE

PRESENT
schaffen

PAST
geschaffen haben

PARTICIPLE

PRESENT
schaffend

PAST
geschaffen

IMPERATIVE

schaff(e)!
schafft!
schaffen Sie!
schaffen wir!

NOTE

(1) also a weak verb meaning 'to do, work, manage': ich schaffte, ich habe geschafft etc

122 SCHALLEN
to resound

PRESENT

ich schalle
du schallst
er/sie schallt
wir schallen
ihr schallt
Sie schallen
sie schallen

IMPERFECT

ich scholl
du schollst
er/sie scholl
wir schollen
ihr schollt
Sie schollen
sie schollen

FUTURE

ich werde schallen
du wirst schallen
er/sie wird schallen
wir werden schallen
ihr werdet schallen
Sie werden schallen
sie werden schallen

PERFECT

ich habe geschallt
du hast geschallt
er/sie hat geschallt
wir haben geschallt
ihr habt geschallt
Sie haben geschallt
sie haben geschallt

PLUPERFECT

ich hatte geschallt
du hattest geschallt
er/sie hatte geschallt
wir hatten geschallt
ihr hattet geschallt
Sie hatten geschallt
sie hatten geschallt

CONDITIONAL

ich würde schallen
du würdest schallen
er/sie würde schallen
wir würden schallen
ihr würdet schallen
Sie würden schallen
sie würden schallen

SUBJUNCTIVE
PRESENT

ich schalle
du schallest
er/sie schalle
wir schallen
ihr schallet
Sie schallen
sie schallen

PERFECT

ich habe geschallt
du habest geschallt
er/sie habe geschallt
wir haben geschallt
ihr habet geschallt
Sie haben geschallt
sie haben geschallt

INFINITIVE
PRESENT
schallen
PAST
geschallt haben

PARTICIPLE
PRESENT
schallend
PAST
geschallt

IMPERFECT

ich schölle
du schöllest
er/sie schölle
wir schöllen
ihr schöllet
Sie schöllen
sie schöllen

PLUPERFECT

ich hätte geschallt
du hättest geschallt
er/sie hätte geschallt
wir hätten geschallt
ihr hättet geschallt
Sie hätten geschallt
sie hätten geschallt

IMPERATIVE

schall(e)!
schallt!
schallen Sie!
schallen wir!

FUTURE PERFECT

ich werde geschallt haben
du wirst geschallt haben
etc

NOTE

weak conjugation is more common: ich schallte
etc

SCHEIDEN
to separate

PRESENT	**IMPERFECT**	**FUTURE**
ich scheide	ich schied	ich werde scheiden
du scheidest	du schiedest	du wirst scheiden
er/sie scheidet	er/sie schied	er/sie wird scheiden
wir scheiden	wir schieden	wir werden scheiden
ihr scheidet	ihr schiedet	ihr werdet scheiden
Sie scheiden	Sie schieden	Sie werden scheiden
sie scheiden	sie schieden	sie werden scheiden

PERFECT *(1)*	**PLUPERFECT** *(2)*	**CONDITIONAL**
ich habe geschieden	ich hatte geschieden	ich würde scheiden
du hast geschieden	du hattest geschieden	du würdest scheiden
er/sie hat geschieden	er/sie hatte geschieden	er/sie würde scheiden
wir haben geschieden	wir hatten geschieden	wir würden scheiden
ihr habt geschieden	ihr hattet geschieden	ihr würdet scheiden
Sie haben geschieden	Sie hatten geschieden	Sie würden scheiden
sie haben geschieden	sie hatten geschieden	sie würden scheiden

SUBJUNCTIVE

PRESENT	**PERFECT** *(3)*	***INFINITIVE***
ich scheide	ich habe geschieden	**PRESENT**
du scheidest	du habest geschieden	scheiden
er/sie scheide	er/sie habe geschieden	**PAST** *(6)*
wir scheiden	wir haben geschieden	geschieden haben
ihr scheidet	ihr habet geschieden	
Sie scheiden	Sie haben geschieden	***PARTICIPLE***
sie scheiden	sie haben geschieden	**PRESENT**
		scheidend

IMPERFECT	**PLUPERFECT** *(4)*	**PAST**
ich schiede	ich hätte geschieden	geschieden
du schiedest	du hättest geschieden	
er/sie schiede	er/sie hätte geschieden	***IMPERATIVE***
wir schieden	wir hätten geschieden	scheid(e)!
ihr schiedet	ihr hättet geschieden	scheidet!
Sie schieden	Sie hätten geschieden	scheiden Sie!
sie schieden	sie hätten geschieden	scheiden wir!

FUTURE PERFECT *(5)*

ich werde geschieden
haben
du wirst geschieden
haben *etc*

NOTE

*also intransitive ('to part'): (1) ich bin geschieden
etc (2) ich war geschieden etc (3) ich sei
geschieden etc (4) ich wäre geschieden etc (5) ich
werde geschieden sein etc (6) geschieden sein*

124 SCHEINEN
to shine, seem

PRESENT	IMPERFECT	FUTURE
ich scheine	ich schien	ich werde scheinen
du scheinst	du schienst	du wirst scheinen
er/sie scheint	er/sie schien	er/sie wird scheinen
wir scheinen	wir schienen	wir werden scheinen
ihr scheint	ihr schient	ihr werdet scheinen
Sie scheinen	Sie schienen	Sie werden scheinen
sie scheinen	sie schienen	sie werden scheinen

PERFECT	PLUPERFECT	CONDITIONAL
ich habe geschienen	ich hatte geschienen	ich würde scheinen
du hast geschienen	du hattest geschienen	du würdest scheinen
er/sie hat geschienen	er/sie hatte geschienen	er/sie würde scheinen
wir haben geschienen	wir hatten geschienen	wir würden scheinen
ihr habt geschienen	ihr hattet geschienen	ihr würdet scheinen
Sie haben geschienen	Sie hatten geschienen	Sie würden scheinen
sie haben geschienen	sie hatten geschienen	sie würden scheinen

SUBJUNCTIVE

PRESENT	PERFECT	INFINITIVE
ich scheine	ich habe geschienen	**PRESENT**
du scheinest	du habest geschienen	scheinen
er/sie scheine	er/sie habe geschienen	**PAST**
wir scheinen	wir haben geschienen	geschienen haben
ihr scheinet	ihr habet geschienen	
Sie scheinen	Sie haben geschienen	**PARTICIPLE**
sie scheinen	sie haben geschienen	**PRESENT**
		scheinend

IMPERFECT	PLUPERFECT	PAST
ich schiene	ich hätte geschienen	geschienen
du schienest	du hättest geschienen	
er/sie schiene	er/sie hätte geschienen	*IMPERATIVE*
wir schienen	wir hätten geschienen	
ihr schienet	ihr hättet geschienen	schein(e)!
Sie schienen	Sie hätten geschienen	scheint!
sie schienen	sie hätten geschienen	scheinen Sie!
		scheinen wir!

FUTURE PERFECT
ich werde geschienen
haben
du wirst geschienen
haben *etc*

SCHELTEN
to scold

PRESENT	**IMPERFECT**	**FUTURE**
ich schelte	ich schalt	ich werde schelten
du schiltst	du schaltst	du wirst schelten
er/sie schilt	er/sie schalt	er/sie wird schelten
wir schelten	wir schalten	wir werden schelten
ihr scheltet	ihr schaltet	ihr werdet schelten
Sie schelten	Sie schalten	Sie werden schelten
sie schelten	sie schalten	sie werden schelten

PERFECT	**PLUPERFECT**	**CONDITIONAL**
ich habe gescholten	ich hatte gescholten	ich würde schelten
du hast gescholten	du hattest gescholten	du würdest schelten
er/sie hat gescholten	er/sie hatte gescholten	er/sie würde schelten
wir haben gescholten	wir hatten gescholten	wir würden schelten
ihr habt gescholten	ihr hattet gescholten	ihr würdet schelten
Sie haben gescholten	Sie hatten gescholten	Sie würden schelten
sie haben gescholten	sie hatten gescholten	sie würden schelten

SUBJUNCTIVE

PRESENT	**PERFECT**	*INFINITIVE*
ich schelte	ich habe gescholten	**PRESENT**
du scheltest	du habest gescholten	schelten
er/sie schelte	er/sie habe gescholten	**PAST**
wir schelten	wir haben gescholten	gescholten haben
ihr scheltet	ihr habet gescholten	
Sie schelten	Sie haben gescholten	*PARTICIPLE*
sie schelten	sie haben gescholten	**PRESENT**
		scheltend

IMPERFECT	**PLUPERFECT**	**PAST**
ich schölte	ich hätte gescholten	gescholten
du schöltest	du hättest gescholten	
er/sie schölte	er/sie hätte gescholten	*IMPERATIVE*
wir schölten	wir hätten gescholten	schilt!
ihr schöltet	ihr hättet gescholten	scheltet!
Sie schölten	Sie hätten gescholten	schelten Sie!
sie schölten	sie hätten gescholten	schelten wir!

FUTURE PERFECT

ich werde gescholten
haben
du wirst gescholten
haben *etc*

SCHEREN
to shear

PRESENT	IMPERFECT	FUTURE
ich schere	ich schor	ich werde scheren
du scherst	du schorst	du wirst scheren
er/sie schert	er/sie schor	er/sie wird scheren
wir scheren	wir schoren	wir werden scheren
ihr schert	ihr schort	ihr werdet scheren
Sie scheren	Sie schoren	Sie werden scheren
sie scheren	sie schoren	sie werden scheren

PERFECT	PLUPERFECT	CONDITIONAL
ich habe geschoren	ich hatte geschoren	ich würde scheren
du hast geschoren	du hattest geschoren	du würdest scheren
er/sie hat geschoren	er/sie hatte geschoren	er/sie würde scheren
wir haben geschoren	wir hatten geschoren	wir würden scheren
ihr habt geschoren	ihr hattet geschoren	ihr würdet scheren
Sie haben geschoren	Sie hatten geschoren	Sie würden scheren
sie haben geschoren	sie hatten geschoren	sie würden scheren

SUBJUNCTIVE

PRESENT	PERFECT
ich schere	ich habe geschoren
du scherest	du habest geschoren
er/sie schere	er/sie habe geschoren
wir scheren	wir haben geschoren
ihr scheret	ihr habet geschoren
Sie scheren	Sie haben geschoren
sie scheren	sie haben geschoren

IMPERFECT	PLUPERFECT
ich schöre	ich hätte geschoren
du schörest	du hättest geschoren
er/sie schöre	er/sie hätte geschoren
wir schören	wir hätten geschoren
ihr schöret	ihr hättet geschoren
Sie schören	Sie hätten geschoren
sie schören	sie hätten geschoren

INFINITIVE

PRESENT
scheren

PAST
geschoren haben

PARTICIPLE

PRESENT
scherend

PAST
geschoren

IMPERATIVE

scher(e)!
schert!
scheren Sie!
scheren wir!

FUTURE PERFECT

ich werde geschoren
haben
du wirst geschoren haben
etc

SCHIEBEN
to push

127

PRESENT	IMPERFECT	FUTURE
ich schiebe	ich schob	ich werde schieben
du schiebst	du schobst	du wirst schieben
er/sie schiebt	er/sie schob	er/sie wird schieben
wir schieben	wir schoben	wir werden schieben
ihr schiebt	ihr schobt	ihr werdet schieben
Sie schieben	Sie schoben	Sie werden schieben
sie schieben	sie schoben	sie werden schieben

PERFECT	PLUPERFECT	CONDITIONAL
ich habe geschoben	ich hatte geschoben	ich würde schieben
du hast geschoben	du hattest geschoben	du würdest schieben
er/sie hat geschoben	er/sie hatte geschoben	er/sie würde schieben
wir haben geschoben	wir hatten geschoben	wir würden schieben
ihr habt geschoben	ihr hattet geschoben	ihr würdet schieben
Sie haben geschoben	Sie hatten geschoben	Sie würden schieben
sie haben geschoben	sie hatten geschoben	sie würden schieben

SUBJUNCTIVE

PRESENT	PERFECT
ich schiebe	ich habe geschoben
du schiebest	du habest geschoben
er/sie schiebe	er/sie habe geschoben
wir schieben	wir haben geschoben
ihr schiebet	ihr habet geschoben
Sie schieben	Sie haben geschoben
sie schieben	sie haben geschoben

INFINITIVE

PRESENT
schieben

PAST
geschoben haben

IMPERFECT	PLUPERFECT
ich schöbe	ich hätte geschoben
du schöbest	du hättest geschoben
er/sie schöbe	er/sie hätte geschoben
wir schöben	wir hätten geschoben
ihr schöbet	ihr hättet geschoben
Sie schöben	Sie hätten geschoben
sie schöben	sie hätten geschoben

PARTICIPLE

PRESENT
schiebend

PAST
geschoben

IMPERATIVE

schieb(e)!
schiebt!
schieben Sie!
schieben wir!

FUTURE PERFECT

ich werde geschoben
haben
du wirst geschoben
haben *etc*

128 SCHIESSEN
to shoot

PRESENT	IMPERFECT	FUTURE
ich schieße	ich schoß	ich werde schießen
du schießt	du schossest	du wirst schießen
er/sie schießt	er/sie schoß	er/sie wird schießen
wir schießen	wir schossen	wir werden schießen
ihr schießt	ihr schoßt	ihr werdet schießen
Sie schießen	Sie schossen	Sie werden schießen
sie schießen	sie schossen	sie werden schießen

PERFECT (1)	PLUPERFECT (2)	CONDITIONAL
ich habe geschossen	ich hatte geschossen	ich würde schießen
du hast geschossen	du hattest geschossen	du würdest schießen
er/sie hat geschossen	er/sie hatte geschossen	er/sie würde schießen
wir haben geschossen	wir hatten geschossen	wir würden schießen
ihr habt geschossen	ihr hattet geschossen	ihr würdet schießen
Sie haben geschossen	Sie hatten geschossen	Sie würden schießen
sie haben geschossen	sie hatten geschossen	sie würden schießen

SUBJUNCTIVE

PRESENT	PERFECT (3)	*INFINITIVE*
ich schieße	ich habe geschossen	**PRESENT** schießen
du schießest	du habest geschossen	
er/sie schieße	er/sie habe geschossen	**PAST (6)** geschossen haben
wir schießen	wir haben geschossen	
ihr schießet	ihr habet geschossen	*PARTICIPLE*
Sie schießen	Sie haben geschossen	**PRESENT**
sie schießen	sie haben geschossen	schießend

IMPERFECT	PLUPERFECT (4)	PAST
ich schösse	ich hätte geschossen	geschossen
du schössest	du hättest geschossen	
er/sie schösse	er/sie hätte geschossen	*IMPERATIVE*
wir schössen	wir hätten geschossen	
ihr schösset	ihr hättet geschossen	schieß(e)!
Sie schössen	Sie hättet geschossen	schießt!
sie schössen	sie hätten geschossen	schießen Sie!
		schießen wir!

FUTURE PERFECT (5) *NOTE*

ich werde geschossen haben
du wirst geschossen haben *etc*

also intransitive ('to gush'): (1) ich bin geschossen etc (2) ich war geschossen etc (3) ich sei geschossen etc (4) ich wäre geschossen etc (5) ich werde geschossen sein etc (6) geschossen sein

SCHLAFEN
to sleep

129

PRESENT	IMPERFECT	FUTURE
ich schlafe	ich schlief	ich werde schlafen
du schläfst	du schliefst	du wirst schlafen
er/sie schläft	er/sie schlief	er/sie wird schlafen
wir schlafen	wir schliefen	wir werden schlafen
ihr schlaft	ihr schlieft	ihr werdet schlafen
Sie schlafen	Sie schliefen	Sie werden schlafen
sie schlafen	sie schliefen	sie werden schlafen

PERFECT	PLUPERFECT	CONDITIONAL
ich habe geschlafen	ich hatte geschlafen	ich würde schlafen
du hast geschlafen	du hattest geschlafen	du würdest schlafen
er/sie hat geschlafen	er/sie hatte geschlafen	er/sie würde schlafen
wir haben geschlafen	wir hatten geschlafen	wir würden schlafen
ihr habt geschlafen	ihr hattet geschlafen	ihr würdet schlafen
Sie haben geschlafen	Sie hatten geschlafen	Sie würden schlafen
sie haben geschlafen	sie hatten geschlafen	sie würden schlafen

SUBJUNCTIVE

PRESENT	PERFECT
ich schlafe	ich habe geschlafen
du schlafest	du habest geschlafen
er/sie schlafe	er/sie habe geschlafen
wir schlafen	wir haben geschlafen
ihr schlafet	ihr habet geschlafen
Sie schlafen	Sie haben geschlafen
sie schlafen	sie haben geschlafen

IMPERFECT	PLUPERFECT
ich schliefe	ich hätte geschlafen
du schliefest	du hättest geschlafen
er/sie schliefe	er/sie hätte geschlafen
wir schliefen	wir hätten geschlafen
ihr schliefet	ihr hättet geschlafen
Sie schliefen	Sie hätten geschlafen
sie schliefen	sie hätten geschlafen

FUTURE PERFECT

ich werde geschlafen
haben
du wirst geschlafen
haben *etc*

INFINITIVE

PRESENT
schlafen

PAST
geschlafen haben

PARTICIPLE

PRESENT
schlafend

PAST
geschlafen

IMPERATIVE

schlaf(e)!
schlaft!
schlafen Sie!
schlafen wir!

SCHLAGEN
to beat, hit

PRESENT	**IMPERFECT**	**FUTURE**
ich schlage	ich schlug	ich werde schlagen
du schlägst	du schlugst	du wirst schlagen
er/sie schlägt	er/sie schlug	er/sie wird schlagen
wir schlagen	wir schlugen	wir werden schlagen
ihr schlagt	ihr schlugt	ihr werdet schlagen
Sie schlagen	Sie schlugen	Sie werden schlagen
sie schlagen	sie schlugen	sie werden schlagen

PERFECT	**PLUPERFECT**	**CONDITIONAL**
ich habe geschlagen	ich hatte geschlagen	ich würde schlagen
du hast geschlagen	du hattest geschlagen	du würdest schlagen
er/sie hat geschlagen	er/sie hatte geschlagen	er/sie würde schlagen
wir haben geschlagen	wir hatten geschlagen	wir würden schlagen
ihr habt geschlagen	ihr hattet geschlagen	ihr würdet schlagen
Sie haben geschlagen	Sie hatten geschlagen	Sie würden schlagen
sie haben geschlagen	sie hatten geschlagen	sie würden schlagen

SUBJUNCTIVE

PRESENT	**PERFECT**	*INFINITIVE*
ich schlage	ich habe geschlagen	**PRESENT**
du schlagest	du habest geschlagen	schlagen
er/sie schlage	er/sie habe geschlagen	**PAST**
wir schlagen	wir haben geschlagen	geschlagen haben
ihr schlaget	ihr habet geschlagen	
Sie schlagen	Sie haben geschlagen	*PARTICIPLE*
sie schlagen	sie haben geschlagen	**PRESENT**
		schlagend

IMPERFECT	**PLUPERFECT**	**PAST**
ich schlüge	ich hätte geschlagen	geschlagen
du schlügest	du hättest geschlagen	
er/sie schlüge	er/sie hätte geschlagen	*IMPERATIVE*
wir schlügen	wir hätten geschlagen	
ihr schlüget	ihr hättet geschlagen	schlag(e)!
Sie schlügen	Sie hätten geschlagen	schlagt!
sie schlügen	sie hätten geschlagen	schlagen Sie!
		schlagen wir!

FUTURE PERFECT
ich werde geschlagen
haben
du wirst geschlagen
haben *etc*

SCHLEICHEN
to creep

PRESENT	**IMPERFECT**	**FUTURE**
ich schleiche	ich schlich	ich werde schleichen
du schleichst	du schlichst	du wirst schleichen
er/sie schleicht	er/sie schlich	er/sie wird schleichen
wir schleichen	wir schlichen	wir werden schleichen
ihr schleicht	ihr schlicht	ihr werdet schleichen
Sie schleichen	Sie schlichen	Sie werden schleichen
sie schleichen	sie schlichen	sie werden schleichen

PERFECT	**PLUPERFECT**	**CONDITIONAL**
ich bin geschlichen	ich war geschlichen	ich würde schleichen
du bist geschlichen	du warst geschlichen	du würdest schleichen
er/sie ist geschlichen	er/sie war geschlichen	er/sie würde schleichen
wir sind geschlichen	wir waren geschlichen	wir würden schleichen
ihr seid geschlichen	ihr wart geschlichen	ihr würdet schleichen
Sie sind geschlichen	Sie waren geschlichen	Sie würden schleichen
sie sind geschlichen	sie waren geschlichen	sie würden schleichen

SUBJUNCTIVE

PRESENT	**PERFECT**
ich schleiche	ich sei geschlichen
du schleichest	du sei(e)st geschlichen
er/sie schleiche	er/sie sei geschlichen
wir schleichen	wir seien geschlichen
ihr schleichet	ihr seiet geschlichen
Sie schleichen	Sie seien geschlichen
sie schleichen	sie seien geschlichen

IMPERFECT	**PLUPERFECT**
ich schliche	ich wäre geschlichen
du schlichest	du wär(e)st geschlichen
er/sie schliche	er/sie wäre geschlichen
wir schlichen	wir wären geschlichen
ihr schlichet	ihr wär(e)t geschlichen
Sie schlichen	Sie wären geschlichen
sie schlichen	sie wären geschlichen

FUTURE PERFECT

ich werde geschlichen
sein
du wirst geschlichen
sein *etc*

INFINITIVE

PRESENT
schleichen

PAST
geschlichen sein

PARTICIPLE

PRESENT
schleichend

PAST
geschlichen

IMPERATIVE

schleich(e)!
schleicht!
schleichen Sie!
schleichen wir!

SCHLEIFEN
to grind, sharpen *(1)*

PRESENT	**IMPERFECT**	**FUTURE**
ich schleife	ich schliff	ich werde schleifen
du schleifst	du schliffst	du wirst schleifen
er/sie schleift	er/sie schliff	er/sie wird schleifen
wir schleifen	wir schliffen	wir werden schleifen
ihr schleift	ihr schlifft	ihr werdet schleifen
Sie schleifen	Sie schliffen	Sie werden schleifen
sie schleifen	sie schliffen	sie werden schleifen

PERFECT	**PLUPERFECT**	**CONDITIONAL**
ich habe geschliffen	ich hatte geschliffen	ich würde schleifen
du hast geschliffen	du hattest geschliffen	du würdest schleifen
er/sie hat geschliffen	er/sie hatte geschliffen	er/sie würde schleifen
wir haben geschliffen	wir hatten geschliffen	wir würden schleifen
ihr habt geschliffen	ihr hattet geschliffen	ihr würdet schleifen
Sie haben geschliffen	Sie hatten geschliffen	Sie würden schleifen
sie haben geschliffen	sie hatten geschliffen	sie würden schleifen

SUBJUNCTIVE

PRESENT	**PERFECT**	*INFINITIVE*
ich schleife	ich habe geschliffen	**PRESENT**
du schleifest	du habest geschliffen	schleifen
er/sie schleife	er/sie habe geschliffen	**PAST**
wir schleifen	wir haben geschliffen	geschliffen haben
ihr schleifet	ihr habet geschliffen	
Sie schleifen	Sie haben geschliffen	*PARTICIPLE*
sie schleifen	sie haben geschliffen	**PRESENT**

IMPERFECT	**PLUPERFECT**	schleifend
ich schliffe	ich hätte geschliffen	**PAST**
du schliffest	du hättest geschliffen	geschliffen
er/sie schliffe	er/sie hätte geschliffen	
wir schliffen	wir hätten geschliffen	*IMPERATIVE*
ihr schliffet	ihr hättet geschliffen	
Sie schliffen	Sie hätten geschliffen	schleif(e)!
sie schiiffen	sie hätten geschliffen	schleift!
		schleifen Sie!
		schleifen wir!

FUTURE PERFECT	*NOTE*
ich werde geschliffen	*(1) also a weak verb meaning 'to drag': ich*
haben	*schleifte, ich habe geschleift etc*
du wirst geschliffen	
haben *etc*	

SCHLIESSEN
to close, shut

PRESENT	**IMPERFECT**	**FUTURE**
ich schließe	ich schloß	ich werde schließen
du schließt	du schlossest	du wirst schließen
er/sie schließt	er/sie schloß	er/sie wird schließen
wir schließen	wir schlossen	wir werden schließen
ihr schließt	ihr schloßt	ihr werdet schließen
Sie schließen	Sie schlossen	Sie werden schließen
sie schließen	sie schlossen	sie werden schließen

PERFECT	**PLUPERFECT**	**CONDITIONAL**
ich habe geschlossen	ich hatte geschlossen	ich würde schließen
du hast geschlossen	du hattest geschlossen	du würdest schließen
er/sie hat geschlossen	er/sie hatte geschlossen	er/sie würde schließen
wir haben geschlossen	wir hatten geschlossen	wir würden schließen
ihr habt geschlossen	ihr hattet geschlossen	ihr würdet schließen
Sie haben geschlossen	Sie hatten geschlossen	Sie würden schließen
sie haben geschlossen	sie hatten geschlossen	sie würden schließen

SUBJUNCTIVE

PRESENT	**PERFECT**
ich schließe	ich habe geschlossen
du schließest	du habest geschlossen
er/sie schließe	er/sie habe geschlossen
wir schließen	wir haben geschlossen
ihr schließet	ihr habet geschlossen
Sie schließen	Sie haben geschlossen
sie schließen	sie haben geschlossen

IMPERFECT	**PLUPERFECT**
ich schlösse	ich hätte geschlossen
du schlössest	du hättest geschlossen
er/sie schlösse	er/sie hätte geschlossen
wir schlössen	wir hätten geschlossen
ihr schlösset	ihr hättet geschlossen
Sie schlössen	Sie hätten geschlossen
sie schlössen	sie hätten geschlossen

FUTURE PERFECT

ich werde geschlossen
haben
du wirst geschlossen
haben *etc*

INFINITIVE

PRESENT
schließen

PAST
geschlossen haben

PARTICIPLE

PRESENT
schließend

PAST
geschlossen

IMPERATIVE

schließ(e)!
schließt!
schließen Sie!
schließen wir!

134

SCHLINGEN
to tie, wrap

PRESENT	**IMPERFECT**	**FUTURE**
ich schlinge	ich schlang	ich werde schlingen
du schlingst	du schlangst	du wirst schlingen
er/sie schlingt	er/sie schlang	er/sie wird schlingen
wir schlingen	wir schlangen	wir werden schlingen
ihr schlingt	ihr schlangt	ihr werdet schlingen
Sie schlingen	Sie schlangen	Sie werden schlingen
sie schlingen	sie schlangen	sie werden schlingen

PERFECT	**PLUPERFECT**	**CONDITIONAL**
ich habe geschlungen	ich hatte geschlungen	ich würde schlingen
du hast geschlungen	du hattest geschlungen	du würdest schlingen
er/sie hat geschlungen	er/sie hatte geschlungen	er/sie würde schlingen
wir haben geschlungen	wir hatten geschlungen	wir würden schlingen
ihr habt geschlungen	ihr hattet geschlungen	ihr würdet schlingen
Sie haben geschlungen	Sie hatten geschlungen	Sie würden schlingen
sie haben geschlungen	sie hatten geschlungen	sie würden schlingen

SUBJUNCTIVE

PRESENT	**PERFECT**
ich schlinge	ich habe geschlungen
du schlingest	du habest geschlungen
er/sie schlinge	er/sie habe geschlungen
wir schlingen	wir haben geschlungen
ihr schlinget	ihr habet geschlungen
Sie schlingen	Sie haben geschlungen
sie schlingen	sie haben geschlungen

IMPERFECT	**PLUPERFECT**
ich schlänge	ich hätte geschlungen
du schlängest	du hättest geschlungen
er/sie schlänge	er/sie hätte geschlungen
wir schlängen	wir hätten geschlungen
ihr schlänget	ihr hättet geschlungen
Sie schlängen	Sie hätten geschlungen
sie schlängen	sie hätten geschlungen

FUTURE PERFECT

ich werde geschlungen
haben
du wirst geschlungen
haben *etc*

INFINITIVE
PRESENT
schlingen
PAST
geschlungen haben

PARTICIPLE
PRESENT
schlingend
PAST
geschlungen

IMPERATIVE
schling(e)!
schlingt!
schlingen Sie!
schlingen wir!

SCHMEISSEN
to sling, fling

PRESENT	IMPERFECT	FUTURE
ich schmeiße	ich schmiß	ich werde schmeißen
du schmeißt	du schmissest	du wirst schmeißen
er/sie schmeißt	er/sie schmiß	er/sie wird schmeißen
wir schmeißen	wir schmissen	wir werden schmeißen
ihr schmeißt	ihr schmißt	ihr werdet schmeißen
Sie schmeißen	Sie schmissen	Sie werden schmeißen
sie schmeißen	sie schmissen	sie werden schmeißen

PERFECT	PLUPERFECT	CONDITIONAL
ich habe geschmissen	ich hatte geschmissen	ich würde schmeißen
du hast geschmissen	du hattest geschmissen	du würdest schmeißen
er/sie hat geschmissen	er/sie hatte geschmissen	er/sie würde schmeißen
wir haben geschmissen	wir hatten geschmissen	wir würden schmeißen
ihr habt geschmissen	ihr hattet geschmissen	ihr würdet schmeißen
Sie haben geschmissen	Sie hatten geschmissen	Sie würden schmeißen
sie haben geschmissen	sie hatten geschmissen	sie würden schmeißen

SUBJUNCTIVE

PRESENT	PERFECT
ich schmeiße	ich habe geschmissen
du schmeißest	du habest geschmissen
er/sie schmeiße	er/sie habe geschmissen
wir schmeißen	wir haben geschmissen
ihr schmeißet	ihr habet geschmissen
Sie schmeißen	Sie haben geschmissen
sie schmeißen	sie haben geschmissen

IMPERFECT	PLUPERFECT
ich schmisse	ich hätte geschmissen
du schmissest	du hättest geschmissen
er/sie schmisse	er/sie hätte geschmissen
wir schmissen	wir hätten geschmissen
ihr schmisset	ihr hättet geschmissen
Sie schmissen	Sie hätten geschmissen
sie schmissen	sie hätten geschmissen

INFINITIVE

PRESENT
schmeißen

PAST
geschmissen haben

PARTICIPLE

PRESENT
schmeißend

PAST
geschmissen

IMPERATIVE

schmeiß(e)!
schmeißt!
schmeißen Sie!
schmeißen wir!

FUTURE PERFECT
ich werde geschmissen
haben
du wirst geschmissen
haben *etc*

SCHMELZEN
to melt

PRESENT	IMPERFECT	FUTURE
ich schmelze	ich schmolz	ich werde schmelzen
du schmilzt	du schmolzest	du wirst schmelzen
er/sie schmilzt	er/sie schmolz	er/sie wird schmelzen
wir schmelzen	wir schmolzen	wir werden schmelzen
ihr schmelzt	ihr schmolzt	ihr werdet schmelzen
Sie schmelzen	Sie schmolzen	Sie werden schmelzen
sie schmelzen	sie schmolzen	sie werden schmelzen

PERFECT (1)	PLUPERFECT (2)	CONDITIONAL
ich habe geschmolzen	ich hatte geschmolzen	ich würde schmelzen
du hast geschmolzen	du hattest geschmolzen	du würdest schmelzen
er/sie hat geschmolzen	er/sie hatte geschmolzen	er/sie würde schmelzen
wir haben geschmolzen	wir hatten geschmolzen	wir würden schmelzen
ihr habt geschmolzen	ihr hattet geschmolzen	ihr würdet schmelzen
Sie haben geschmolzen	Sie hatten geschmolzen	Sie würden schmelzen
sie haben geschmolzen	sie hatten geschmolzen	sie würden schmelzen

SUBJUNCTIVE

PRESENT	PERFECT (3)	INFINITIVE
ich schmelze	ich habe geschmolzen	**PRESENT**
du schmelzest	du habest geschmolzen	schmelzen
er/sie schmelze	er/sie habe geschmolzen	**PAST (6)**
wir schmelzen	wir haben geschmolzen	geschmolzen haben
ihr schmelzet	ihr habet geschmolzen	
Sie schmelzen	Sie haben geschmolzen	**PARTICIPLE**
sie schmelzen	sie haben geschmolzen	**PRESENT**
		schmelzend

IMPERFECT	PLUPERFECT (4)	
ich schmölze	ich hätte geschmolzen	**PAST**
du schmölzest	du hättest geschmolzen	geschmolzen
er/sie schmölze	er/sie hätte geschmolzen	**IMPERATIVE**
wir schmölzen	wir hätten geschmolzen	
ihr schmölzet	ihr hättet geschmolzen	schmilz!
Sie schmölzen	Sie hätten geschmolzen	schmelzt!
sie schmölzen	sie hätten geschmolzen	schmelzen Sie!
		schmelzen wir!

FUTURE PERFECT (5)

ich werde geschmolzen
haben
du wirst geschmolzen
haben *etc*

NOTE

*also intransitive: (1) ich bin geschmolzen etc (2)
ich war geschmolzen etc (3) ich sei geschmolzen
etc (4) ich wäre geschmolzen etc (5) ich werde
geschmolzen sein etc (6) geschmolzen sein*

SCHNEIDEN
to cut

PRESENT	**IMPERFECT**	**FUTURE**
ich schneide	ich schnitt	ich werde schneiden
du schneidest	du schnittst	du wirst schneiden
er/sie schneidet	er/sie schnitt	er/sie wird schneiden
wir schneiden	wir schnitten	wir werden schneiden
ihr schneidet	ihr schnittet	ihr werdet schneiden
Sie schneiden	Sie schnitten	Sie werden schneiden
sie schneiden	sie schnitten	sie werden schneiden

PERFECT	**PLUPERFECT**	**CONDITIONAL**
ich habe geschnitten	ich hatte geschnitten	ich würde schneiden
du hast geschnitten	du hattest geschnitten	du würdest schneiden
er/sie hat geschnitten	er/sie hatte geschnitten	er/sie würde schneiden
wir haben geschnitten	wir hatten geschnitten	wir würden schneiden
ihr habt geschnitten	ihr hattet geschnitten	ihr würdet schneiden
Sie haben geschnitten	Sie hatten geschnitten	Sie würden schneiden
sie haben geschnitten	sie hatten geschnitten	sie würden schneiden

SUBJUNCTIVE

PRESENT	**PERFECT**	*INFINITIVE*
ich schneide	ich habe geschnitten	**PRESENT**
du schneidest	du habest geschnitten	schneiden
er/sie schneide	er/sie habe geschnitten	**PAST**
wir schneiden	wir haben geschnitten	geschnitten haben
ihr schneidet	ihr habet geschnitten	
Sie schneiden	Sie haben geschnitten	*PARTICIPLE*
sie schneiden	sie haben geschnitten	**PRESENT**

IMPERFECT	**PLUPERFECT**	schneidend
ich schnitte	ich hätte geschnitten	**PAST**
du schnittest	du hättest geschnitten	geschnitten
er/sie schnitte	er/sie hätte geschnitten	
wir schnitten	wir hätten geschnitten	*IMPERATIVE*
ihr schnittet	ihr hättet geschnitten	schneid(e)!
Sie schnitten	Sie hätten geschnitten	schneidet!
sie schnitten	sie hätten geschnitten	schneiden Sie!
		schneiden wir!

FUTURE PERFECT

ich werde geschnitten
haben
du wirst geschnitten
haben *etc*

138

SCHREIBEN
to write

PRESENT	IMPERFECT	FUTURE
ich schreibe	ich schrieb	ich werde schreiben
du schreibst	du schriebst	du wirst schreiben
er/sie schreibt	er/sie schrieb	er/sie wird schreiben
wir schreiben	wir schrieben	wir werden schreiben
ihr schreibt	ihr schriebt	ihr werdet schreiben
Sie schreiben	Sie schrieben	Sie werden schreiben
sie schreiben	sie schrieben	sie werden schreiben

PERFECT	PLUPERFECT	CONDITIONAL
ich habe geschrieben	ich hatte geschrieben	ich würde schreiben
du hast geschrieben	du hattest geschrieben	du würdest schreiben
er/sie hat geschrieben	er/sie hatte geschrieben	er/sie würde schreiben
wir haben geschrieben	wir hatten geschrieben	wir würden schreiben
ihr habt geschrieben	ihr hattet geschrieben	ihr würdet schreiben
Sie haben geschrieben	Sie hatten geschrieben	Sie würden schreiben
sie haben geschrieben	sie hatten geschrieben	sie würden schreiben

SUBJUNCTIVE

PRESENT	PERFECT
ich schreibe	ich habe geschrieben
du schreibest	du habest geschrieben
er/sie schreibe	er/sie habe geschrieben
wir schreiben	wir haben geschrieben
ihr schreibet	ihr habet geschrieben
Sie schreiben	Sie haben geschrieben
sie schreiben	sie haben geschrieben

IMPERFECT	PLUPERFECT
ich schriebe	ich hätte geschrieben
du schriebest	du hättest geschrieben
er/sie schriebe	er/sie hätte geschrieben
wir schrieben	wir hätten geschrieben
ihr schriebet	ihr hättet geschrieben
Sie schrieben	Sie hätten geschrieben
sie schrieben	sie hätten geschrieben

FUTURE PERFECT

ich werde geschrieben
haben
du wirst geschrieben
haben *etc*

INFINITIVE

PRESENT
schreiben

PAST
geschrieben haben

PARTICIPLE

PRESENT
schreibend

PAST
geschrieben

IMPERATIVE

schreib(e)!
schreibt!
schreiben Sie!
schreiben wir!

SCHREIEN
to shout

PRESENT	IMPERFECT	FUTURE
ich schreie	ich schrie	ich werde schreien
du schreist	du schriest	du wirst schreien
er/sie schreit	er/sie schrie	er/sie wird schreien
wir schreien	wir schrien	wir werden schreien
ihr schreit	ihr schriet	ihr werdet schreien
Sie schreien	Sie schrien	Sie werden schreien
sie schreien	sie schrien	sie werden schreien

PERFECT	PLUPERFECT	CONDITIONAL
ich habe geschrie(e)n	ich hatte geschrie(e)n	ich würde schreien
du hast geschrie(e)n	du hattest geschrie(e)n	du würdest schreien
er/sie hat geschrie(e)n	er/sie hatte geschrie(e)n	er/sie würde schreien
wir haben geschrie(e)n	wir hatten geschrie(e)n	wir würden schreien
ihr habt geschrie(e)n	ihr hattet geschrie(e)n	ihr würdet schreien
Sie haben geschrie(e)n	Sie hatten geschrie(e)n	Sie würden schreien
sie haben geschrie(e)n	sie hatten geschrie(e)n	sie würden schreien

SUBJUNCTIVE

PRESENT	PERFECT
ich schreie	ich habe geschrie(e)n
du schreiest	du habest geschrie(e)n
er/sie schreie	er/sie habe geschrie(e)n
wir schreien	wir haben geschrie(e)n
ihr schreiet	ihr habet geschrie(e)n
Sie schreien	Sie haben geschrie(e)n
sie schreien	sie haben geschrie(e)n

IMPERFECT	PLUPERFECT
ich schriee	ich hätte geschrie(e)n
du schrieest	du hättest geschrie(e)n
er/sie schriee	er/sie hätte geschrie(e)n
wir schrieen	wir hätten geschrie(e)n
ihr schrieet	ihr hättet geschrie(e)n
Sie schrieen	Sie hätten geschrie(e)n
sie schrieen	sie hätten geschrie(e)n

FUTURE PERFECT
ich werde geschrie(e)n
haben
du wirst geschrie(e)n
haben *etc*

INFINITIVE

PRESENT
schreien

PAST
geschrie(e)n haben

PARTICIPLE

PRESENT
schreiend

PAST
geschrie(e)n

IMPERATIVE

schrei(e)!
schreit!
schreien Sie!
schreien wir!

140 SCHREITEN
to stride

PRESENT	IMPERFECT	FUTURE
ich schreite	ich schritt	ich werde schreiten
du schreitest	du schrittst	du wirst schreiten
er/sie schreitet	er/sie schritt	er/sie wird schreiten
wir schreiten	wir schritten	wir werden schreiten
ihr schreitet	ihr schrittet	ihr werdet schreiten
Sie schreiten	Sie schritten	Sie werden schreiten
sie schreiten	sie schritten	sie werden schreiten

PERFECT	PLUPERFECT	CONDITIONAL
ich bin geschritten	ich war geschritten	ich würde schreiten
du bist geschritten	du warst geschritten	du würdest schreiten
er/sie ist geschritten	er/sie war geschritten	er/sie würde schreiten
wir sind geschritten	wir waren geschritten	wir würden schreiten
ihr seid geschritten	ihr wart geschritten	ihr würdet schreiten
Sie sind geschritten	Sie waren geschritten	Sie würden schreiten
sie sind geschritten	sie waren geschritten	sie würden schreiten

SUBJUNCTIVE

PRESENT	PERFECT
ich schreite	ich sei geschritten
du schreitest	du sei(e)st geschritten
er/sie schreite	er/sie sei geschritten
wir schreiten	wir seien geschritten
ihr schreitet	ihr seiet geschritten
Sie schreiten	Sie seien geschritten
sie schreiten	sie seien geschritten

IMPERFECT	PLUPERFECT
ich schritte	ich wäre geschritten
du schrittest	du wär(e)st geschritten
er/sie schritte	er/sie wäre geschritten
wir schritten	wir wären geschritten
ihr schrittet	ihr wär(e)t geschritten
Sie schritten	Sie wären geschritten
sie schritten	sie wären geschritten

INFINITIVE

PRESENT
schreiten

PAST
geschritten sein

PARTICIPLE

PRESENT
schreitend

PAST
geschritten

IMPERATIVE

schreit(e)!
schreitet!
schreiten Sie!
schreiten wir!

FUTURE PERFECT
ich werde geschritten
sein
du wirst geschritten sein
etc

to be silent

PRESENT	IMPERFECT	FUTURE
ich schweige	ich schwieg	ich werde schweigen
du schweigst	du schwiegst	du wirst schweigen
er/sie schweigt	er/sie schwieg	er/sie wird schweigen
wir schweigen	wir schwiegen	wir werden schweigen
ihr schweigt	ihr schwiegt	ihr werdet schweigen
Sie schweigen	Sie schwiegen	Sie werden schweigen
sie schweigen	sie schwiegen	sie werden schweigen

PERFECT	PLUPERFECT	CONDITIONAL
ich habe geschwiegen	ich hatte geschwiegen	ich würde schweigen
du hast geschwiegen	du hattest geschwiegen	du würdest schweigen
er/sie hat geschwiegen	er/sie hatte geschwiegen	er/sie würde schweigen
wir haben geschwiegen	wir hatten geschwiegen	wir würden schweigen
ihr habt geschwiegen	ihr hattet geschwiegen	ihr würdet schweigen
Sie haben geschwiegen	Sie hatten geschwiegen	Sie würden schweigen
sie haben geschwiegen	sie hatten geschwiegen	sie würden schweigen

SUBJUNCTIVE

PRESENT	PERFECT
ich schweige	ich habe geschwiegen
du schweigest	du habest geschwiegen
er/sie schweige	er/sie habe geschwiegen
wir schweigen	wir haben geschwiegen
ihr schweiget	ihr habet geschwiegen
Sie schweigen	Sie haben geschwiegen
sie schweigen	sie haben geschwiegen

IMPERFECT	PLUPERFECT
ich schwiege	ich hätte geschwiegen
du schwiegest	du hättest geschwiegen
er/sie schwiege	er/sie hätte geschwiegen
wir schwiegen	wir hätten geschwiegen
ihr schwieget	ihr hättet geschwiegen
Sie schwiegen	Sie hätten geschwiegen
sie schwiegen	sie hätten geschwiegen

FUTURE PERFECT

ich werde geschwiegen
haben
du wirst geschwiegen
haben *etc*

INFINITIVE

PRESENT
schweigen

PAST
geschwiegen haben

PARTICIPLE

PRESENT
schweigend

PAST
geschwiegen

IMPERATIVE

schweig(e)!
schweigt!
schweigen Sie!
schweigen wir!

SCHWELLEN
to swell

PRESENT	IMPERFECT	FUTURE
ich schwelle	ich schwoll	ich werde schwellen
du schwillst	du schwollst	du wirst schwellen
er/sie schwillt	er/sie schwoll	er/sie wird schwellen
wir schwellen	wir schwollen	wir werden schwellen
ihr schwellt	ihr schwollt	ihr werdet schwellen
Sie schwellen	Sie schwollen	Sie werden schwellen
sie schwellen	sie schwollen	sie werden schwellen

PERFECT (1)	PLUPERFECT (2)	CONDITIONAL
ich bin geschwollen	ich war geschwollen	ich würde schwellen
du bist geschwollen	du warst geschwollen	du würdest schwellen
er/sie ist geschwollen	er/sie war geschwollen	er/sie würde schwellen
wir sind geschwollen	wir waren geschwollen	wir würden schwellen
ihr seid geschwollen	ihr wart geschwollen	ihr würdet schwellen
Sie sind geschwollen	Sie waren geschwollen	Sie würden schwellen
sie sind geschwollen	sie waren geschwollen	sie würden schwellen

SUBJUNCTIVE

PRESENT	PERFECT (1)	INFINITIVE
ich schwelle	ich sei geschwollen	**PRESENT**
du schwellest	du sei(e)st geschwollen	schwellen
er/sie schwelle	er/sie sei geschwollen	**PAST (5)**
wir schwellen	wir seien geschwollen	geschwollen sein
ihr schwellet	ihr seiet geschwollen	
Sie schwellen	Sie seien geschwollen	**PARTICIPLE**
sie schwellen	sie seien geschwollen	**PRESENT**
		schwellend

IMPERFECT	PLUPERFECT (3)	PAST
ich schwölle	ich wäre geschwollen	geschwollen
du schwöllest	du wär(e)st geschwollen	
er/sie schwölle	er/sie wäre geschwollen	**IMPERATIVE**
wir schwöllen	wir wären geschwollen	schwill!
ihr schwöllet	ihr wär(e)t geschwollen	schwellt!
Sie schwöllen	Sie wären geschwollen	schwellen Sie!
sie schwöllen	sie wären geschwollen	schwellen wir!

FUTURE PERFECT (4)

ich werde geschwollen
sein
du wirst geschwollen sein
etc

NOTE

also transitive: (1) ich habe geschwollen etc (2) ich hatte geschwollen etc (3) ich hätte geschwollen etc (4) ich werde geschwollen haben etc (5) geschwollen haben

SCHWIMMEN
to swim

PRESENT	**IMPERFECT**	**FUTURE**
ich schwimme	ich schwamm	ich werde schwimmen
du schwimmst	du schwammst	du wirst schwimmen
er/sie schwimmt	er/sie schwamm	er/sie wird schwimmen
wir schwimmen	wir schwammen	wir werden schwimmen
ihr schwimmt	ihr schwammt	ihr werdet schwimmen
Sie schwimmen	Sie schwammen	Sie werden schwimmen
sie schwimmen	sie schwammen	sie werden schwimmen

PERFECT	**PLUPERFECT**	**CONDITIONAL**
ich bin geschwommen	ich war geschwommen	ich würde schwimmen
du bist geschwommen	du warst geschwommen	du würdest schwimmen
er/sie ist geschwommen	er/sie war geschwommen	er/sie würde schwimmen
wir sind geschwommen	wir waren geschwommen	wir würden schwimmen
ihr seid geschwommen	ihr wart geschwommen	ihr würdet schwimmen
Sie sind geschwommen	Sie waren geschwommen	Sie würden schwimmen
sie sind geschwommen	sie waren geschwommen	sie würden schwimmen

SUBJUNCTIVE

PRESENT	**PERFECT**	*INFINITIVE*
ich schwimme	ich sei geschwommen	**PRESENT** schwimmen
du schwimmest	du sei(e)st geschwommen	**PAST**
er/sie schwimme	er/sie sei geschwommen	geschwommen sein
wir schwimmen	wir seien geschwommen	
ihr schwimmet	ihr seiet geschwommen	*PARTICIPLE*
Sie schwimmen	Sie seien geschwommen	**PRESENT**
sie schwimmen	sie seien geschwommen	schwimmend

IMPERFECT *(1)*	**PLUPERFECT**	**PAST** geschwommen
ich schwömme	ich wäre geschwommen	
du schwömmest	du wärest geschwommen	
er/sie schwömme	er/sie wäre geschwommen	*IMPERATIVE*
wir schwömmen	wir wären geschwommen	
ihr schwömmet	ihr wär(e)t geschwommen	schwimm(e)!
Sie schwömmen	Sie wären geschwommen	schwimmt!
sie schwömmen	sie wären geschwommen	schwimmen Sie!
		schwimmen wir!

FUTURE PERFECT

ich werde geschwommen
sein
du wirst geschwommen
sein *etc*

NOTE

(1) ich schwämme *etc is also possible*

SCHWINDEN
to fade, dwindle

PRESENT	IMPERFECT	FUTURE
ich schwinde	ich schwand	ich werde schwinden
du schwindest	du schwandest	du wirst schwinden
er/sie schwindet	er/sie schwand	er/sie wird schwinden
wir schwinden	wir schwanden	wir werden schwinden
ihr schwindet	ihr schwandet	ihr werdet schwinden
Sie schwinden	Sie schwanden	Sie werden schwinden
sie schwinden	sie schwanden	sie werden schwinden

PERFECT	PLUPERFECT	CONDITIONAL
ich bin geschwunden	ich war geschwunden	ich würde schwinden
du bist geschwunden	du warst geschwunden	du würdest schwinden
er/sie ist geschwunden	er/sie war geschwunden	er/sie würde schwinden
wir sind geschwunden	wir waren geschwunden	wir würden schwinden
ihr seid geschwunden	ihr wart geschwunden	ihr würdet schwinden
Sie sind geschwunden	Sie waren geschwunden	Sie würden schwinden
sie sind geschwunden	sie waren geschwunden	sie würden schwinden

SUBJUNCTIVE

PRESENT	PERFECT
ich schwinde	ich sei geschwunden
du schwindest	du sei(e)st geschwunden
er/sie schwinde	er/sie sei geschwunden
wir schwinden	wir seien geschwunden
ihr schwindet	ihr seiet geschwunden
Sie schwinden	Sie seien geschwunden
sie schwinden	sie seien geschwunden

IMPERFECT	PLUPERFECT
ich schwände	ich wäre geschwunden
du schwändest	du wär(e)st geschwunden
er/sie schwände	er/sie wäre geschwunden
wir schwänden	wir wären geschwunden
ihr schwändet	ihr wär(e)t geschwunden
Sie schwänden	Sie wären geschwunden
sie schwänden	sie wären geschwunden

FUTURE PERFECT

ich werde geschwunden
sein
du wirst geschwunden
sein *etc*

INFINITIVE

PRESENT
schwinden

PAST
geschwunden sein

PARTICIPLE

PRESENT
schwindend

PAST
geschwunden

IMPERATIVE

schwinde!
schwindet!
schwinden Sie!
schwinden wir!

SCHWINGEN
to swing

145

PRESENT	IMPERFECT	FUTURE
ich schwinge	ich schwang	ich werde schwingen
du schwingst	du schwangst	du wirst schwingen
er/sie schwingt	er/sie schwang	er/sie wird schwingen
wir schwingen	wir schwangen	wir werden schwingen
ihr schwingt	ihr schwangt	ihr werdet schwingen
Sie schwingen	Sie schwangen	Sie werden schwingen
sie schwingen	sie schwangen	sie werden schwingen

PERFECT	PLUPERFECT	CONDITIONAL
ich habe geschwungen	ich hatte geschwungen	ich würde schwingen
du hast geschwungen	du hattest geschwungen	du würdest schwingen
er/sie hat geschwungen	er/sie hatte geschwungen	er/sie würde schwingen
wir haben geschwungen	wir hatten geschwungen	wir würden schwingen
ihr habt geschwungen	ihr hattet geschwungen	ihr würdet schwingen
Sie haben geschwungen	Sie hatten geschwungen	Sie würden schwingen
sie haben geschwungen	sie hatten geschwungen	sie würden schwingen

SUBJUNCTIVE

PRESENT	PERFECT	*INFINITIVE*
ich schwinge	ich habe geschwungen	**PRESENT**
du schwingest	du habest geschwungen	schwingen
er/sie schwinge	er/sie habe geschwungen	**PAST**
wir schwingen	wir haben geschwungen	geschwungen haben
ihr schwinget	ihr habet geschwungen	
Sie schwingen	Sie haben geschwungen	*PARTICIPLE*
sie schwingen	sie haben geschwungen	**PRESENT**
		schwingend

IMPERFECT	PLUPERFECT	PAST
ich schwänge	ich hätte geschwungen	geschwungen
du schwängest	du hättest geschwungen	
er/sie schwänge	er/sie hätte geschwungen	*IMPERATIVE*
wir schwängen	wir hätten geschwungen	schwing(e)!
ihr schwänget	ihr hättet geschwungen	schwingt!
Sie schwängen	Sie hätten geschwungen	schwingen Sie!
sie schwängen	sie hätten geschwungen	schwingen wir!

FUTURE PERFECT

ich werde geschwungen
haben
du wirst geschwungen
haben *etc*

146

SCHWÖREN
to swear

PRESENT	IMPERFECT	FUTURE
ich schwöre	ich schwor	ich werde schwören
du schwörst	du schworst	du wirst schwören
er/sie schwört	er/sie schwor	er/sie wird schwören
wir schwören	wir schworen	wir werden schwören
ihr schwört	ihr schwort	ihr werdet schwören
Sie schwören	Sie schworen	Sie werden schwören
sie schwören	sie schworen	sie werden schwören

PERFECT	PLUPERFECT	CONDITIONAL
ich habe geschworen	ich hatte geschworen	ich würde schwören
du hast geschworen	du hattest geschworen	du würdest schwören
er/sie hat geschworen	er/sie hatte geschworen	er/sie würde schwören
wir haben geschworen	wir hatten geschworen	wir würden schwören
ihr habt geschworen	ihr hattet geschworen	ihr würdet schwören
Sie haben geschworen	Sie hatten geschworen	Sie würden schwören
sie haben geschworen	sie hatten geschworen	sie würden schwören

SUBJUNCTIVE

PRESENT	PERFECT
ich schwöre	ich habe geschworen
du schwörest	du habest geschworen
er/sie schwöre	er/sie habe geschworen
wir schwören	wir haben geschworen
ihr schwöret	ihr habet geschworen
Sie schwören	Sie haben geschworen
sie schwören	sie haben geschworen

IMPERFECT (1)	PLUPERFECT
ich schwüre	ich hätte geschworen
du schwürest	du hättest geschworen
er/sie schwüre	er/sie hätte geschworen
wir schwüren	wir hätten geschworen
ihr schwüret	ihr hättet geschworen
Sie schwüren	Sie hätten geschworen
sie schwüren	sie hätten geschworen

FUTURE PERFECT

ich werde geschworen
haben
du wirst geschworen
haben *etc*

INFINITIVE

PRESENT
schwören

PAST
geschworen haben

PARTICIPLE

PRESENT
schwörend

PAST
geschworen

IMPERATIVE

schwör(e)!
schwört!
schwören Sie!
schwören wir!

NOTE

(1) ich schwöre etc is also possible

PRESENT	IMPERFECT	FUTURE
ich sehe	ich sah	ich werde sehen
du siehst	du sahst	du wirst sehen
er/sie sieht	er/sie sah	er/sie wird sehen
wir sehen	wir sahen	wir werden sehen
ihr seht	ihr saht	ihr werdet sehen
Sie sehen	Sie sahen	Sie werden sehen
sie sehen	sie sahen	sie werden sehen

PERFECT	PLUPERFECT	CONDITIONAL
ich habe gesehen	ich hatte gesehen	ich würde sehen
du hast gesehen	du hattest gesehen	du würdest sehen
er/sie hat gesehen	er/sie hatte gesehen	er/sie würde sehen
wir haben gesehen	wir hatten gesehen	wir würden sehen
ihr habt gesehen	ihr hattet gesehen	ihr würdet sehen
Sie haben gesehen	Sie hatten gesehen	Sie würden sehen
sie haben gesehen	sie hatten gesehen	sie würden sehen

SUBJUNCTIVE

PRESENT	PERFECT
ich sehe	ich habe gesehen
du sehest	du habest gesehen
er/sie sehe	er/sie habe gesehen
wir sehen	wir haben gesehen
ihr sehet	ihr habet gesehen
Sie sehen	Sie haben gesehen
sie sehen	sie haben gesehen

IMPERFECT	PLUPERFECT
ich sähe	ich hätte gesehen
du sähest	du hättest gesehen
er/sie sähe	er/sie hätte gesehen
wir sähen	wir hätten gesehen
ihr sähet	ihr hättet gesehen
Sie sähen	Sie hätten gesehen
sie sähen	sie hätten gesehen

FUTURE PERFECT
ich werde gesehen haben
du wirst gesehen haben
etc

INFINITIVE

PRESENT
sehen

PAST
gesehen haben

PARTICIPLE

PRESENT
sehend

PAST
gesehen

IMPERATIVE

sieh(e)!
seht!
sehen Sie!
sehen wir!

SEIN
to be

PRESENT	IMPERFECT	FUTURE
ich bin	ich war	ich werde sein
du bist	du warst	du wirst sein
er/sie ist	er/sie war	er/sie wird sein
wir sind	wir waren	wir werden sein
ihr seid	ihr wart	ihr werdet sein
Sie sind	Sie waren	Sie werden sein
sie sind	sie waren	sie werden sein

PERFECT	PLUPERFECT	CONDITIONAL
ich bin gewesen	ich war gewesen	ich würde sein
du bist gewesen	du warst gewesen	du würdest sein
er/sie ist gewesen	er/sie war gewesen	er/sie würde sein
wir sind gewesen	wir waren gewesen	wir würden sein
ihr seid gewesen	ihr wart gewesen	ihr würdet sein
Sie sind gewesen	Sie waren gewesen	Sie würden sein
sie sind gewesen	sie waren gewesen	sie würden sein

SUBJUNCTIVE

PRESENT	PERFECT	INFINITIVE
ich sei	ich sei gewesen	**PRESENT**
du sei(e)st	du sei(e)st gewesen	sein
er/sie sei	er/sie sei gewesen	**PAST**
wir seien	wir seien gewesen	gewesen sein
ihr seiet	ihr seiet gewesen	
Sie seien	Sie seien gewesen	**PARTICIPLE**
sie seien	sie seien gewesen	**PRESENT**
		seiend

IMPERFECT	PLUPERFECT	PAST
ich wäre	ich wäre gewesen	gewesen
du wär(e)st	du wär(e)st gewesen	
er/sie wäre	er/sie wäre gewesen	**IMPERATIVE**
wir wären	wir wären gewesen	
ihr wär(e)t	ihr wär(e)t gewesen	sei!
Sie wären	Sie wären gewesen	seid!
sie wären	sie wären gewesen	seien Sie!
		seien wir!

FUTURE PERFECT

ich werde gewesen sein
du wirst gewesen sein *etc*

SENDEN
to send *(1)*

PRESENT	IMPERFECT	FUTURE
ich sende	ich sandte	ich werde senden
du sendest	du sandtest	du wirst senden
er/sie sendet	er/sie sandte	er/sie wird senden
wir senden	wir sandten	wir werden senden
ihr sendet	ihr sandtet	ihr werdet senden
Sie senden	Sie sandten	Sie werden senden
sie senden	sie sandten	sie werden senden

PERFECT	PLUPERFECT	CONDITIONAL
ich habe gesandt	ich hatte gesandt	ich würde senden
du hast gesandt	du hattest gesandt	du würdest senden
er/sie hat gesandt	er/sie hatte gesandt	er/sie würde senden
wir haben gesandt	wir hatten gesandt	wir würden senden
ihr habt gesandt	ihr hattet gesandt	ihr würdet senden
Sie haben gesandt	Sie hatten gesandt	Sie würden senden
sie haben gesandt	sie hatten gesandt	sie würden senden

SUBJUNCTIVE

PRESENT	PERFECT	*INFINITIVE*
ich sende	ich habe gesandt	**PRESENT**
du sendest	du habest gesandt	senden
er/sie sende	er/sie habe gesandt	**PAST**
wir senden	wir haben gesandt	gesandt haben
ihr sendet	ihr habet gesandt	
Sie senden	Sie haben gesandt	*PARTICIPLE*
sie senden	sie haben gesandt	**PRESENT**
		sendend

IMPERFECT	PLUPERFECT	**PAST**
ich sendete	ich hätte gesandt	gesandt
du sendetest	du hättest gesandt	
er/sie sendete	er/sie hätte gesandt	*IMPERATIVE*
wir sendeten	wir hätten gesandt	send(e)!
ihr sendetet	ihr hättet gesandt	sendet!
Sie sendeten	Sie hätten gesandt	senden Sie!
sie sendeten	sie hätten gesandt	senden wir!

FUTURE PERFECT

ich werde gesandt haben
du wirst gesandt haben
etc

NOTE

(1) also a weak verb meaning 'to broadcast': ich
sendete, ich habe gesendet *etc*

150 SINGEN
to sing

PRESENT	IMPERFECT	FUTURE
ich singe	ich sang	ich werde singen
du singst	du sangst	du wirst singen
er/sie singt	er/sie sang	er/sie wird singen
wir singen	wir sangen	wir werden singen
ihr singt	ihr sangt	ihr werdet singen
Sie singen	Sie sangen	Sie werden singen
sie singen	sie sangen	sie werden singen

PERFECT	PLUPERFECT	CONDITIONAL
ich habe gesungen	ich hatte gesungen	ich würde singen
du hast gesungen	du hattest gesungen	du würdest singen
er/sie hat gesungen	er/sie hatte gesungen	er/sie würde singen
wir haben gesungen	wir hatten gesungen	wir würden singen
ihr habt gesungen	ihr hattet gesungen	ihr würdet singen
Sie haben gesungen	Sie hatten gesungen	Sie würden singen
sie haben gesungen	sie hatten gesungen	sie würden singen

SUBJUNCTIVE

PRESENT	PERFECT	INFINITIVE
ich singe	ich habe gesungen	**PRESENT**
du singest	du habest gesungen	singen
er/sie singe	er/sie habe gesungen	**PAST**
wir singen	wir haben gesungen	gesungen haben
ihr singet	ihr habet gesungen	
Sie singen	Sie haben gesungen	**PARTICIPLE**
sie singen	sie haben gesungen	**PRESENT**
		singend

IMPERFECT	PLUPERFECT	PAST
ich sänge	ich hätte gesungen	gesungen
du sängest	du hättest gesungen	
er/sie sänge	er/sie hätte gesungen	**IMPERATIVE**
wir sängen	wir hätten gesungen	
ihr sänget	ihr hättet gesungen	sing(e)!
Sie sängen	Sie hätten gesungen	singt!
sie sängen	sie hätten gesungen	singen Sie!
		singen wir!

FUTURE PERFECT

ich werde gesungen
haben
du wirst gesungen haben
etc

SINKEN
to sink

PRESENT	IMPERFECT	FUTURE
ich sinke	ich sank	ich werde sinken
du sinkst	du sankst	du wirst sinken
er/sie sinkt	er/sie sank	er/sie wird sinken
wir sinken	wir sanken	wir werden sinken
ihr sinkt	ihr sankt	ihr werdet sinken
Sie sinken	Sie sanken	Sie werden sinken
sie sinken	sie sanken	sie werden sinken

PERFECT	PLUPERFECT	CONDITIONAL
ich bin gesunken	ich war gesunken	ich würde sinken
du bist gesunken	du warst gesunken	du würdest sinken
er/sie ist gesunken	er/sie war gesunken	er/sie würde sinken
wir sind gesunken	wir waren gesunken	wir würden sinken
ihr seid gesunken	ihr wart gesunken	ihr würdet sinken
Sie sind gesunken	Sie waren gesunken	Sie würden sinken
sie sind gesunken	sie waren gesunken	sie würden sinken

SUBJUNCTIVE

PRESENT	PERFECT
ich sinke	ich sei gesunken
du sinkest	du sei(e)st gesunken
er/sie sinke	er/sie sei gesunken
wir sinken	wir seien gesunken
ihr sinket	ihr seiet gesunken
Sie sinken	Sie seien gesunken
sie sinken	sie seien gesunken

IMPERFECT	PLUPERFECT
ich sänke	ich wäre gesunken
du sänkest	du wär(e)st gesunken
er/sie sänke	er/sie wäre gesunken
wir sänken	wir wären gesunken
ihr sänket	ihr wär(e)t gesunken
Sie sänken	Sie wären gesunken
sie sänken	sie wären gesunken

INFINITIVE
PRESENT
sinken
PAST
gesunken sein

PARTICIPLE
PRESENT
sinkend
PAST
gesunken

IMPERATIVE
sink(e)!
sinkt!
sinken Sie!
sinken wir!

FUTURE PERFECT
ich werde gesunken
sein
du wirst gesunken sein
etc

152

SINNEN
to ponder, meditate

PRESENT	IMPERFECT	FUTURE
ich sinne	ich sann	ich werde sinnen
du sinnst	du sannst	du wirst sinnen
er/sie sinnt	er/sie sann	er/sie wird sinnen
wir sinnen	wir sannen	wir werden sinnen
ihr sinnt	ihr sannt	ihr werdet sinnen
Sie sinnen	Sie sannen	Sie werden sinnen
sie sinnen	sie sannen	sie werden sinnen

PERFECT	PLUPERFECT	CONDITIONAL
ich habe gesonnen	ich hatte gesonnen	ich würde sinnen
du hast gesonnen	du hattest gesonnen	du würdest sinnen
er/sie hat gesonnen	er/sie hatte gesonnen	er/sie würde sinnen
wir haben gesonnen	wir hatten gesonnen	wir würden sinnen
ihr habt gesonnen	ihr hattet gesonnen	ihr würdet sinnen
Sie haben gesonnen	Sie hatten gesonnen	Sie würden sinnen
sie haben gesonnen	sie hatten gesonnen	sie würden sinnen

SUBJUNCTIVE

PRESENT	PERFECT	INFINITIVE
ich sinne	ich habe gesonnen	**PRESENT**
du sinnest	du habest gesonnen	sinnen
er/sie sinne	er/sie habe gesonnen	**PAST**
wir sinnen	wir haben gesonnen	gesonnen haben
ihr sinnet	ihr habet gesonnen	
Sie sinnen	Sie haben gesonnen	**PARTICIPLE**
sie sinnen	sie haben gesonnen	**PRESENT**
		sinnend

IMPERFECT	PLUPERFECT	PAST
ich sänne	ich hätte gesonnen	gesonnen
du sännest	du hättest gesonnen	
er/sie sänne	er/sie hätte gesonnen	**IMPERATIVE**
wir sännen	wir hätten gesonnen	
ihr sännet	ihr hättet gesonnen	sinn(e)!
Sie sännen	Sie hätten gesonnen	sinnt!
sie sännen	sie hätten gesonnen	sinnen Sie!
		sinnen wir!

FUTURE PERFECT

ich werde gesonnen
haben
du wirst gesonnen haben
etc

SITZEN
to sit

PRESENT	IMPERFECT	FUTURE
ich sitze	ich saß	ich werde sitzen
du sitzst	du saßest	du wirst sitzen
er/sie sitzt	er/sie saß	er/sie wird sitzen
wir sitzen	wir saßen	wir werden sitzen
ihr sitzt	ihr saßt	ihr werdet sitzen
Sie sitzen	Sie saßen	Sie werden sitzen
sie sitzen	sie saßen	sie werden sitzen

PERFECT	PLUPERFECT	CONDITIONAL
ich habe gesessen	ich hatte gesessen	ich würde sitzen
du hast gesessen	du hattest gesessen	du würdest sitzen
er/sie hat gesessen	er/sie hatte gesessen	er/sie würde sitzen
wir haben gesessen	wir hatten gesessen	wir würden sitzen
ihr habt gesessen	ihr hattet gesessen	ihr würdet sitzen
Sie haben gesessen	Sie hatten gesessen	Sie würden sitzen
sie haben gesessen	sie hatten gesessen	sie würden sitzen

SUBJUNCTIVE

PRESENT	PERFECT
ich sitze	ich habe gesessen
du sitzest	du habest gesessen
er/sie sitze	er/sie habe gesessen
wir sitzen	wir haben gesessen
ihr sitzet	ihr habet gesessen
Sie sitzen	Sie haben gesessen
sie sitzen	sie haben gesessen

IMPERFECT	PLUPERFECT
ich säße	ich hätte gesessen
du säßest	du hättest gesessen
er/sie säße	er/sie hätte gesessen
wir säßen	wir hätten gesessen
ihr säßet	ihr hättet gesessen
Sie säßen	Sie hätten gesessen
sie säßen	sie hätten gesessen

INFINITIVE
PRESENT
sitzen
PAST
gesessen haben

PARTICIPLE
PRESENT
sitzend
PAST
gesessen

IMPERATIVE
sitz(e)!
sitzt!
sitzen Sie!
sitzen wir!

FUTURE PERFECT
ich werde gesessen
haben
du wirst gesessen haben
etc

154 SOLLEN
to be supposed to

PRESENT	IMPERFECT	FUTURE
ich soll	ich sollte	ich werde sollen
du sollst	du solltest	du wirst sollen
er/sie soll	er/sie sollte	er/sie wird sollen
wir sollen	wir sollten	wir werden sollen
ihr sollt	ihr solltet	ihr werdet sollen
Sie sollen	Sie sollten	Sie werden sollen
sie sollen	sie sollten	sie werden sollen

PERFECT (1)	PLUPERFECT (2)	CONDITIONAL
ich habe gesollt	ich hatte gesollt	ich würde sollen
du hast gesollt	du hattest gesollt	du würdest sollen
er/sie hat gesollt	er/sie hatte gesollt	er/sie würde sollen
wir haben gesollt	wir hatten gesollt	wir würden sollen
ihr habt gesollt	ihr hattet gesollt	ihr würdet sollen
Sie haben gesollt	Sie hatten gesollt	Sie würden sollen
sie haben gesollt	sie hatten gesollt	sie würden sollen

SUBJUNCTIVE

PRESENT	PERFECT (1)
ich solle	ich habe gesollt
du sollest	du habest gesollt
er/sie solle	er/sie habe gesollt
wir sollen	wir haben gesollt
ihr sollet	ihr habet gesollt
Sie sollen	Sie haben gesollt
sie sollen	sie haben gesollt

IMPERFECT	PLUPERFECT (3)
ich sollte	ich hätte gesollt
du solltest	du hättest gesollt
er/sie sollte	er/sie hätte gesollt
wir sollten	wir hätten gesollt
ihr solltet	ihr hättet gesollt
Sie sollten	Sie hätten gesollt
sie sollten	sie hätten gesollt

INFINITIVE

PRESENT
sollen

PAST
gesollt haben

PARTICIPLE

PRESENT
sollend

PAST
gesollt

NOTE
*when preceded by an infinitive: (1) ich habe . . .
sollen etc (2) ich hatte . . . sollen etc (3) ich
hätte . . . sollen etc*

PRESENT	**IMPERFECT**	**FUTURE**
ich speie	ich spie	ich werde speien
du speist	du spiest	du wirst speien
er/sie speit	er/sie spie	er/sie wird speien
wir speien	wir spien	wir werden speien
ihr speit	ihr spiet	ihr werdet speien
Sie speien	Sie spien	Sie werden speien
sie speien	sie spien	sie werden speien

PERFECT	**PLUPERFECT**	**CONDITIONAL**
ich habe gespie(e)n	ich hatte gespie(e)n	ich würde speien
du hast gespie(e)n	du hattest gespie(e)n	du würdest speien
er/sie hat gespie(e)n	er/sie hatte gespie(e)n	er/sie würde speien
wir haben gespie(e)n	wir hatten gespie(e)n	wir würden speien
ihr habt gespie(e)n	ihr hattet gespie(e)n	ihr würdet speien
Sie haben gespie(e)n	Sie hatten gespie(e)n	Sie würden speien
sie haben gespie(e)n	sie hatten gespie(e)n	sie würden speien

SUBJUNCTIVE

PRESENT	**PERFECT**
ich speie	ich habe gespie(e)n
du speiest	du habest gespie(e)n
er/sie speie	er/sie habe gespie(e)n
wir speien	wir haben gespie(e)n
ihr speiet	ihr habet gespie(e)n
Sie speien	Sie haben gespie(e)n
sie speien	sie haben gespie(e)n

IMPERFECT	**PLUPERFECT**
ich spiee	ich hätte gespie(e)n
du speiest	du hättest gespie(e)n
er/sie spiee	er/sie hätte gespie(e)n
wir spieen	wir hätten gespie(e)n
ihr spieet	ihr hättet gespie(e)n
Sie spieen	Sie hätten gespie(e)n
sie spieen	sie hätten gespie(e)n

FUTURE PERFECT

ich werde gespie(e)n
haben
du wirst gespie(e)n
haben *etc*

INFINITIVE

PRESENT
speien
PAST
gespie(e)n haben

PARTICIPLE

PRESENT
speiend
PAST
gespie(e)n

IMPERATIVE

spei(e)!
speit!
speien Sie!
speien wir!

SPINNEN
to spin

PRESENT	IMPERFECT	FUTURE
ich spinne	ich spann	ich werde spinnen
du spinnst	du spannst	du wirst spinnen
er/sie spinnt	er/sie spann	er/sie wird spinnen
wir spinnen	wir spannen	wir werden spinnen
ihr spinnt	ihr spannt	ihr werdet spinnen
Sie spinnen	Sie spannen	Sie werden spinnen
sie spinnen	sie spannen	sie werden spinnen

PERFECT	PLUPERFECT	CONDITIONAL
ich habe gesponnen	ich hatte gesponnen	ich würde spinnen
du hast gesponnen	du hattest gesponnen	du würdest spinnen
er/sie hat gesponnen	er/sie hatte gesponnen	er/sie würde spinnen
wir haben gesponnen	wir hatten gesponnen	wir würden spinnen
ihr habt gesponnen	ihr hattet gesponnen	ihr würdet spinnen
Sie haben gesponnen	Sie hatten gesponnen	Sie würden spinnen
sie haben gesponnen	sie hatten gesponnen	sie würden spinnen

SUBJUNCTIVE

PRESENT	PERFECT	INFINITIVE
ich spinne	ich habe gesponnen	**PRESENT**
du spinnest	du habest gesponnen	spinnen
er/sie spinne	er/sie habe gesponnen	**PAST**
wir spinnen	wir haben gesponnen	gesponnen haben
ihr spinnet	ihr habet gesponnen	
Sie spinnen	Sie haben gesponnen	
sie spinnen	sie haben gesponnen	

PARTICIPLE

PRESENT
spinnend

IMPERFECT (1)	PLUPERFECT	PAST
ich spönne	ich hätte gesponnen	gesponnen
du spönnest	du hättest gesponnen	
er/sie spönne	er/sie hätte gesponnen	
wir spönnen	wir hätten gesponnen	
ihr spönnet	ihr hättet gesponnen	
Sie spönnen	Sie hätten gesponnen	
sie spönnen	sie hätten gesponnen	

IMPERATIVE

spinn(e)!
spinnt!
spinnen Sie!
spinnen wir!

FUTURE PERFECT
ich werde gesponnen
haben
du wirst gesponnen
haben *etc*

NOTE

(1) ich spänne etc is also possible

SPRECHEN
to speak

PRESENT	**IMPERFECT**	**FUTURE**
ich spreche	ich sprach	ich werde sprechen
du sprichst	du sprachst	du wirst sprechen
er/sie spricht	er/sie sprach	er/sie wird sprechen
wir sprechen	wir sprachen	wir werden sprechen
ihr sprecht	ihr spracht	ihr werdet sprechen
Sie sprechen	Sie sprachen	Sie werden sprechen
sie sprechen	sie sprachen	sie werden sprechen

PERFECT	**PLUPERFECT**	**CONDITIONAL**
ich habe gesprochen	ich hatte gesprochen	ich würde sprechen
du hast gesprochen	du hattest gesprochen	du würdest sprechen
er/sie hat gesprochen	er/sie hatte gesprochen	er/sie würde sprechen
wir haben gesprochen	wir hatten gesprochen	wir würden sprechen
ihr habt gesprochen	ihr hattet gesprochen	ihr würdet sprechen
Sie haben gesprochen	Sie hatten gesprochen	Sie würden sprechen
sie haben gesprochen	sie hatten gesprochen	sie würden sprechen

SUBJUNCTIVE

PRESENT	**PERFECT**
ich spreche	ich habe gesprochen
du sprechest	du habest gesprochen
er/sie spreche	er/sie habe gesprochen
wir sprechen	wir haben gesprochen
ihr sprechet	ihr habet gesprochen
Sie sprechen	Sie haben gesprochen
sie sprechen	sie haben gesprochen

IMPERFECT	**PLUPERFECT**
ich spräche	ich hätte gesprochen
du sprächest	du hättest gesprochen
er/sie spräche	er/sie hätte gesprochen
wir sprächen	wir hätten gesprochen
ihr sprächet	ihr hättet gesprochen
Sie sprächen	Sie hätten gesprochen
sie sprächen	sie hätten gesprochen

FUTURE PERFECT

ich werde gesprochen
haben
du wirst gesprochen
haben *etc*

INFINITIVE

PRESENT
sprechen
PAST
gesprochen haben

PARTICIPLE

PRESENT
sprechend
PAST
gesprochen

IMPERATIVE

sprich!
sprecht!
sprechen Sie!
sprechen wir!

SPRIESSEN
to sprout

PRESENT	IMPERFECT	FUTURE
ich sprieße	ich sproß	ich werde sprießen
du sprießt	du sprossest	du wirst sprießen
er/sie sprießt	er/sie sproß	er/sie wird sprießen
wir sprießen	wir sprossen	wir werden sprießen
ihr sprießt	ihr sproßt	ihr werdet sprießen
Sie sprießen	Sie sprossen	Sie werden sprießen
sie sprießen	sie sprossen	sie werden sprießen

PERFECT	PLUPERFECT	CONDITIONAL
ich bin gesprossen	ich war gesprossen	ich würde sprießen
du bist gesprossen	du warst gesprossen	du würdest sprießen
er/sie ist gesprossen	er/sie war gesprossen	er/sie würde sprießen
wir sind gesprossen	wir waren gesprossen	wir würden sprießen
ihr seid gesprossen	ihr wart gesprossen	ihr würdet sprießen
Sie sind gesprossen	Sie waren gesprossen	Sie würden sprießen
sie sind gesprossen	sie waren gesprossen	sie würden sprießen

SUBJUNCTIVE

PRESENT	PERFECT
ich sprieße	ich sei gesprossen
du sprießest	du sei(e)st gesprossen
er/sie sprieße	er/sie sei gesprossen
wir sprießen	wir seien gesprossen
ihr sprießet	ihr seiet gesprossen
Sie sprießen	Sie seien gesprossen
sie sprießen	sie seien gesprossen

IMPERFECT	PLUPERFECT
ich sprösse	ich wäre gesprossen
du sprössest	du wär(e)st gesprossen
er/sie sprösse	er/sie wäre gesprossen
wir sprössen	wir wären gesprossen
ihr sprösset	ihr wär(e)t gesprossen
Sie sprössen	Sie wären gesprossen
sie sprössen	sie wären gesprossen

INFINITIVE

PRESENT
sprießen

PAST
gesprossen sein

PARTICIPLE

PRESENT
sprießend

PAST
gesprossen

IMPERATIVE

sprieß(e)!
sprießt!
sprießen Sie!
sprießen wir!

FUTURE PERFECT

ich werde gesprossen sein
du wirst gesprossen sein
etc

SPRINGEN
to jump

PRESENT	**IMPERFECT**	**FUTURE**
ich springe	ich sprang	ich werde springen
du springst	du sprangst	du wirst springen
er/sie springt	er/sie sprang	er/sie wird springen
wir springen	wir sprangen	wir werden springen
ihr springt	ihr sprangt	ihr werdet springen
Sie springen	Sie sprangen	Sie werden springen
sie springen	sie sprangen	sie werden springen

PERFECT	**PLUPERFECT**	**CONDITIONAL**
ich bin gesprungen	ich war gesprungen	ich würde springen
du bist gesprungen	du warst gesprungen	du würdest springen
er/sie ist gesprungen	er/sie war gesprungen	er/sie würde springen
wir sind gesprungen	wir waren gesprungen	wir würden springen
ihr seid gesprungen	ihr wart gesprungen	ihr würdet springen
Sie sind gesprungen	Sie waren gesprungen	Sie würden springen
sie sind gesprungen	sie waren gesprungen	sie würden springen

SUBJUNCTIVE

PRESENT	**PERFECT**
ich springe	ich sei gesprungen
du springest	du sei(e)st gesprungen
er/sie springe	er/sie sei gesprungen
wir springen	wir seien gesprungen
ihr springet	ihr seiet gesprungen
Sie springen	Sie seien gesprungen
sie springen	sie seien gesprungen

IMPERFECT	**PLUPERFECT**
ich spränge	ich wäre gesprungen
du sprängest	du wärest gesprungen
er/sie spränge	er/sie wäre gesprungen
wir sprängen	wir wären gesprungen
ihr spränget	ihr wär(e)t gesprungen
Sie sprängen	Sie wären gesprungen
sie sprängen	sie wären gesprungen

FUTURE PERFECT
ich werde gesprungen
sein
du wirst gesprungen
sein *etc*

INFINITIVE
PRESENT
springen
PAST
gesprungen sein

PARTICIPLE
PRESENT
springend
PAST
gesprungen

IMPERATIVE
spring(e)!
springt!
springen Sie!
springen wir!

STECHEN
to sting, prick

PRESENT

ich steche
du stichst
er/sie sticht
wir stechen
ihr stecht
Sie stechen
sie stechen

IMPERFECT

ich stach
du stachst
er/sie stach
wir stachen
ihr stacht
Sie stachen
sie stachen

FUTURE

ich werde stechen
du wirst stechen
er/sie wird stechen
wir werden stechen
ihr werdet stechen
Sie werden stechen
sie werden stechen

PERFECT

ich habe gestochen
du hast gestochen
er/sie hat gestochen
wir haben gestochen
ihr habt gestochen
Sie haben gestochen
sie haben gestochen

PLUPERFECT

ich hatte gestochen
du hattest gestochen
er/sie hatte gestochen
wir hatten gestochen
ihr hattet gestochen
Sie hatten gestochen
sie hatten gestochen

CONDITIONAL

ich würde stechen
du würdest stechen
er/sie würde stechen
wir würden stechen
ihr würdet stechen
Sie würden stechen
sie würden stechen

SUBJUNCTIVE

PRESENT

ich steche
du stechest
er/sie steche
wir stechen
ihr stechet
Sie stechen
sie stechen

PERFECT

ich habe gestochen
du habest gestochen
er/sie habe gestochen
wir haben gestochen
ihr habet gestochen
Sie haben gestochen
sie haben gestochen

INFINITIVE

PRESENT
stechen
PAST
gestochen haben

PARTICIPLE

PRESENT
stechend

IMPERFECT

ich stäche
du stächest
er/sie stäche
wir stächen
ihr stächet
Sie stächen
sie stächen

PLUPERFECT

ich hätte gestochen
du hättest gestochen
er/sie hätte gestochen
wir hätten gestochen
ihr hättet gestochen
Sie hätten gestochen
sie hätten gestochen

PAST
gestochen

IMPERATIVE

stich!
stecht!
stechen Sie!
stechen wir!

FUTURE PERFECT

ich werde gestochen
haben
du wirst gestochen haben
etc

STECKEN
to be (stuck) *(1)*

STECKEN

161

PRESENT	**IMPERFECT** *(2)*	**FUTURE**
ich stecke	ich stak	ich werde stecken
du steckst	du stakst	du wirst stecken
er/sie steckt	er/sie stak	er/sie wird stecken
wir stecken	wir staken	wir werden stecken
ihr steckt	ihr stakt	ihr werdet stecken
Sie stecken	Sie staken	Sie werden stecken
sie stecken	sie staken	sie werden stecken

PERFECT	**PLUPERFECT**	**CONDITIONAL**
ich habe gesteckt	ich hatte gesteckt	ich würde stecken
du hast gesteckt	du hattest gesteckt	du würdest stecken
er/sie hat gesteckt	er/sie hatte gesteckt	er/sie würde stecken
wir haben gesteckt	wir hatten gesteckt	wir würden stecken
ihr habt gesteckt	ihr hattet gesteckt	ihr würdet stecken
Sie haben gesteckt	Sie hatten gesteckt	Sie würden stecken
sie haben gesteckt	sie hatten gesteckt	sie würden stecken

SUBJUNCTIVE

INFINITIVE

PRESENT	**PERFECT**	**PRESENT**
ich stecke	ich habe gesteckt	stecken
du steckest	du habest gesteckt	**PAST**
er/sie stecke	er/sie habe gesteckt	gesteckt haben
wir stecken	wir haben gesteckt	
ihr stecket	ihr habet gesteckt	*PARTICIPLE*
Sie stecken	Sie haben gesteckt	**PRESENT**
sie stecken	sie haben gesteckt	steckend

IMPERFECT	**PLUPERFECT**	**PAST**
ich stäke	ich hätte gesteckt	gesteckt
du stäkest	du hättest gesteckt	
er/sie stäke	er/sie hätte gesteckt	*IMPERATIVE*
wir stäken	wir hätten gesteckt	steck(e)!
ihr stäket	ihr hättet gesteckt	steckt!
Sie stäken	Sie hätten gesteckt	stecken Sie!
sie stäken	sie hätten gesteckt	stecken wir!

FUTURE PERFECT	*NOTE*
ich werde gesteckt haben	*(1) also a weak verb meaning 'to put'*: ich steckte
du wirst gesteckt haben	*etc*
etc	*(2)* ich steckte, du stecktest *etc is also possible*

PRESENT	**IMPERFECT**	**FUTURE**
ich stehe	ich stand	ich werde stehen
du stehst	du standst	du wirst stehen
er/sie steht	er/sie stand	er/sie wird stehen
wir stehen	wir standen	wir werden stehen
ihr steht	ihr standet	ihr werdet stehen
Sie stehen	Sie standen	Sie werden stehen
sie stehen	sie standen	sie werden stehen

PERFECT	**PLUPERFECT**	**CONDITIONAL**
ich habe gestanden	ich hatte gestanden	ich würde stehen
du hast gestanden	du hattest gestanden	du würdest stehen
er/sic hat gestanden	er/sie hatte gestanden	er/sie würde stehen
wir haben gestanden	wir hatten gestanden	wir würden stehen
ihr habt gestanden	ihr hattet gestanden	ihr würdet stehen
Sie haben gestanden	Sie hatten gestanden	Sie würden stehen
sie haben gestanden	sie hatten gestanden	sie würden stehen

SUBJUNCTIVE

PRESENT	**PERFECT**	*INFINITIVE*
ich stehe	ich habe gestanden	**PRESENT**
du stehest	du habest gestanden	stehen
er/sie stehe	er/sie habe gestanden	**PAST**
wir stehen	wir haben gestanden	gestanden haben
ihr stehet	ihr habet gestanden	
Sie stehen	Sie habet gestanden	*PARTICIPLE*
sie stehen	sie haben gestanden	**PRESENT**
		stehend

IMPERFECT *(1)*	**PLUPERFECT**	**PAST**
ich stünde	ich hätte gestanden	gestanden
du stündest	du hättest gestanden	
er/sie stünde	er/sie hätte gestanden	*IMPERATIVE*
wir stünden	wir hätten gestanden	steh(e)!
ihr stündet	ihr hättet gestanden	steht!
Sie stünden	Sie hätten gestanden	stehen Sie!
sie stünden	sie hätten gestanden	stehen wir!

FUTURE PERFECT	*NOTE*
ich werde gestanden haben	*(1)* ich stände, du ständest *etc is also possible*
du wirst gestanden haben	
etc	

STEHLEN
to steal

PRESENT	**IMPERFECT**	**FUTURE**
ich stehle	ich stahl	ich werde stehlen
du stiehlst	du stahlst	du wirst stehlen
er/sie stiehlt	er/sie stahl	er/sie wird stehlen
wir stehlen	wir stahlen	wir werden stehlen
ihr stehlt	ihr stahlt	ihr werdet stehlen
Sie stehlen	Sie stahlen	Sie werden stehlen
sie stehlen	sie stahlen	sie werden stehlen

PERFECT	**PLUPERFECT**	**CONDITIONAL**
ich habe gestohlen	ich hatte gestohlen	ich würde stehlen
du hast gestohlen	du hattest gestohlen	du würdest stehlen
er/sie hat gestohlen	er/sie hatte gestohlen	er/sie würde stehlen
wir haben gestohlen	wir hatten gestohlen	wir würden stehlen
ihr habt gestohlen	ihr hattet gestohlen	ihr würdet stehlen
Sie haben gestohlen	Sie hatten gestohlen	Sie würden stehlen
sie haben gestohlen	sie hatten gestohlen	sie würden stehlen

SUBJUNCTIVE

PRESENT	**PERFECT**
ich stehle	ich habe gestohlen
du stehlest	du habest gestohlen
er/sie stehle	er/sie habe gestohlen
wir stehlen	wir haben gestohlen
ihr stehlet	ihr habet gestohlen
Sie stehlen	Sie haben gestohlen
sie stehlen	sie haben gestohlen

IMPERFECT	**PLUPERFECT**
ich stähle	ich hätte gestohlen
du stählest	du hättest gestohlen
er/sie stähle	er/sie hätte gestohlen
wir stählen	wir hätten gestohlen
ihr stählet	ihr hättet gestohlen
Sie stählen	Sie hätten gestohlen
sie stählen	sie hätten gestohlen

FUTURE PERFECT

ich werde gestohlen
haben
du wirst gestohlen haben
etc

INFINITIVE

PRESENT
stehlen
PAST
gestohlen haben

PARTICIPLE

PRESENT
stehlend
PAST
gestohlen

IMPERATIVE

stiehl!
stehlt!
stehlen Sie!
stehlen wir!

164   STEIGEN
to climb

PRESENT	IMPERFECT	FUTURE
ich steige	ich stieg	ich werde steigen
du steigst	du stiegst	du wirst steigen
er/sie steigt	er/sie stieg	er/sie wird steigen
wir steigen	wir stiegen	wir werden steigen
ihr steigt	ihr stiegt	ihr werdet steigen
Sie steigen	Sie steigen	Sie werden steigen
sie steigen	sie stiegen	sie werden steigen

PERFECT	PLUPERFECT	CONDITIONAL
ich bin gestiegen	ich war gestiegen	ich würde steigen
du bist gestiegen	du warst gestiegen	du würdest steigen
er/sie ist gestiegen	er/sie war gestiegen	er/sie würde steigen
wir sind gestiegen	wir waren gestiegen	wir würden steigen
ihr seid gestiegen	ihr wart gestiegen	ihr würdet steigen
Sie sind gestiegen	Sie waren gestiegen	Sie würden steigen
sie sind gestiegen	sie waren gestiegen	sie würden steigen

SUBJUNCTIVE

PRESENT	PERFECT	INFINITIVE
ich steige	ich sei gestiegen	**PRESENT**
du steigest	du sei(e)st gestiegen	steigen
er/sie steige	er/sie sei gestiegen	**PAST**
wir steigen	wir seien gestiegen	gestiegen sein
ihr steiget	ihr seiet gestiegen	
Sie steigen	Sie seien gestiegen	**PARTICIPLE**
sie steigen	sie seien gestiegen	**PRESENT**
		steigend

IMPERFECT	PLUPERFECT	PAST
ich stiege	ich wäre gestiegen	gestiegen
du stiegest	du wär(e)st gestiegen	
er/sie stiege	er/sie wäre gestiegen	**IMPERATIVE**
wir stiegen	wir wären gestiegen	
ihr stieget	ihr wär(e)t gestiegen	steig(e)!
Sie stiegen	Sie wären gestiegen	steigt!
sie stiegen	sie wären gestiegen	steigen Sie!
		steigen wir!

FUTURE PERFECT

ich werde gestiegen sein
du wirst gestiegen sein
etc

STERBEN
to die

PRESENT	IMPERFECT	FUTURE
ich sterbe	ich starb	ich werde sterben
du stirbst	du starbst	du wirst sterben
er/sie stirbt	er/sie starb	er/sie wird sterben
wir sterben	wir starben	wir werden sterben
ihr sterbt	ihr starbt	ihr werdet sterben
Sie sterben	Sie starben	Sie werden sterben
sie sterben	sie starben	sie werden sterben

PERFECT	PLUPERFECT	CONDITIONAL
ich bin gestorben	ich war gestorben	ich würde sterben
du bist gestorben	du warst gestorben	du würdest sterben
er/sie ist gestorben	er/sie war gestorben	er/sie würde sterben
wir sind gestorben	wir waren gestorben	wir würden sterben
ihr seid gestorben	ihr wart gestorben	ihr würdet sterben
Sie sind gestorben	Sie waren gestorben	Sie würden sterben
sie sind gestorben	sie waren gestorben	sie würden sterben

SUBJUNCTIVE

PRESENT	PERFECT
ich sterbe	ich sei gestorben
du sterbest	du sei(e)st gestorben
er/sie sterbe	er/sie sei gestorben
wir sterben	wir seien gestorben
ihr sterbet	ihr seiet gestorben
Sie sterben	Sie seien gestorben
sie sterben	sie seien gestorben

IMPERFECT	PLUPERFECT
ich stürbe	ich wäre gestorben
du stürbest	du wärest gestorben
er/sie stürbe	er/sie wäre gestorben
wir stürben	wir wären gestorben
ihr stürbet	ihr wär(e)t gestorben
Sie stürben	Sie wären gestorben
sie stürben	sie wären gestorben

FUTURE PERFECT

ich werde gestorben
sein
du wirst gestorben sein
etc

INFINITIVE

PRESENT
sterben

PAST
gestorben sein

PARTICIPLE

PRESENT
sterbend

PAST
gestorben

IMPERATIVE

stirb!
sterbt!
sterben Sie!
sterben wir!

PRESENT	**IMPERFECT**	**FUTURE**
ich stinke	ich stank	ich werde stinken
du stinkst	du stankst	du wirst stinken
er/sie stinkt	er/sie stank	er/sie wird stinken
wir stinken	wir stanken	wir werden stinken
ihr stinkt	ihr stankt	ihr werdet stinken
Sie stinken	Sie stanken	Sie werden stinken
sie stinken	sie stanken	sie werden stinken

PERFECT	**PLUPERFECT**	**CONDITIONAL**
ich habe gestunken	ich hatte gestunken	ich würde stinken
du hast gestunken	du hattest gestunken	du würdest stinken
er/sie hat gestunken	er/sie hatte gestunken	er/sie würde stinken
wir haben gestunken	wir hatten gestunken	wir würden stinken
ihr habt gestunken	ihr hattet gestunken	ihr würdet stinken
Sie haben gestunken	Sie hatten gestunken	Sie würden stinken
sie haben gestunken	sie hatten gestunken	sie würden stinken

SUBJUNCTIVE

PRESENT	**PERFECT**
ich stinke	ich habe gestunken
du stinkest	du habest gestunken
er/sie stinke	er/sie habe gestunken
wir stinken	wir haben gestunken
ihr stinket	ihr habet gestunken
Sie stinken	Sie haben gestunken
sie stinken	sie haben gestunken

IMPERFECT	**PLUPERFECT**
ich stänke	ich hätte gestunken
du stänkest	du hättest gestunken
er/sie stänke	er/sie hätte gestunken
wir stänken	wir hätten gestunken
ihr stänket	ihr hättet gestunken
Sie stänken	Sie hätten gestunken
sie stänken	sie hätten gestunken

INFINITIVE

PRESENT
stinken

PAST
gestunken haben

PARTICIPLE

PRESENT
stinkend

PAST
gestunken

IMPERATIVE

stink(e)!
stinkt!
stinken Sie!
stinken wir!

FUTURE PERFECT
ich werde gestunken
haben
du wirst gestunken haben
etc

STOSSEN
to push

PRESENT	**IMPERFECT**	**FUTURE**
ich stoße	ich stieß	ich werde stoßen
du stößt	du stießt	du wirst stoßen
er/sie stößt	er/sie stieß	er/sie wird stoßen
wir stoßen	wir stießen	wir werden stoßen
ihr stoßt	ihr stießt	ihr werdet stoßen
Sie stoßen	Sie stießen	Sie werden stoßen
sie stoßen	sie stießen	sie werden stoßen

PERFECT *(1)*	**PLUPERFECT** *(2)*	**CONDITIONAL**
ich habe gestoßen	ich hatte gestoßen	ich würde stoßen
du hast gestoßen	du hattest gestoßen	du würdest stoßen
er/sie hat gestoßen	er/sie hatte gestoßen	er/sie würde stoßen
wir haben gestoßen	wir hatten gestoßen	wir würden stoßen
ihr habt gestoßen	ihr hattet gestoßen	ihr würdet stoßen
Sie haben gestoßen	Sie hatten gestoßen	Sie würden stoßen
sie haben gestoßen	sie hatten gestoßen	sie würden stoßen

SUBJUNCTIVE

PRESENT	**PERFECT** *(3)*	**INFINITIVE**
ich stoße	ich habe gestoßen	**PRESENT**
du stoßest	du habest gestoßen	stoßen
er/sie stoße	er/sie habe gestoßen	**PAST** *(6)*
wir stoßen	wir haben gestoßen	gestoßen haben
ihr stoßet	ihr habet gestoßen	
Sie stoßen	Sie haben gestoßen	**PARTICIPLE**
sie stoßen	sie haben gestoßen	

IMPERFECT	**PLUPERFECT** *(4)*	**PRESENT**
ich stieße	ich hätte gestoßen	stoßend
du stießest	du hättest gestoßen	**PAST**
er/sie stieße	er/sie hätte gestoßen	gestoßen
wir stießen	wir hätten gestoßen	
ihr stießet	ihr hättet gestoßen	**IMPERATIVE**
Sie stießen	Sie hätten gestoßen	stoß(e)!
sie stießen	sie hätten gestoßen	stoßt!
		stoßen Sie!
		stoßen wir!

FUTURE PERFECT *(5)*

ich werde gestoßen
haben
du wirst gestoßen haben
etc

NOTE

also intransitive with preposition ('to run into'): (1)
ich bin gestoßen *etc* (2) ich war gestoßen *etc* (3)
ich sei gestoßen *etc* (4) ich wäre gestoßen *etc* (5)
ich werde gestoßen sein *etc* (6) gestoßen sein

168

STREICHEN
to paint, spread, stroke, delete

PRESENT	IMPERFECT	FUTURE
ich streiche	ich strich	ich werde streichen
du streichst	du strichst	du wirst streichen
er/sie streicht	er/sie strich	er/sie wird streichen
wir streichen	wir strichen	wir werden streichen
ihr streicht	ihr stricht	ihr werdet streichen
Sie streichen	Sie strichen	Sie werden streichen
sie streichen	sie strichen	sie werden streichen

PERFECT (1)	PLUPERFECT (2)	CONDITIONAL
ich habe gestrichen	ich hatte gestrichen	ich würde streichen
du hast gestrichen	du hattest gestrichen	du würdest streichen
er/sie hat gestrichen	er/sie hatte gestrichen	er/sie würde streichen
wir haben gestrichen	wir hatten gestrichen	wir würden streichen
ihr habt gestrichen	ihr hattet gestrichen	ihr würdet streichen
Sie haben gestrichen	Sie hatten gestrichen	Sie würden streichen
sie haben gestrichen	sie hatten gestrichen	sie würden streichen

SUBJUNCTIVE

PRESENT	PERFECT (3)	INFINITIVE
ich streiche	ich habe gestrichen	**PRESENT** streichen
du streichest	du habest gestrichen	**PAST (6)**
er/sie streiche	er/sie habe gestrichen	gestrichen haben
wir streichen	wir haben gestrichen	
ihr streichet	ihr habet gestrichen	**PARTICIPLE**
Sie streichen	Sie haben gestrichen	**PRESENT**
sie streichen	sie haben gestrichen	streichend

IMPERFECT	PLUPERFECT (4)	PAST
ich striche	ich hätte gestrichen	gestrichen
du strichest	du hättest gestrichen	
er/sie striche	er/sie hätte gestrichen	**IMPERATIVE**
wir strichen	wir hätten gestrichen	
ihr strichet	ihr hättet gestrichen	streich(e)!
Sie strichen	Sie hätten gestrichen	streicht!
sie strichen	sie hätten gestrichen	streichen Sie! streichen wir!

FUTURE PERFECT (5)	NOTE
ich werde gestrichen haben	*also intransitive with preposition ('to sweep, brush past'): (1) ich bin gestrichen etc (2) ich war gestrichen etc (3) ich sei gestrichen etc (4) ich wäre gestrichen etc (5) ich werde gestrichen sein etc (6) gestrichen sein*
du wirst gestrichen haben etc	

STREITEN
to quarrel

PRESENT	**IMPERFECT**	**FUTURE**
ich streite	ich stritt	ich werde streiten
du streitest	du strittst	du wirst streiten
er/sie streitet	er/sie stritt	er/sie wird streiten
wir streiten	wir stritten	wir werden streiten
ihr streitet	ihr strittet	ihr werdet streiten
Sie streiten	Sie stritten	Sie werden streiten
sie streiten	sie stritten	sie werden streiten

PERFECT	**PLUPERFECT**	**CONDITIONAL**
ich habe gestritten	ich hatte gestritten	ich würde streiten
du hast gestritten	du hattest gestritten	du würdest streiten
er/sie hat gestritten	er/sie hatte gestritten	er/sie würde streiten
wir haben gestritten	wir hatten gestritten	wir würden streiten
ihr habt gestritten	ihr hattet gestritten	ihr würdet streiten
Sie haben gestritten	Sie hatten gestritten	Sie würden streiten
sie haben gestritten	sie hatten gestritten	sie würden streiten

SUBJUNCTIVE

PRESENT	**PERFECT**
ich streite	ich habe gestritten
du streitest	du habest gestritten
er/sie streite	er/sie habe gestritten
wir streiten	wir haben gestritten
ihr streitet	ihr habet gestritten
Sie streiten	Sie haben gestritten
sie streiten	sie haben gestritten

IMPERFECT	**PLUPERFECT**
ich stritte	ich hätte gestritten
du strittest	du hättest gestritten
er/sie stritte	er/sie hätte gestritten
wir stritten	wir hätten gestritten
ihr strittet	ihr hättet gestritten
Sie stritten	Sie hätten gestritten
sie stritten	sie hätten gestritten

FUTURE PERFECT

ich werde gestritten
haben
du wirst gestritten haben
etc

INFINITIVE

PRESENT
streiten

PAST
gestritten haben

PARTICIPLE

PRESENT
streitend

PAST
gestritten

IMPERATIVE

streit(e)!
streitet!
streiten Sie!
streiten wir!

STÜRZEN
to drop

PRESENT	IMPERFECT	FUTURE
ich stürze	ich stürzte	ich werde stürzen
du stürzst	du stürztest	du wirst stürzen
er/sie stürzt	er/sie stürzte	er/sie wird stürzen
wir stürzen	wir stürzten	wir werden stürzen
ihr stürzt	ihr stürztet	ihr werdet stürzen
Sie stürzen	Sie stürzten	Sie werden stürzen
sie stürzen	sie stürzten	sie werden stürzen

PERFECT	PLUPERFECT	CONDITIONAL
ich bin gestürzt	ich war gestürzt	ich würde stürzen
du bist gestürzt	du warst gestürzt	du würdest stürzen
er/sie ist gestürzt	er/sie war gestürzt	er/sie würde stürzen
wir sind gestürzt	wir waren gestürzt	wir würden stürzen
ihr seid gestürzt	ihr wart gestürzt	ihr würdet stürzen
Sie sind gestürzt	Sie waren gestürzt	Sie würden stürzen
sie sind gestürzt	sie waren gestürzt	sie würden stürzen

SUBJUNCTIVE

PRESENT	PERFECT	INFINITIVE
ich stürze	ich sei gestürzt	**PRESENT**
du stürzest	du sei(e)st gestürzt	stürzen
er/sie stürze	er/sie sei gestürzt	**PAST**
wir stürzen	wir seien gestürzt	gestürzt sein
ihr stürzet	ihr seiet gestürzt	
Sie stürzen	Sie seien gestürzt	**PARTICIPLE**
sie stürzen	sie seien gestürzt	**PRESENT**
		stürzend

IMPERFECT	PLUPERFECT	
ich stürzte	ich wäre gestürzt	**PAST**
du stürztest	du wär(e)st gestürzt	gestürzt
er/sie stürzte	er/sie wäre gestürzt	
wir stürzten	wir wären gestürzt	**IMPERATIVE**
ihr stürztet	ihr wär(e)t gestürzt	
Sie stürzten	Sie wären gestürzt	stürz(e)!
sie stürzten	sie wären gestürzt	stürzt!
		stürzen Sie!
		stürzen wir!

FUTURE PERFECT
ich werde gestürzt sein
du wirst gestürzt sein *etc*

to carry, wear

PRESENT	IMPERFECT	FUTURE
ich trage	ich trug	ich werde tragen
du trägst	du trugst	du wirst tragen
er/sie trägt	er/sie trug	er/sie wird tragen
wir tragen	wir trugen	wir werden tragen
ihr tragt	ihr trugt	ihr werdet tragen
Sie tragen	Sie trugen	Sie werden tragen
sie tragen	sie trugen	sie werden tragen

PERFECT	PLUPERFECT	CONDITIONAL
ich habe getragen	ich hatte getragen	ich würde tragen
du hast getragen	du hattest getragen	du würdest tragen
er/sie hat getragen	er/sie hatte getragen	er/sie würde tragen
wir haben getragen	wir hatten getragen	wir würden tragen
ihr habt getragen	ihr hattet getragen	ihr würdet tragen
Sie haben getragen	Sie hatten getragen	Sie würden tragen
sie haben getragen	sie hatten getragen	sie würden tragen

SUBJUNCTIVE

PRESENT	PERFECT
ich trage	ich habe getragen
du tragest	du habest getragen
er/sie trage	er/sie habe getragen
wir tragen	wir haben getragen
ihr traget	ihr habet getragen
Sie tragen	Sie haben getragen
sie tragen	sie haben getragen

IMPERFECT	PLUPERFECT
ich trüge	ich hätte getragen
du trügest	du hättest getragen
er/sie trüge	er/sie hätte getragen
wir trügen	wir hätten getragen
ihr trüget	ihr hättet getragen
Sie trügen	Sie hätten getragen
sie trügen	sie hätten getragen

FUTURE PERFECT
ich werde getragen
haben
du wirst getragen
haben *etc*

INFINITIVE

PRESENT
tragen

PAST
getragen haben

PARTICIPLE

PRESENT
tragend

PAST
getragen

IMPERATIVE

trag(e)!
tragt!
tragen Sie!
tragen wir!

172   TREFFEN
to meet, hit

PRESENT	IMPERFECT	FUTURE
ich treffe	ich traf	ich werde treffen
du triffst	du trafst	du wirst treffen
er/sie trifft	er/sie traf	er/sie wird treffen
wir treffen	wir trafen	wir werden treffen
ihr trefft	ihr traft	ihr werdet treffen
Sie treffen	Sie trafen	Sie werden treffen
sie treffen	sie trafen	sie werden treffen

PERFECT	PLUPERFECT	CONDITIONAL
ich habe getroffen	ich hatte getroffen	ich würde treffen
du hast getroffen	du hattest getroffen	du würdest treffen
er/sie hat getroffen	er/sie hatte getroffen	er/sie würde treffen
wir haben getroffen	wir hatten getroffen	wir würden treffen
ihr habt getroffen	ihr hattet getroffen	ihr würdet treffen
Sie haben getroffen	Sie hatten getroffen	Sie würden treffen
sie haben getroffen	sie hatten getroffen	sie würden treffen

SUBJUNCTIVE

PRESENT	PERFECT
ich treffe	ich habe getroffen
du treffest	du habest getroffen
er/sie treffe	er/sie habe getroffen
wir treffen	wir haben getroffen
ihr treffet	ihr habet getroffen
Sie treffen	Sie haben getroffen
sie treffen	sie haben getroffen

IMPERFECT	PLUPERFECT
ich träfe	ich hätte getroffen
du träfest	du hättest getroffen
er/sie träfe	er/sie hätte getroffen
wir träfen	wir hätten getroffen
ihr träfet	ihr hättet getroffen
Sie träfen	Sie hätten getroffen
sie träfen	sie hätten getroffen

FUTURE PERFECT

ich werde getroffen
haben
du wirst getroffen haben
etc

INFINITIVE

PRESENT
treffen

PAST
getroffen haben

PARTICIPLE

PRESENT
treffend

PAST
getroffen

IMPERATIVE

triff!
trefft!
treffen Sie!
treffen wir!

TREIBEN
to drive, float

173

PRESENT	IMPERFECT	FUTURE
ich treibe	ich trieb	ich werde treiben
du treibst	du triebst	du wirst treiben
er/sie treibt	er/sie trieb	er/sie wird treiben
wir treiben	wir trieben	wir werden treiben
ihr treibt	ihr triebt	ihr werdet treiben
Sie treiben	Sie trieben	Sie werden treiben
sie treiben	sie trieben	sie werden treiben

PERFECT *(1)*	PLUPERFECT *(2)*	CONDITIONAL
ich habe getrieben	ich hatte getrieben	ich würde treiben
du hast getrieben	du hattest getrieben	du würdest treiben
er/sie hat getrieben	er/sie hatte getrieben	er/sie würde treiben
wir haben getrieben	wir hatten getrieben	wir würden treiben
ihr habt getrieben	ihr hattet getrieben	ihr würdet treiben
Sie haben getrieben	Sie hatten getrieben	Sie würden treiben
sie haben getrieben	sie hatten getrieben	sie würden treiben

SUBJUNCTIVE

PRESENT	PERFECT *(3)*	*INFINITIVE*
ich treibe	ich habe getrieben	**PRESENT**
du treibest	du habest getrieben	treiben
er/sie treibe	er/sie habe getrieben	**PAST** *(6)*
wir treiben	wir haben getrieben	getrieben haben
ihr treibet	ihr habet getrieben	
Sie treiben	Sie haben getrieben	*PARTICIPLE*
sie treiben	sie haben getrieben	**PRESENT**
		treibend

IMPERFECT	PLUPERFECT *(4)*	PAST
ich triebe	ich hätte getrieben	getrieben
du triebest	du hättest getrieben	
er/sie triebe	er/sie hätte getrieben	*IMPERATIVE*
wir trieben	wir hätten getrieben	treib(e)!
ihr triebet	ihr hättet getrieben	treibt!
Sie trieben	Sie hätten getrieben	treiben Sie!
sie trieben	sie hätten getrieben	treiben wir!

FUTURE PERFECT *(5)*

ich werde getrieben
haben
du wirst getrieben haben
etc

NOTE

also intransitive ('to drift'): (1) ich bin getrieben etc (2) ich war getrieben etc (3) ich sei getrieben etc (4) ich wäre getrieben etc (5) ich werde getrieben sein etc (6) getrieben sein

TRETEN
to kick, tread

PRESENT	IMPERFECT	FUTURE
ich trete	ich trat	ich werde treten
du trittst	du tratst	du wirst treten
er/sie tritt	er/sie trat	er/sie wird treten
wir treten	wir traten	wir werden treten
ihr tretet	ihr tratet	ihr werdet treten
Sie treten	Sie traten	Sie werden treten
sie treten	sie traten	sie werden treten

PERFECT (1)	PLUPERFECT (2)	CONDITIONAL
ich habe getreten	ich hatte getreten	ich würde treten
du hast getreten	du hattest getreten	du würdest treten
er/sie hat getreten	er/sie hatte getreten	er/sie würde treten
wir haben getreten	wir hatten getreten	wir würden treten
ihr habt getreten	ihr hattet getreten	ihr würdet treten
Sie haben getreten	Sie hatten getreten	Sie würden treten
sie haben getreten	sie hatten getreten	sie würden treten

SUBJUNCTIVE

PRESENT	PERFECT (3)
ich trete	ich habe getreten
du tretest	du habest getreten
er/sie trete	er/sie habe getreten
wir treten	wir haben getreten
ihr tretet	ihr habet getreten
Sie treten	Sie haben getreten
sie treten	sie haben getreten

IMPERFECT	PLUPERFECT (4)
ich träte	ich hätte getreten
du trätest	du hättest getreten
er/sie träte	er/sie hätte getreten
wir träten	wir hätten getreten
ihr trätet	ihr hättet getreten
Sie träten	Sie hätten getreten
sie träten	sie hätten getreten

INFINITIVE

PRESENT
treten

PAST (6)
getreten haben

PARTICIPLE

PRESENT
tretend

PAST
getreten

IMPERATIVE

tritt!
tretet!
treten Sie!
treten wir!

FUTURE PERFECT (5)

ich werde getreten haben
du wirst getreten haben
etc

NOTE

also intransitive ('to step'): (1) ich bin getreten etc (2) ich war getreten etc (3) ich sei getreten etc (4) ich wäre getreten etc (5) ich werde getreten sein etc (6) getreten sein

TRINKEN
to drink

175

PRESENT	IMPERFECT	FUTURE
ich trinke	ich trank	ich werde trinken
du trinkst	du trankst	du wirst trinken
er/sie trinkt	er/sie trank	er/sie wird trinken
wir trinken	wir tranken	wir werden trinken
ihr trinkt	ihr trankt	ihr werdet trinken
Sie trinken	Sie tranken	Sie werden trinken
sie trinken	sie tranken	sie werden trinken

PERFECT	PLUPERFECT	CONDITIONAL
ich habe getrunken	ich hatte getrunken	ich würde trinken
du hast getrunken	du hattest getrunken	du würdest trinken
er/sie hat getrunken	er/sie hatte getrunken	er/sie würde trinken
wir haben getrunken	wir hatten getrunken	wir würden trinken
ihr habt getrunken	ihr hattet getrunken	ihr würdet trinken
Sie haben getrunken	Sie hatten getrunken	Sie würden trinken
sie haben getrunken	sie hatten getrunken	sie würden trinken

SUBJUNCTIVE

PRESENT	PERFECT	*INFINITIVE*
ich trinke	ich habe getrunken	**PRESENT**
du trinkest	du habest getrunken	trinken
er/sie trinke	er/sie habe getrunken	**PAST**
wir trinken	wir haben getrunken	getrunken haben
ihr trinket	ihr habet getrunken	
Sie trinken	Sie haben getrunken	*PARTICIPLE*
sie trinken	sie haben getrunken	**PRESENT**
		trinkend

IMPERFECT	PLUPERFECT	PAST
ich tränke	ich hätte getrunken	getrunken
du tränkest	du hättest getrunken	
er/sie tränke	er/sie hätte getrunken	*IMPERATIVE*
wir tränken	wir hätten getrunken	trink(e)!
ihr tränket	ihr hättet getrunken	trinkt!
Sie tränken	Sie hätten getrunken	trinken Sie!
sie tränken	sie hätten getrunken	trinken wir!

FUTURE PERFECT

ich werde getrunken
haben
du wirst getrunken haben
etc

TROCKNEN
to dry

PRESENT

ich trockne
du trocknest
er/sie trocknet
wir trocknen
ihr trocknet
Sie trocknen
sie trocknen

IMPERFECT

ich trocknete
du trocknetes
er/sie trocknete
wir trockneten
ihr trocknetet
Sie trockneten
sie trockneten

FUTURE

ich werde trocknen
du wirst trocknen
er/sie wird trocknen
wir werden trocknen
ihr werdet trocknen
Sie werden trocknen
sie werden trocknen

PERFECT

ich habe getrocknet
du hast getrocknet
er/sie hat getrocknet
wir haben getrocknet
ihr habt getrocknet
Sie haben getrocknet
sie haben getrocknet

PLUPERFECT

ich hatte getrocknet
du hattest getrocknet
er/sie hatte getrocknet
wir hatten getrocknet
ihr hattet getrocknet
Sie hatten getrocknet
sie hatten getrocknet

CONDITIONAL

ich würde trocknen
du würdest trocknen
er/sie würde trocknen
wir würden trocknen
ihr würdet trocknen
Sie würden trocknen
sie würden trocknen

SUBJUNCTIVE

PRESENT

ich trockne
du trocknest
er/sie trockne
wir trocknen
ihr trocknet
Sie trocknen
sie trocknen

PERFECT

ich habe getrocknet
du habest getrocknet
er/sie habe getrocknet
wir haben getrocknet
ihr habet getrocknet
Sie haben getrocknet
sie haben getrocknet

INFINITIVE

PRESENT

trocknen

PAST

getrocknet haben

PARTICIPLE

PRESENT

trocknend

IMPERFECT

ich trocknete
du trocknetest
er/sie trocknete
wir trockneten
ihr trocknetet
Sie trockneten
sie trockneten

PLUPERFECT

ich hätte getrocknet
du hättest getrocknet
er/sie hätte getrocknet
wir hätten getrocknet
ihr hättet getrocknet
Sie hätten getrocknet
sie hätten getrocknet

PAST

getrocknet

IMPERATIVE

trockne!
trocknet!
trocknen Sie!
trocknen wir!

FUTURE PERFECT

ich werde getrocknet
haben
du wirst getrocknet
haben *etc*

TRÜGEN
to deceive

PRESENT	IMPERFECT	FUTURE
ich trüge	ich trog	ich werde trügen
du trügst	du trogst	du wirst trügen
er/sie trügt	er/sie trog	er/sie wird trügen
wir trügen	wir trogen	wir werden trügen
ihr trügt	ihr trogt	ihr werdet trügen
Sie trügen	Sie trogen	Sie werden trügen
sie trügen	sie trogen	sie werden trügen

PERFECT	PLUPERFECT	CONDITIONAL
ich habe getrogen	ich hatte getrogen	ich würde trügen
du hast getrogen	du hattest getrogen	du würdest trügen
er/sie hat getrogen	er/sie hatte getrogen	er/sie würde trügen
wir haben getrogen	wir hatten getrogen	wir würden trügen
ihr habt getrogen	ihr hattet getrogen	ihr würdet trügen
Sie haben getrogen	Sie hatten getrogen	Sie würden trügen
sie haben getrogen	sie hatten getrogen	sie würden trügen

SUBJUNCTIVE

PRESENT	PERFECT	*INFINITIVE*
ich trüge	ich habe getrogen	**PRESENT**
du trügest	du habest getrogen	trügen
er/sie trüge	er/sie habe getrogen	**PAST**
wir trügen	wir haben getrogen	getrogen haben
ihr trüget	ihr habet getrogen	
Sie trügen	Sie haben getrogen	*PARTICIPLE*
sie trügen	sie haben getrogen	**PRESENT**
		trügend

IMPERFECT	PLUPERFECT	PAST
ich tröge	ich hätte getrogen	getrogen
du trögest	du hättest getrogen	
er/sie tröge	er/sie hätte getrogen	*IMPERATIVE*
wir trögen	wir hätten getrogen	trüg(e)!
ihr tröget	ihr hättet getrogen	trügt!
Sie trögen	Sie hätten getrogen	trügen Sie!
sie trögen	sie hätten getrogen	trügen wir!

FUTURE PERFECT
ich werde getrogen
haben
du wirst getrogen
haben *etc*

TUN
to do

PRESENT	IMPERFECT	FUTURE
ich tue	ich tat	ich werde tun
du tust	du tatst	du wirst tun
er/sie tut	er/sie tat	er/sie wird tun
wir tun	wir taten	wir werden tun
ihr tut	ihr tatet	ihr werdet tun
Sie tun	Sie taten	Sie werden tun
sie tun	sie taten	sie werden tun

PERFECT	PLUPERFECT	CONDITIONAL
ich habe getan	ich hatte getan	ich würde tun
du hast getan	du hattest getan	du würdest tun
er/sie hat getan	er/sie hatte getan	er/sie würde tun
wir haben getan	wir hatten getan	wir würden tun
ihr habt getan	ihr hattet getan	ihr würdet tun
Sie haben getan	Sie hatten getan	Sie würden tun
sie haben getan	sie hatten getan	sie würden tun

SUBJUNCTIVE

PRESENT	PERFECT
ich tue	ich habe getan
du tuest	du habest getan
er/sie tue	er/sie habe getan
wir tuen	wir haben getan
ihr tuet	ihr habet getan
Sie tuen	Sie haben getan
sie tuen	sie haben getan

IMPERFECT	PLUPERFECT
ich täte	ich hätte getan
du tätest	du hättest getan
er/sie täte	er/sie hätte getan
wir täten	wir hätten getan
ihr tätet	ihr hättet getan
Sie täten	Sie hätten getan
sie täten	sie hätten getan

INFINITIVE

PRESENT
tun

PAST
getan haben

PARTICIPLE

PRESENT
tuend

PAST
getan

IMPERATIVE

tu(e)!
tut!
tun Sie!
tun wir!

FUTURE PERFECT
ich werde getan haben
du wirst getan haben *etc*

VERDERBEN
to spoil, ruin

PRESENT	IMPERFECT	FUTURE
ich verderbe	ich verdarb	ich werde verderben
du verderbst	du verdarbst	du wirst verderben
er/sie verdirbt	er/sie verdarb	er/sie wird verderben
wir verderben	wir verdarben	wir werden verderben
ihr verderbt	ihr verdarbt	ihr werdet verderben
Sie verderben	Sie verdarben	Sie werden verderben
sie verderben	sie verdarben	sie werden verderben

PERFECT (1)	PLUPERFECT (2)	CONDITIONAL
ich habe verdorben	ich hatte verdorben	ich würde verderben
du hast verdorben	du hattest verdorben	du würdest verderben
er/sie hat verdorben	er/sie hatte verdorben	er/sie würde verderben
wir haben verdorben	wir hatten verdorben	wir würden verderben
ihr habt verdorben	ihr hattet verdorben	ihr würdet verderben
Sie haben verdorben	Sie hatten verdorben	Sie würden verderben
sie haben verdorben	sie hatten verdorben	sie würden verderben

SUBJUNCTIVE

PRESENT	PERFECT (3)
ich verderbe	ich habe verdorben
du verderbest	du habest verdorben
er/sie verderbe	er/sie habe verdorben
wir verderben	wir haben verdorben
ihr verderbet	ihr habet verdorben
Sie verderben	Sie haben verdorben
sie verderben	sie haben verdorben

IMPERFECT	PLUPERFECT (4)
ich verdürbe	ich hätte verdorben
du verdürbest	du hättest verdorben
er/sie verdürbe	er/sie hätte verdorben
wir verdürben	wir hätten verdorben
ihr verdürbet	ihr hättet verdorben
Sie verdürben	Sie hätten verdorben
sie verdürben	sie hätten verdorben

INFINITIVE
PRESENT
verderben
PAST (6)
verdorben haben

PARTICIPLE
PRESENT
verderbend
PAST
verdorben

IMPERATIVE
verdirb!
verderbt!
verderben Sie!
verderben wir!

FUTURE PERFECT (5)
ich werde verdorben haben
du wirst verdorben haben
etc

NOTE
also intransitive ('to be ruined, go bad'): (1) ich bin verdorben *etc (2)* ich war verdorben *etc (3)* ich sei verdorben *etc (4)* ich wäre verdorben *etc (5)* ich werde verdorben sein *etc (6)* verdorben sein *etc*

180

VERDRIESSEN
to irritate, annoy

PRESENT

ich verdrieße
du verdrießt
er/sie verdrießt
wir verdrießen
ihr verdrießt
Sie verdrießen
sie verdrießen

IMPERFECT

ich verdroß
du verdrossest
er/sie verdroß
wir verdrossen
ihr verdroßt
Sie verdrossen
sie verdrossen

FUTURE

ich werde verdrießen
du wirst verdrießen
er/sie wird verdrießen
wir werden verdrießen
ihr werdet verdrießen
Sie werden verdrießen
sie werden verdrießen

PERFECT

ich habe verdrossen
du hast verdrossen
er/sie hat verdrossen
wir haben verdrossen
ihr habt verdrossen
Sie haben verdrossen
sie haben verdrossen

PLUPERFECT

ich hatte verdrossen
du hattest verdrossen
er/sie hatte verdrossen
wir hatten verdrossen
ihr hattet verdrossen
Sie hatten verdrossen
sie hatten verdrossen

CONDITIONAL

ich würde verdrießen
du würdest verdrießen
er/sie würde verdrießen
wir würden verdrießen
ihr würdet verdrießen
Sie würden verdrießen
sie würden verdrießen

SUBJUNCTIVE

PRESENT

ich verdrieße
du verdrießest
er/sie verdrieße
wir verdrießen
ihr verdrießet
Sie verdrießen
sie verdrießen

PERFECT

ich habe verdrossen
du habest verdrossen
er/sie habe verdrossen
wir haben verdrossen
ihr habet verdrossen
Sie haben verdrossen
sie haben verdrossen

INFINITIVE

PRESENT
verdrießen

PAST
verdrossen haben

IMPERFECT

ich verdrösse
du verdrössest
er/sie verdrösse
wir verdrössen
ihr verdrösset
Sie verdrössen
sie verdrössen

PLUPERFECT

ich hätte verdrossen
du hättest verdrossen
er/sie hätte verdrossen
wir hätten verdrossen
ihr hättet verdrossen
Sie hätten verdrossen
sie hätten verdrossen

PARTICIPLE

PRESENT
verdrießend

PAST
verdrossen

IMPERATIVE

verdrieß(e)!
verdrießt!
verdrießen Sie!
verdrießen wir!

FUTURE PERFECT

ich werde verdrossen
haben
du wirst verdrossen
haben *etc*

VERGESSEN
to forget

PRESENT	IMPERFECT	FUTURE
ich vergesse	ich vergaß	ich werde vergessen
du vergißt	du vergaßt	du wirst vergessen
er/sie vergißt	er/sie vergaß	er/sie wird vergessen
wir vergessen	wir vergaßen	wir werden vergessen
ihr vergeßt	ihr vergaßt	ihr werdet vergessen
Sie vergessen	Sie vergaßen	Sie werden vergessen
sie vergessen	sie vergaßen	sie werden vergessen

PERFECT	PLUPERFECT	CONDITIONAL
ich habe vergessen	ich hatte vergessen	ich würde vergessen
du hast vergessen	du hattest vergessen	du würdest vergessen
er/sie hat vergessen	er/sie hatte vergessen	er/sie würde vergessen
wir haben vergessen	wir hatten vergessen	wir würden vergessen
ihr habt vergessen	ihr hattet vergessen	ihr würdet vergessen
Sie haben vergessen	Sie hatten vergessen	Sie würden vergessen
sie haben vergessen	sie hatten vergessen	sie würden vergessen

SUBJUNCTIVE

PRESENT	PERFECT	*INFINITIVE*
ich vergesse	ich habe vergessen	**PRESENT**
du vergessest	du habest vergessen	vergessen
er/sie vergesse	er/sie habe vergessen	**PAST**
wir vergessen	wir haben vergessen	vergessen haben
ihr vergesset	ihr habet vergessen	
Sie vergessen	Sie haben vergessen	*PARTICIPLE*
sie vergessen	sie haben vergessen	**PRESENT**
		vergessend

IMPERFECT	PLUPERFECT	PAST
ich vergäße	ich hätte vergessen	vergessen
du vergäßest	du hättest vergessen	
er/sie vergäße	er/sie hätte vergessen	*IMPERATIVE*
wir vergäßen	wir hätten vergessen	vergiß!
ihr vergäßet	ihr hättet vergessen	vergeßt!
Sie vergäßen	Sie hätten vergessen	vergessen Sie!
sie vergäßen	sie hätten vergessen	vergessen wir!

FUTURE PERFECT

ich werde vergessen
haben
du wirst vergessen
haben *etc*

VERLIEREN
to lose

PRESENT	IMPERFECT	FUTURE
ich verliere	ich verlor	ich werde verlieren
du verlierst	du verlorst	du wirst verlieren
er/sie verliert	er/sie verlor	er/sie wird verlieren
wir verlieren	wir verloren	wir werden verlieren
ihr verliert	ihr verlort	ihr werdet verlieren
Sie verlieren	Sie verloren	Sie werden verlieren
sie verlieren	sie verloren	sie werden verlieren

PERFECT	PLUPERFECT	CONDITIONAL
ich habe verloren	ich hatte verloren	ich würde verlieren
du hast verloren	du hattest verloren	du würdest verlieren
er/sie hat verloren	er/sie hatte verloren	er/sie würde verlieren
wir haben verloren	wir hatten verloren	wir würden verlieren
ihr habt verloren	ihr hattet verloren	ihr würdet verlieren
Sie haben verloren	Sie hatten verloren	Sie würden verlieren
sie haben verloren	sie hatten verloren	sie würden verlieren

SUBJUNCTIVE

PRESENT	PERFECT	*INFINITIVE*
ich verliere	ich habe verloren	**PRESENT**
du verlierest	du habest verloren	verlieren
er/sie verliere	er/sie habe verloren	**PAST**
wir verlieren	wir haben verloren	verloren haben
ihr verlieret	ihr habet verloren	
Sie verlieren	Sie haben verloren	*PARTICIPLE*
sie verlieren	sie haben verloren	**PRESENT**
		verlierend

IMPERFECT	PLUPERFECT	PAST
ich verlöre	ich hätte verloren	verloren
du verlörest	du hättest verloren	
er/sie verlöre	er/sie hätte verloren	*IMPERATIVE*
wir verlören	wir hätten verloren	verlier(e)!
ihr verlöret	ihr hättet verloren	verliert!
Sie verlören	Sie hätten verloren	verlieren Sie!
sie verlören	sie hätten verloren	verlieren wir!

FUTURE PERFECT

ich werde verloren haben
du wirst verloren haben
etc

VERSCHLEISSEN
to wear out

PRESENT	**IMPERFECT**	**FUTURE**
ich verschleiße	ich verschliß	ich werde verschleißen
du verschleißt	du verschlißt	du wirst verschleißen
er/sie verschleißt	er/sie verschliß	er/sie wird verschleißen
wir verschleißen	wir verschlissen	wir werden verschleißen
ihr verschleißt	ihr verschlißt	ihr werdet verschleißen
Sie verschleißen	Sie verschlissen	Sie werden verschleißen
sie verschleißen	sie verschlissen	sie werden verschleißen

PERFECT (1)	**PLUPERFECT** (2)	**CONDITIONAL**
ich habe verschlissen	ich hatte verschlissen	ich würde verschleißen
du hast verschlissen	du hattest verschlissen	du würdest verschleißen
er/sie hat verschlissen	er/sie hatte verschlissen	er/sie würde verschleißen
wir haben verschlissen	wir hatten verschlissen	wir würden verschleißen
ihr habt verschlissen	ihr hattet verschlissen	ihr würdet verschleißen
Sie haben verschlissen	Sie hatten verschlissen	Sie würden verschleißen
sie haben verschlissen	sie hatten verschlissen	sie würden verschleißen

SUBJUNCTIVE

PRESENT	**PERFECT** (3)
ich verschleiße	ich habe verschlissen
du verschleißest	du habest verschlissen
er/sie verschleiße	er/sie habe verschlissen
wir verschleißen	wir haben verschlissen
ihr verschleißet	ihr habet verschlissen
Sie verschleißen	Sie haben verschlissen
sie verschleißen	sie haben verschlissen

IMPERFECT	**PLUPERFECT** (4)
ich verschlisse	ich hätte verschlissen
du verschlissest	du hättest verschlissen
er/sie verschlisse	er/sie hätte verschlissen
wir verschlissen	wir hätten verschlissen
ihr verschlisset	ihr hättet verschlissen
Sie verschlissen	Sie hätten verschlissen
sie verschlissen	sie hätten verschlissen

INFINITIVE

PRESENT
verschleißen

PAST (6)
verschlissen haben

PARTICIPLE

PRESENT
verschleißend

PAST
verschlissen

IMPERATIVE

verschleiß(e)!
verschleißt!
verschleißen Sie!
verschleißen wir!

FUTURE PERFECT (5)

ich werde verschlissen
haben
du wirst verschlissen
haben *etc*

NOTE

also intransitive: (1) ich bin verschlissen *etc (2)* ich war verschlissen *etc (3)* ich sei verschlissen *etc (4)* ich wäre verschlissen *etc (5)* ich werde verschlissen sein *etc (6)* verschlissen sein

VERZEIHEN
to forgive

PRESENT	IMPERFECT	FUTURE
ich verzeihe	ich verzieh	ich werde verzeihen
du verzeihst	du verziehst	du wirst verzeihen
er/sie verzeiht	er/sie verzieh	er/sie wird verzeihen
wir verzeihen	wir verziehen	wir werden verzeihen
ihr verzeiht	ihr verzieht	ihr werdet verzeihen
Sie verzeihen	Sie verziehen	Sie werden verzeihen
sie verzeihen	sie verziehen	sie werden verzeihen

PERFECT	PLUPERFECT	CONDITIONAL
ich habe verziehen	ich hatte verziehen	ich würde verzeihen
du hast verziehen	du hattest verziehen	du würdest verzeihen
er/sie hat verziehen	er/sie hatte verziehen	er/sie würde verzeihen
wir haben verziehen	wir hatten verziehen	wir würden verzeihen
ihr habt verziehen	ihr hattet verziehen	ihr würdet verzeihen
Sie haben verziehen	Sie hatten verziehen	Sie würden verzeihen
sie haben verziehen	sie hatten verziehen	sie würden verzeihen

SUBJUNCTIVE

PRESENT	PERFECT	INFINITIVE
ich verzeihe	ich habe verziehen	**PRESENT**
du verzeihest	du habest verziehen	verzeihen
er/sie verzeihe	er/sie habe verziehen	**PAST**
wir verzeihen	wir haben verziehen	verziehen haben
ihr verzeihet	ihr habet verziehen	
Sie verzeihen	Sie haben verziehen	
sie verzeihen	sie haben verziehen	

IMPERFECT	PLUPERFECT	PARTICIPLE
ich verziehe	ich hätte verziehen	**PRESENT**
du verziehest	du hättest verziehen	verzeihend
er/sie verziehe	er/sie hätte verziehen	**PAST**
wir verziehen	wir hätten verziehen	verziehen
ihr verziehet	ihr hättet verziehen	
Sie verziehen	Sie hätten verziehen	**IMPERATIVE**
sie verziehen	sie hätten verziehen	verzeih(e)!
		verzeiht!
		verzeihen Sie!
		verzeihen wir!

FUTURE PERFECT

ich werde verzeihen haben
du wirst verzeihen haben
etc

NOTE

takes the dative: ich verzeihe ihm, ich habe ihm verziehen *etc*

VORHABEN
to intend

PRESENT

ich habe vor
du hast vor
er/sie hat vor
wir haben vor
ihr habt vor
Sie haben vor
sie haben vor

IMPERFECT

ich hatte vor
du hattest vor
er/sie hatte vor
wir hatten vor
ihr hattet vor
Sie hatten vor
sie hatten vor

FUTURE

ich werde vorhaben
du wirst vorhaben
er/sie wird vorhaben
wir werden vorhaben
ihr werdet vorhaben
Sie werden vorhaben
sie werden vorhaben

PERFECT

ich habe vorgehabt
du hast vorgehabt
er/sie hat vorgehabt
wir haben vorgehabt
ihr habt vorgehabt
Sie haben vorgehabt
sie haben vorgehabt

PLUPERFECT

ich hatte vorgehabt
du hattest vorgehabt
er/sie hatte vorgehabt
wir hatten vorgehabt
ihr hattet vorgehabt
Sie hatten vorgehabt
sie hatten vorgehabt

CONDITIONAL

ich würde vorhaben
du würdest vorhaben
er/sie würde vorhaben
wir würden vorhaben
ihr würdet vorhaben
Sie würden vorhaben
sie würden vorhaben

SUBJUNCTIVE

PRESENT

ich habe vor
du habest vor
er/sie habe vor
wir haben vor
ihr habet vor
Sie haben vor
sie haben vor

PERFECT

ich habe vorgehabt
du habest vorgehabt
er/sie habe vorgehabt
wir haben vorgehabt
ihr habet vorgehabt
Sie haben vorgehabt
sie haben vorgehabt

INFINITIVE

PRESENT
vorhaben

PAST
vorgehabt haben

IMPERFECT

ich hätte vor
du hättest vor
er/sie hätte vor
wir hätten vor
ihr hättet vor
Sie hätten vor
sie hätten vor

PLUPERFECT

ich hätte vorgehabt
du hättest vorgehabt
er/sie hätte vorgehabt
wir hätten vorgehabt
ihr hättet vorgehabt
Sie hätten vorgehabt
sie hätten vorgehabt

PARTICIPLE

PRESENT
vorhabend

PAST
vorgehabt

IMPERATIVE

hab(e) vor!
habt vor!
haben Sie vor!
haben wir vor!

FUTURE PERFECT

ich werde vorgehabt
haben
du wirst vorgehabt haben
etc

186

WACHSEN
to grow (1)

PRESENT	IMPERFECT	FUTURE
ich wachse	ich wuchs	ich werde wachsen
du wächst	du wuchsest	du wirst wachsen
er/sie wächst	er/sie wuchs	er/sie wird wachsen
wir wachsen	wir wuchsen	wir werden wachsen
ihr wachst	ihr wuchst	ihr werdet wachsen
Sie wachsen	Sie wuchsen	Sie werden wachsen
sie wachsen	sie wuchsen	sie werden wachsen

PERFECT	PLUPERFECT	CONDITIONAL
ich bin gewachsen	ich war gewachsen	ich würde wachsen
du bist gewachsen	du warst gewachsen	du würdest wachsen
er/sie ist gewachsen	er/sie war gewachsen	er/sie würde wachsen
wir sind gewachsen	wir waren gewachsen	wir würden wachsen
ihr seid gewachsen	ihr wart gewachsen	ihr würdet wachsen
Sie sind gewachsen	Sie waren gewachsen	Sie würden wachsen
sie sind gewachsen	sie waren gewachsen	sie würden wachsen

SUBJUNCTIVE

PRESENT	PERFECT
ich wachse	ich sei gewachsen
du wachsest	du sei(e)st gewachsen
er/sie wachse	er/sie sei gewachsen
wir wachsen	wir seien gewachsen
ihr wachset	ihr seiet gewachsen
Sie wachsen	Sie seien gewachsen
sie wachsen	sie seien gewachsen

INFINITIVE

PRESENT
wachsen

PAST
gewachsen sein

PARTICIPLE

PRESENT
wachsend

PAST
gewachsen

IMPERFECT	PLUPERFECT
ich wüchse	ich wäre gewachsen
du wüchsest	du wär(e)st gewachsen
er/sie wüchse	er/sie wäre gewachsen
wir wüchsen	wir wären gewachsen
ihr wüchset	ihr wär(e)t gewachsen
Sie wüchsen	Sie wären gewachsen
sie wüchsen	sie wären gewachsen

IMPERATIVE

wachs(e)!
wachst!
wachsen Sie!
wachsen wir!

FUTURE PERFECT

ich werde gewachsen sein
du wirst gewachsen sein
etc

NOTE

(1) also a weak verb meaning 'to wax': ich wachste, ich habe gewachst etc

to wait

PRESENT	IMPERFECT	FUTURE
ich warte	ich wartete	ich werde warten
du wartest	du wartetest	du wirst warten
er/sie wartet	er/sie wartete	er/sie wird warten
wir warten	wir warteten	wir werden warten
ihr wartet	ihr wartetet	ihr werdet warten
Sie warten	Sie warteten	Sie werden warten
sie warten	sie warteten	sie werden warten

PERFECT	PLUPERFECT	CONDITIONAL
ich habe gewartet	ich hatte gewartet	ich würde warten
du hast gewartet	du hattest gewartet	du würdest warten
er/sie hat gewartet	er/sie hatte gewartet	er/sie würde warten
wir haben gewartet	wir hatten gewartet	wir würden warten
ihr habt gewartet	ihr hattet gewartet	ihr würdet warten
Sie haben gewartet	Sie hatten gewartet	Sie würden warten
sie haben gewartet	sie hatten gewartet	sie würden warten

SUBJUNCTIVE

PRESENT	PERFECT
ich warte	ich habe gewartet
du wartest	du habest gewartet
er/sie warte	er/sie habe gewartet
wir warten	wir haben gewartet
ihr wartet	ihr habet gewartet
Sie warten	Sie haben gewartet
sie warten	sie haben gewartet

IMPERFECT	PLUPERFECT
ich wartete	ich hätte gewartet
du wartetest	du habest gewartet
er/sie wartete	er/sie hätte gewartet
wir warteten	wir hätten gewartet
ihr wartetet	ihr hättet gewartet
Sie warteten	Sie hätten gewartet
sie warteten	sie hätten gewartet

FUTURE PERFECT

ich werde gewartet
haben
du wirst gewartet
haben *etc*

INFINITIVE

PRESENT
warten
PAST
gewartet haben

PARTICIPLE

PRESENT
wartend
PAST
gewartet

IMPERATIVE

warte(e)!
wartet!
warten Sie!
warten wir!

WASCHEN
to wash

PRESENT	IMPERFECT	FUTURE
ich wasche	ich wusch	ich werde waschen
du wäschst	du wuschst	du wirst waschen
er/sie wäscht	er/sie wusch	er/sie wird waschen
wir waschen	wir wuschen	wir werden waschen
ihr wascht	ihr wuscht	ihr werdet waschen
Sie waschen	Sie wuschen	Sie werden waschen
sie waschen	sie wuschen	sie werden waschen

PERFECT	PLUPERFECT	CONDITIONAL
ich habe gewaschen	ich hatte gewaschen	ich würde waschen
du hast gewaschen	du hattest gewaschen	du würdest waschen
er/sie hat gewaschen	er/sie hatte gewaschen	er/sie würde waschen
wir haben gewaschen	wir hatten gewaschen	wir würden waschen
ihr habt gewaschen	ihr hattet gewaschen	ihr würdet waschen
Sie haben gewaschen	Sie hatten gewaschen	Sie würden waschen
sie haben gewaschen	sie hatten gewaschen	sie würden waschen

SUBJUNCTIVE

PRESENT	PERFECT
ich wasche	ich habe gewaschen
du waschest	du habest gewaschen
er/sie wasche	er/sie habe gewaschen
wir waschen	wir haben gewaschen
ihr waschet	ihr habet gewaschen
Sie waschen	Sie haben gewaschen
sie waschen	sie haben gewaschen

IMPERFECT	PLUPERFECT
ich wüsche	ich hätte gewaschen
du wüschest	du hättest gewaschen
er/sie wüsche	er/sie hätte gewaschen
wir wüschen	wir hätten gewaschen
ihr wüschet	ihr hättet gewaschen
Sie wüschen	Sie hätten gewaschen
sie wüschen	sie hätten gewaschen

FUTURE PERFECT

ich werde gewaschen
haben
du wirst gewaschen
haben *etc*

INFINITIVE

PRESENT
waschen

PAST
gewaschen haben

PARTICIPLE

PRESENT
waschend

PAST
gewaschen

IMPERATIVE

wasch(e)!
wascht!
waschen Sie!
waschen wir!

WEBEN
to weave

PRESENT	IMPERFECT	FUTURE
ich webe	ich wob	ich werde weben
du webst	du wobst	du wirst weben
er/sie webt	er/sie wob	er/sie wird weben
wir weben	wir woben	wir werden weben
ihr webt	ihr wobt	ihr werdet weben
Sie weben	Sie woben	Sie werden weben
sie weben	sie woben	sie werden weben

PERFECT	PLUPERFECT	CONDITIONAL
ich habe gewoben	ich hatte gewoben	ich würde weben
du hast gewoben	du hattest gewoben	du würdest weben
er/sie hat gewoben	er/sie hatte gewoben	er/sie würde weben
wir haben gewoben	wir hatten gewoben	wir würden weben
ihr habt gewoben	ihr hattet gewoben	ihr würdet weben
Sie haben gewoben	Sie hatten gewoben	Sie würden weben
sie haben gewoben	sie hatten gewoben	sie würden weben

SUBJUNCTIVE

PRESENT	PERFECT
ich webe	ich habe gewoben
du webest	du habest gewoben
er/sie webe	er/sie habe gewoben
wir weben	wir haben gewoben
ihr webet	ihr habet gewoben
Sie weben	Sie haben gewoben
sie weben	sie haben gewoben

IMPERFECT	PLUPERFECT
ich wöbe	ich hätte gewoben
du wöbest	du hättest gewoben
er/sie wöbe	er/sie hätte gewoben
wir wöben	wir hätten gewoben
ihr wöbet	ihr hättet gewoben
Sie wöben	Sie hätten gewoben
sie wöben	sie hätten gewoben

FUTURE PERFECT

ich werde gewoben
haben
du wirst gewoben
haben *etc*

INFINITIVE

PRESENT
weben

PAST
gewoben haben

PARTICIPLE

PRESENT
webend

PAST
gewoben

IMPERATIVE

web(e)!
webt!
weben Sie!
weben wir!

NOTE

also a weak verb: ich webte, ich habe gewebt *etc*

190

WECHSELN
to change

PRESENT

ich wechsle		
du wechselst		
er/sie wechselt		
wir wechseln		
ihr wechselt		
Sie wechseln		
sie wechseln		

IMPERFECT

ich wechselte
du wechseltest
er/sie wechselte
wir wechselten
ihr wechseltet
Sie wechselten
sie wechselten

FUTURE

ich werde wechseln
du wirst wechseln
er/sie wird wechseln
wir werden wechseln
ihr werdet wechseln
Sie werden wechseln
sie werden wechseln

PERFECT

ich habe gewechselt
du hast gewechselt
er/sie hat gewechselt
wir haben gewechselt
ihr habt gewechselt
Sie haben gewechselt
sie haben gewechselt

PLUPERFECT

ich hatte gewechselt
du hattest gewechselt
er/sie hatte gewechselt
wir hatten gewechselt
ihr hattet gewechselt
Sie hatten gewechselt
sie hatten gewechselt

CONDITIONAL

ich würde wechseln
du würdest wechseln
er/sie würde wechseln
wir würden wechseln
ihr würdet wechseln
Sie würden wechseln
sie würden wechseln

SUBJUNCTIVE

PRESENT

ich wechsle
du wechslest
er/sie wechsle
wir wechslen
ihr wechslen
Sie wechslen
sie wechslen

PERFECT

ich habe gewechselt
du habest gewechselt
er/sie habe gewechselt
wir haben gewechselt
ihr habet gewechselt
Sie haben gewechselt
sie haben gewechselt

INFINITIVE

PRESENT
wechseln

PAST
gewechselt haben

PARTICIPLE

PRESENT
wechselnd

IMPERFECT

ich wechselte
du wechseltest
er/sie wechselte
wir wechselten
ihr wechseltet
Sie wechselten
sie wechselten

PLUPERFECT

ich hätte gewechselt
du hättest gewechselt
er/sie hätte gewechselt
wir hätten gewechselt
ihr hättet gewechselt
Sie hätten gewechselt
sie hätten gewechselt

PAST
gewechselt

IMPERATIVE

wechsel(e)!
wechselt!
wechseln Sie!
wechseln wir!

FUTURE PERFECT

ich werde gewechselt
haben
du wirst gewechselt
haben *etc*

PRESENT

ich tue mir weh
du tust dir weh
er/sie tut sich weh
wir tun uns weh
ihr tut euch weh
Sie tun sich weh
sie tun sich weh

IMPERFECT

ich tat mir weh
du tatest dir weh
er/sie tat sich weh
wir taten uns weh
ihr tatet euch weh
Sie taten sich weh
sie taten sich weh

FUTURE

ich werde mir weh tun
du wirst dir weh tun
er/sie wird sich weh tun
wir werden uns weh tun
ihr werdet euch weh tun
Sie werden sich weh tun
sie werden sich weh tun

PERFECT

ich habe mir weh getan
du hast dir weh getan
er/sie hat sich weh getan
wir haben uns weh getan
ihr habt euch weh getan
Sie haben sich weh getan
sie haben sich weh getan

PLUPERFECT

ich hatte mir weh getan
du hattest dir weh getan
er/sie hatte sich weh getan
wir hatten uns weh getan
ihr hattet euch weh getan
Sie hatten sich weh getan
sie hatten sich weh getan

CONDITIONAL

ich würde mir weh tun
du würdest dir weh tun
er/sie würde sich weh tun
wir würden uns weh tun
ihr würdet euch weh tun
Sie würden sich weh tun
sie würden sich weh tun

SUBJUNCTIVE

PRESENT

ich tue mir weh
du tuest dir weh
er/sie tue sich weh
wir tuen uns weh
ihr tuet euch weh
Sie tuen sich weh
sie tuen sich weh

PERFECT

ich habe mir weh getan
du habest dir weh getan
er/sie habe sich weh getan
wir haben uns weh getan
ihr habet euch weh getan
Sie haben sich weh getan
sie haben sich weh getan

INFINITIVE

PRESENT

sich weh tun

PAST

sich weh getan haben

PARTICIPLE

PRESENT

mir/sich *etc* weh tuend

IMPERFECT

ich täte mir weh
du tätest dir weh
er/sie täte sich weh
wir täten uns weh
ihr tätet euch weh
Sie täten sich weh
sie täten sich weh

PLUPERFECT

ich hätte mir weh getan
du hättest dir weh getan
er/sie hätte sich weh getan
wir hätten uns weh getan
ihr hättet euch weh getan
Sie hätten sich weh getan
sie hätten sich weh getan

IMPERATIVE

tu(e) dir weh!
tut euch weh!
tun Sie sich weh!
tun wir uns weh!

FUTURE PERFECT

ich werde mir weh getan
haben
du wirst dir weh getan
haben *etc*

WEICHEN
to yield *(1)*

PRESENT	**IMPERFECT**	**FUTURE**
ich weiche	ich wich	ich werde weichen
du weichest	du wichst	du wirst weichen
er/sie weicht	er/sie wich	er/sie wird weichen
wir weichen	wir wichen	wir werden weichen
ihr weicht	ihr wicht	ihr werdet weichen
Sie weichen	Sie wichen	Sie werden weichen
sie weichen	sie wichen	sie werden weichen

PERFECT	**PLUPERFECT**	**CONDITIONAL**
ich bin gewichen	ich war gewichen	ich würde weichen
du bist gewichen	du warst gewichen	du würdest weichen
er/sie ist gewichen	er/sie war gewichen	er/sie würde weichen
wir sind gewichen	wir waren gewichen	wir würden weichen
ihr seid gewichen	ihr wart gewichen	ihr würdet weichen
Sie sind gewichen	Sie waren gewichen	Sie würden weichen
sie sind gewichen	sie waren gewichen	sie würden weichen

SUBJUNCTIVE

PRESENT	**PERFECT**	*INFINITIVE*
ich weiche	ich sei gewichen	**PRESENT**
du weichest	du sei(e)st gewichen	weichen
er/sie weiche	er/sie sei gewichen	**PAST**
wir weichen	wir seien gewichen	gewichen sein
ihr weichet	ihr seiet gewichen	
Sie weichen	Sie seien gewichen	*PARTICIPLE*
sie weichen	sie seien gewichen	**PRESENT**
		weichend

IMPERFECT	**PLUPERFECT**	**PAST**
ich wiche	ich wäre gewichen	gewichen
du wichest	du wär(e)st gewichen	
er/sie wiche	er/sie wäre gewichen	*IMPERATIVE*
wir wichen	wir wären gewichen	weich(e)!
ihr wichet	ihr wär(e)t gewichen	weicht!
Sie wichen	Sie wären gewichen	weichen Sie!
sie wichen	sie wären gewichen	weichen wir!

FUTURE PERFECT	**NOTE**
ich werde gewichen sein	*(1) also a weak verb meaning 'to soak':* ich
du wirst gewichen sein *etc*	weichte, ich habe geweicht *etc*

WEISEN
to show

193

PRESENT	IMPERFECT	FUTURE
ich weise	ich wies	ich werde weisen
du weist	du wiest	du wirst weisen
er/sie weist	er/sie wies	er/sie wird weisen
wir weisen	wir wiesen	wir werden weisen
ihr weist	ihr wiest	ihr werdet weisen
Sie weisen	Sie wiesen	Sie werden weisen
sie weisen	sie wiesen	sie werden weisen

PERFECT	PLUPERFECT	CONDITIONAL
ich habe gewiesen	ich hatte gewiesen	ich würde weisen
du hast gewiesen	du hattest gewiesen	du würdest weisen
er/sie hat gewiesen	er/sie hatte gewiesen	er/sie würde weisen
wir haben gewiesen	wir hatten gewiesen	wir würden weisen
ihr habt gewiesen	ihr hattet gewiesen	ihr würdet weisen
Sie haben gewiesen	Sie hatten gewiesen	Sie würden weisen
sie haben gewiesen	sie hatten gewiesen	sie würden weisen

SUBJUNCTIVE

PRESENT	PERFECT
ich weise	ich habe gewiesen
du weisest	du habest gewiesen
er/sie weise	er/sie habe gewiesen
wir weisen	wir haben gewiesen
ihr weiset	ihr habet gewiesen
Sie weisen	Sie haben gewiesen
sie weisen	sie haben gewiesen

IMPERFECT	PLUPERFECT
ich wiese	ich hätte gewiesen
du wiesest	du hättest gewiesen
er/sie wiese	er/sie hätte gewiesen
wir wiesen	wir hätten gewiesen
ihr wieset	ihr hättet gewiesen
Sie wiesen	Sie hätten gewiesen
sie wiesen	sie hätten gewiesen

FUTURE PERFECT

ich werde gewiesen
haben
du wirst gewiesen haben
etc

INFINITIVE

PRESENT
weisen

PAST
gewiesen haben

PARTICIPLE

PRESENT
weisend

PAST
gewiesen

IMPERATIVE

weis(e)!
weist!
weisen Sie!
weisen wir!

194 WENDEN
to turn

PRESENT

ich wende
du wendest
er/sie wendet
wir wenden
ihr wendet
Sie wenden
sie wenden

IMPERFECT

ich wandte
du wandtest
er/sie wandte
wir wandten
ihr wandtet
Sie wandten
sie wandten

FUTURE

ich werde wenden
du wirst wenden
er/sie wird wenden
wir werden wenden
ihr werdet wenden
Sie werden wenden
sie werden wenden

PERFECT

ich habe gewandt
du hast gewandt
er/sie hat gewandt
wir haben gewandt
ihr habt gewandt
Sie haben gewandt
sie haben gewandt

PLUPERFECT

ich hatte gewandt
du hattest gewandt
er/sie hatte gewandt
wir hatten gewandt
ihr hattet gewandt
Sie hatten gewandt
sie hatten gewandt

CONDITIONAL

ich würde wenden
du würdest wenden
er/sie würde wenden
wir würden wenden
ihr würdet wenden
Sie würden wenden
sie würden wenden

SUBJUNCTIVE

PRESENT

ich wende
du wendest
er/sie wende
wir wenden
ihr wendet
Sie wenden
sie wenden

PERFECT

ich habe gewandt
du habest gewandt
er/sie habe gewandt
wir haben gewandt
ihr habet gewandt
Sie haben gewandt
sie haben gewandt

INFINITIVE

PRESENT
wenden

PAST
gewandt haben

PARTICIPLE

PRESENT
wendend

IMPERFECT

ich wendete
du wendetest
er/sie wendete
wir wendeten
ihr wendetet
Sie wendeten
sie wendeten

PLUPERFECT

ich hätte gewandt
du hättest gewandt
er/sie hätte gewandt
wir hätten gewandt
ihr hättet gewandt
Sie hätten gewandt
sie hätten gewandt

PAST
gewandt

IMPERATIVE

wend(e)!
wendet!
wenden Sie!
wenden wir!

FUTURE PERFECT

ich werde gewandt haben
du wirst gewandt haben
etc

NOTE

also a weak verb: ich wendete, ich habe gewendet
etc

PRESENT	**IMPERFECT**	**FUTURE**
ich werbe	ich warb	ich werde werben
du wirbst	du warbst	du wirst werben
er/sie wirbt	er/sie warb	er/sie wird werben
wir werben	wir warben	wir werden werben
ihr werbt	ihr warbt	ihr werdet werben
Sie werben	Sie warben	Sie werden werben
sie werben	sie warben	sie werden werben

PERFECT	**PLUPERFECT**	**CONDITIONAL**
ich habe geworben	ich hatte geworben	ich würde werben
du hast geworben	du hattest geworben	du würdest werben
er/sie hat geworben	er/sie hatte geworben	er/sie würde werben
wir haben geworben	wir hatten geworben	wir würden werben
ihr habt geworben	ihr hattet geworben	ihr würdet werben
Sie haben geworben	Sie hatten geworben	Sie würden werben
sie haben geworben	sie hatten geworben	sie würden werben

SUBJUNCTIVE

PRESENT	**PERFECT**
ich werbe	ich habe geworben
du werbest	du habest geworben
er/sie werbe	er/sie habe geworben
wir werben	wir haben geworben
ihr werbet	ihr habet geworben
Sie werben	Sie haben geworben
sie werben	sie haben geworben

IMPERFECT	**PLUPERFECT**
ich würbe	ich hätte geworben
du würbest	du hättest geworben
er/sie würbe	er/sie hätte geworben
wir würben	wir hätten geworben
ihr würbet	ihr hättet geworben
Sie würben	Sie hätten geworben
sie würben	sie hätten geworben

FUTURE PERFECT

ich werde geworben
haben
du wirst geworben
haben *etc*

INFINITIVE

PRESENT
werben

PAST
geworben haben

PARTICIPLE

PRESENT
werbend

PAST
geworben

IMPERATIVE

wirb!
werbt!
werben Sie!
werben wir!

WERDEN
to become

PRESENT	IMPERFECT	FUTURE
ich werde	ich wurde	ich werde werden
du wirst	du wurdest	du wirst werden
er/sie wird	er/sie wurde	er/sie wird werden
wir werden	wir wurden	wir werden werden
ihr werdet	ihr wurdet	ihr werdet werden
Sie werden	Sie wurden	Sie werden werden
sie werden	sie wurden	sie werden werden

PERFECT (1)	PLUPERFECT (2)	CONDITIONAL
ich bin geworden	ich war geworden	ich würde werden
du bist geworden	du warst geworden	du würdest werden
er/sie ist geworden	er/sie war geworden	er/sie würde werden
wir sind geworden	wir waren geworden	wir würden werden
ihr seid geworden	ihr wart geworden	ihr würdet werden
Sie sind geworden	Sie waren geworden	Sie würden werden
sie sind geworden	sie waren geworden	sie würden werden

SUBJUNCTIVE

PRESENT	PERFECT (3)
ich werde	ich sei geworden
du werdest	du sei(e)st geworden
er/sie werde	er/sie sei geworden
wir werden	wir seien geworden
ihr werdet	ihr seiet geworden
Sie werden	Sie seien geworden
sie werden	sie seien geworden

IMPERFECT	PLUPERFECT (4)
ich würde	ich wäre geworden
du würdest	du wär(e)st geworden
er/sie würde	er/sie wäre geworden
wir würden	wir wären geworden
ihr würdet	ihr wär(e)t geworden
Sie würden	Sie wären geworden
sie würden	sie wären geworden

INFINITIVE

PRESENT
werden

PAST (6)
geworden sein

PARTICIPLE

PRESENT
werdend

PAST
geworden

IMPERATIVE

werde!
werdet!
werden Sie!
werden wir!

FUTURE PERFECT (5)

ich werde geworden sein
du wirst geworden sein
etc

NOTE

when preceded by a past participle to form the passive: (1) ich bin ... worden etc (2) ich war ... worden etc (3) ich sei ... worden etc (4) ich wäre ... worden etc (5) ich werde ... worden sein etc (6) ... worden sein

PRESENT	**IMPERFECT**	**FUTURE**
ich werfe	ich warf	ich werde werfen
du wirfst	du warfst	du wirst werfen
er/sie wirft	er/sie warf	er/sie wird werfen
wir werfen	wir warfen	wir werden werfen
ihr werft	ihr warft	ihr werdet werfen
Sie werfen	Sie warfen	Sie werden werfen
sie werfen	sie warfen	sie werden werfen

PERFECT	**PLUPERFECT**	**CONDITIONAL**
ich habe geworfen	ich hatte geworfen	ich würde werfen
du hast geworfen	du hattest geworfen	du würdest werfen
er/sie hat geworfen	er/sie hatte geworfen	er/sie würde werfen
wir haben geworfen	wir hatten geworfen	wir würden werfen
ihr habt geworfen	ihr hattet geworfen	ihr würdet werfen
Sie haben geworfen	Sie hatten geworfen	Sie würden werfen
sie haben geworfen	sie hatten geworfen	sie würden werfen

SUBJUNCTIVE

PRESENT	**PERFECT**
ich werfe	ich habe geworfen
du werfest	du habest geworfen
er/sie werfe	er/sie habe geworfen
wir werfen	wir haben geworfen
ihr werfet	ihr habet geworfen
Sie werfen	Sie haben geworfen
sie werfen	sie haben geworfen

IMPERFECT	**PLUPERFECT**
ich würfe	ich hätte geworfen
du würfest	du hättest geworfen
er/sie würfe	er/sie hätte geworfen
wir würfen	wir hätten geworfen
ihr würfet	ihr hättet geworfen
Sie würfen	Sie hätten geworfen
sie würfen	sie hätten geworfen

FUTURE PERFECT

ich werde geworfen
haben
du wirst geworfen haben
etc

INFINITIVE

PRESENT
werfen

PAST
geworfen haben

PARTICIPLE

PRESENT
werfend

PAST
geworfen

IMPERATIVE

wirf!
werft!
werfen Sie!
werfen wir!

WIDMEN
to dedicate

PRESENT	IMPERFECT	FUTURE
ich widme	ich widmete	ich werde widmen
du widmest	du widmetest	du wirst widmen
er/sie widmet	er/sie widmete	er/sie wird widmen
wir widmen	wir widmeten	wir werden widmen
ihr widmet	ihr widmetet	ihr werdet widmen
Sie widmen	Sie widmeten	Sie werden widmen
sie widmen	sie widmeten	sie werden widmen

PERFECT	PLUPERFECT	CONDITIONAL
ich habe gewidmet	ich hatte gewidmet	ich würde widmen
du hast gewidmet	du hattest gewidmet	du würdest widmen
er/sie hat gewidmet	er/sie hatte gewidmet	er/sie würde widmen
wir haben gewidmet	wir hatten gewidmet	wir würden widmen
ihr habt gewidmet	ihr hattet gewidmet	ihr würdet widmen
Sie haben gewidmet	Sie hatten gewidmet	Sie würden widmen
sie haben gewidmet	sie hatten gewidmet	sie würden widmen

SUBJUNCTIVE

PRESENT	PERFECT
ich widme	ich habe gewidmet
du widmest	du habest gewidmet
er/sie widme	er/sie habe gewidmet
wir widmen	wir haben gewidmet
ihr widmet	ihr habet gewidmet
Sie widmen	Sie haben gewidmet
sie widmen	sie haben gewidmet

IMPERFECT	PLUPERFECT
ich widmete	ich hätte gewidmet
du widmetest	du hättest gewidmet
er/sie widmete	er/sie hätte gewidmet
wir widmeten	wir hätten gewidmet
ihr widmetet	ihr hättet gewidmet
Sie widmeten	Sie hätten gewidmet
sie widmeten	sie hätten gewidmet

INFINITIVE

PRESENT
widmen

PAST
gewidmet haben

PARTICIPLE

PRESENT
widmend

PAST
gewidmet

IMPERATIVE

widme!
widmet!
widmen Sie!
widmen wir!

FUTURE PERFECT

ich werde gewidmet
haben
du wirst gewidmet haben
etc

WIEGEN
to weigh *(1)*

PRESENT	**IMPERFECT**	**FUTURE**
ich wiege	ich wog	ich werde wiegen
du wiegst	du wogst	du wirst wiegen
er/sie wiegt	er/sie wog	er/sie wird wiegen
wir wiegen	wir wogen	wir werden wiegen
ihr wiegt	ihr wogt	ihr werdet wiegen
Sie wiegen	Sie wogen	Sie werden wiegen
sie wiegen	sie wogen	sie werden wiegen

PERFECT	**PLUPERFECT**	**CONDITIONAL**
ich habe gewogen	ich hatte gewogen	ich würde wiegen
du hast gewogen	du hattest gewogen	du würdest wiegen
er/sie hat gewogen	er/sie hatte gewogen	er/sie würde wiegen
wir haben gewogen	wir hatten gewogen	wir würden wiegen
ihr habt gewogen	ihr hattet gewogen	ihr würdet wiegen
Sie haben gewogen	Sie hatten gewogen	Sie würden wiegen
sie haben gewogen	sie hatten gewogen	sie würden wiegen

SUBJUNCTIVE

PRESENT	**PERFECT**	**INFINITIVE**
ich wiege	ich habe gewogen	**PRESENT**
du wiegest	du habest gewogen	wiegen
er/sie wiege	er/sie habe gewogen	**PAST**
wir wiegen	wir haben gewogen	gewogen haben
ihr wieget	ihr habet gewogen	
Sie wiegen	Sie haben gewogen	*PARTICIPLE*
sie wiegen	sie haben gewogen	**PRESENT**
		wiegend

IMPERFECT	**PLUPERFECT**	**PAST**
ich wöge	ich hätte gewogen	gewogen
du wögest	du hättest gewogen	
er/sie wöge	er/sie hätte gewogen	*IMPERATIVE*
wir wögen	wir hätten gewogen	wieg(e)!
ihr wöget	ihr hättet gewogen	wiegt!
Sie wögen	Sie hätten gewogen	wiegen Sie!
sie wögen	sie hätten gewogen	wiegen wir!

FUTURE PERFECT

ich werde gewogen
haben
du wirst gewogen haben
etc

NOTE

(1) also a weak verb meaning 'to rock, sway': ich
wiegte, ich habe gewiegt *etc*

WINDEN
to wind

PRESENT	IMPERFECT	FUTURE
ich winde	ich wand	ich werde winden
du windest	du wandest	du wirst winden
er/sie windet	er/sie wand	er/sie wird winden
wir winden	wir wanden	wir werden winden
ihr windet	ihr wandet	ihr werdet winden
Sie winden	Sie wanden	Sie werden winden
sie winden	sie wanden	sie werden winden

PERFECT	PLUPERFECT	CONDITIONAL
ich habe gewunden	ich hatte gewunden	ich würde winden
du hast gewunden	du hattest gewunden	du würdest winden
er/sie hat gewunden	er/sie hatte gewunden	er/sie würde winden
wir haben gewunden	wir hatten gewunden	wir würden winden
ihr habt gewunden	ihr hattet gewunden	ihr würdet winden
Sie haben gewunden	Sie hatten gewunden	Sie würden winden
sie haben gewunden	sie hatten gewunden	sie würden winden

SUBJUNCTIVE

PRESENT	PERFECT	INFINITIVE
ich winde	ich habe gewunden	**PRESENT**
du windest	du habest gewunden	winden
er/sie winde	er/sie habe gewunden	**PAST**
wir winden	wir haben gewunden	gewunden haben
ihr windet	ihr habet gewunden	
Sie winden	Sie haben gewunden	**PARTICIPLE**
sie winden	sie haben gewunden	**PRESENT**
		windend

IMPERFECT	PLUPERFECT	
ich wände	ich hätte gewunden	**PAST**
du wändest	du hättest gewunden	gewunden
er/sie wände	er/sie hätte gewunden	**IMPERATIVE**
wir wänden	wir hätten gewunden	
ihr wändet	ihr hättet gewunden	wind(e)!
Sie wänden	Sie hätten gewunden	windet!
sie wänden	sie hätten gewunden	winden Sie!
		winden wir!

FUTURE PERFECT

ich werde gewunden
haben
du wirst gewunden haben
etc

PRESENT	IMPERFECT	FUTURE
ich weiß	ich wußte	ich werde wissen
du weißt	du wußtest	du wirst wissen
er/sie weiß	er/sie wußte	er/sie wird wissen
wir wissen	wir wußten	wir werden wissen
ihr wißt	ihr wußtet	ihr werdet wissen
Sie wissen	Sie wußten	Sie werden wissen
sie wissen	sie wußten	sie werden wissen

PERFECT	PLUPERFECT	CONDITIONAL
ich habe gewußt	ich hatte gewußt	ich würde wissen
du hast gewußt	du hattest gewußt	du würdest wissen
er/sie hat gewußt	er/sie hatte gewußt	er/sie würde wissen
wir haben gewußt	wir hatten gewußt	wir würden wissen
ihr habt gewußt	ihr hattet gewußt	ihr würdet wissen
Sie haben gewußt	Sie hatten gewußt	Sie würden wissen
sie haben gewußt	sie hatten gewußt	sie würden wissen

SUBJUNCTIVE

PRESENT	PERFECT
ich wisse	ich habe gewußt
du wissest	du habest gewußt
er/sie wisse	er/sie habe gewußt
wir wissen	wir haben gewußt
ihr wisset	ihr habet gewußt
Sie wissen	Sie haben gewußt
sie wissen	sie haben gewußt

IMPERFECT	PLUPERFECT
ich wüßte	ich hätte gewußt
du wüßtest	du hättest gewußt
er/sie wüßte	er/sie hätte gewußt
wir wüßten	wir hätten gewußt
ihr wüßtet	ihr hättet gewußt
Sie wüßten	Sie hätten gewußt
sie wüßten	sie hätten gewußt

INFINITIVE

PRESENT
wissen

PAST
gewußt haben

PARTICIPLE

PRESENT
wissend

PAST
gewußt

IMPERATIVE

wisse!
wißt!, wisset!
wissen Sie!
wissen wir!

WOLLEN
to want (to)

PRESENT	**IMPERFECT**	**FUTURE**
ich will	ich wollte	ich werde wollen
du willst	du wolltest	du wirst wollen
er/sie will	er/sie wollte	er/sie wird wollen
wir wollen	wir wollten	wir werden wollen
ihr wollt	ihr wolltet	ihr werdet wollen
Sie wollen	Sie wollten	Sie werden wollen
sie wollen	sie wollten	sie werden wollen

PERFECT (1)	**PLUPERFECT** (2)	**CONDITIONAL**
ich habe gewollt	ich hatte gewollt	ich würde wollen
du hast gewollt	du hattest gewollt	du würdest wollen
er/sie hat gewollt	er/sie hatte gewollt	er/sie würde wollen
wir haben gewollt	wir hatten gewollt	wir würden wollen
ihr habt gewollt	ihr hattet gewollt	ihr würdet wollen
Sie haben gewollt	Sie hatten gewollt	Sie würden wollen
sie haben gewollt	sie hatten gewollt	sie würden wollen

SUBJUNCTIVE

PRESENT	**PERFECT** (1)	**INFINITIVE**
ich wolle	ich habe gewollt	**PRESENT**
du wollest	du habest gewollt	wollen
er/sie wolle	er/sie habe gewollt	**PAST**
wir wollen	wir haben gewollt	gewollt haben
ihr wollet	ihr habet gewollt	
Sie wollen	Sie haben gewollt	**PARTICIPLE**
sie wollen	sie haben gewollt	**PRESENT**
		wollend

IMPERFECT	**PLUPERFECT** (3)	**PAST**
ich wollte	ich hätte gewollt	gewollt
du wolltest	du hättest gewollt	
er/sie wollte	er/sie hätte gewollt	**IMPERATIVE**
wir wollten	wir hätten gewollt	woll(e)!
ihr wolltet	ihr hättet gewollt	wollt!
Sie wollten	Sie hätten gewollt	wollen Sie!
sie wollten	sie hätten gewollt	wollen wir!

NOTE

*when preceded by an infinitive: (1) ich habe ...
wollen etc (2) ich hatte ... wollen etc (3) ich
hätte ... wollen etc*

WRINGEN
to wring

PRESENT	**IMPERFECT**	**FUTURE**
ich wringe	ich wrang	ich werde wringen
du wringst	du wrangst	du wirst wringen
er/sie wringt	er/sie wrang	er/sie wird wringen
wir wringen	wir wrangen	wir werden wringen
ihr wringt	ihr wrangt	ihr werdet wringen
Sie wringen	Sie wrangen	Sie werden wringen
sie wringen	sie wrangen	sie werden wringen

PERFECT	**PLUPERFECT**	**CONDITIONAL**
ich habe gewrungen	ich hatte gewrungen	ich würde wringen
du hast gewrungen	du hattest gewrungen	du würdest wringen
er/sie hat gewrungen	er/sie hatte gewrungen	er/sie würde wringen
wir haben gewrungen	wir hatten gewrungen	wir würden wringen
ihr habt gewrungen	ihr hattet gewrungen	ihr würdet wringen
Sie haben gewrungen	Sie hatten gewrungen	Sie würden wringen
sie haben gewrungen	sie hatten gewrungen	sie würden wringen

SUBJUNCTIVE

PRESENT	**PERFECT**
ich wringe	ich habe gewrungen
du wringest	du habest gewrungen
er/sie wringe	er/sie habe gewrungen
wir wringen	wir haben gewrungen
ihr wringet	ihr habet gewrungen
Sie wringen	Sie haben gewrungen
sie wringen	sie haben gewrungen

IMPERFECT	**PLUPERFECT**
ich wränge	ich hätte gewrungen
du wrängest	du hättest gewrungen
er/sie wränge	er/sie hätte gewrungen
wir wrängen	wir hätten gewrungen
ihr wränget	ihr hättet gewrungen
Sie wrängen	Sie hätten gewrungen
sie wrängen	sie hätten gewrungen

FUTURE PERFECT

ich werde gewrungen
haben
du wirst gewrungen
haben *etc*

INFINITIVE

PRESENT
wringen

PAST
gewrungen haben

PARTICIPLE

PRESENT
wringend

PAST
gewrungen

IMPERATIVE

wring(e)!
wringt!
wringen Sie!
wringen wir!

204

SICH WÜNSCHEN
to wish

PRESENT

ich wünsche mir
du wünschst dir
er/sie wünscht sich
wir wünschen uns
ihr wünscht euch
Sie wünschen sich
sie wünschen sich

IMPERFECT

ich wünschte mir
du wünschtest dir
er/sie wünschte sich
wir wünschten uns
ihr wünschtet euch
Sie wünschten sich
sie wünschten sich

FUTURE

ich werde mir wünschen
du wirst dir wünschen
er/sie wird sich wünschen
wir werden uns wünschen
ihr werdet euch wünschen
Sie werden sich wünschen
sie werden sich wünschen

PERFECT

ich habe mir gewünscht
du hast dir gewünscht
er/sie hat sich gewünscht
wir haben uns gewünscht
ihr habt euch gewünscht
Sie haben sich gewünscht
sie haben sich gewünscht

PLUPERFECT

ich hatte mir gewünscht
du hattest dir gewünscht
er/sie hatte sich gewünscht
wir hatten uns gewünscht
ihr hattet euch gewünscht
Sie hatten sich gewünscht
sie hatten sich gewünscht

CONDITIONAL

ich würde mir wünschen
du würdest dir wünschen
er/sie würde sich wünschen
wir würden uns wünschen
ihr würdet euch wünschen
Sie würden sich wünschen
sie würden sich wünschen

SUBJUNCTIVE
PRESENT

ich wünsche mir
du wünschest dir
er/sie wünsche sich
wir wünschen uns
ihr wünschet euch
Sie wünschen sich
sie wünschen sich

PERFECT

ich habe mir gewünscht
du habest dir gewünscht
er/sie habe sich gewünscht
wir haben uns gewünscht
ihr habet euch gewünscht
Sie haben sich gewünscht
sie haben sich gewünscht

INFINITIVE
PRESENT

sich wünschen

PAST

sich gewünscht haben

PARTICIPLE
PRESENT

mir/sich *etc* wünschend

IMPERFECT

ich wünschte mir
du wünschtest dir
er/sie wünschte sich
wir wünschten uns
ihr wünschtet euch
Sie wünschten sich
sie wünschten sich

PLUPERFECT

ich hätte mir gewünscht
du hättest dir gewünscht
er/sie hätte sich gewünscht
wir hätten uns gewünscht
ihr hättet euch gewünscht
Sie hätten sich gewünscht
sie hätten sich gewünscht

IMPERATIVE

wünsch(e) dir!
wünscht euch!
wünschen Sie sich!
wünschen wir uns!

FUTURE PERFECT

ich werde mir gewünscht
haben
du wirst dir gewünscht
haben *etc*

to pull

PRESENT	**IMPERFECT**	**FUTURE**
ich ziehe	ich zog	ich werde ziehen
du ziehst	du zogst	du wirst ziehen
er/sie zieht	er/sie zog	er/sie wird ziehen
wir ziehen	wir zogen	wir werden ziehen
ihr zieht	ihr zogt	ihr werdet ziehen
Sie ziehen	Sie zogen	Sie werden ziehen
sie ziehen	sie zogen	sie werden ziehen

PERFECT *(1)*	**PLUPERFECT** *(2)*	**CONDITIONAL**
ich habe gezogen	ich hatte gezogen	ich würde ziehen
du hast gezogen	du hattest gezogen	du würdest ziehen
er/sie hat gezogen	er/sie hatte gezogen	er/sie würde ziehen
wir haben gezogen	wir hatten gezogen	wir würden ziehen
ihr habt gezogen	ihr hattet gezogen	ihr würdet ziehen
Sie haben gezogen	Sie hatten gezogen	Sie würden ziehen
sie haben gezogen	sie hatten gezogen	sie würden ziehen

SUBJUNCTIVE

PRESENT	**PERFECT** *(3)*
ich ziehe	ich habe gezogen
du ziehest	du habest gezogen
er/sie ziehe	er/sie habe gezogen
wir ziehen	wir haben gezogen
ihr ziehet	ihr habet gezogen
Sie ziehen	Sie haben gezogen
sie ziehen	sie haben gezogen

IMPERFECT	**PLUPERFECT** *(4)*
ich zöge	ich hätte gezogen
du zögest	du hättest gezogen
er/sie zöge	er/sie hätte gezogen
wir zögen	wir hätten gezogen
ihr zöget	ihr hättet gezogen
Sie zögen	Sie hätten gezogen
sie zögen	sie hätten gezogen

INFINITIVE

PRESENT
ziehen

PAST *(6)*
gezogen haben

PARTICIPLE

PRESENT
ziehend

PAST
gezogen

IMPERATIVE

zieh(e)!
zieht!
ziehen Sie!
ziehen wir!

FUTURE PERFECT *(5)*

ich werde gezogen haben
du wirst gezogen haben
etc

NOTE

also intransitive ('to move') *(1)* ich bin gezogen *etc*
(2) ich war gezogen *etc* *(3)* ich sei gezogen *etc* *(4)*
ich wäre gezogen *etc* *(5)* ich werde gezogen sein
etc *(6)* gezogen sein

ZUMACHEN
to close, shut

PRESENT	IMPERFECT	FUTURE
ich mache zu	ich machte zu	ich werde zumachen
du machst zu	du machtest zu	du wirst zumachen
er/sie macht zu	er/sie machte zu	er/sie wird zumachen
wir machen zu	wir machten zu	wir werden zumachen
ihr macht zu	ihr machtet zu	ihr werdet zumachen
Sie machen zu	Sie machten zu	Sie werden zumachen
sie machen zu	sie machten zu	sie werden zumachen

PERFECT	PLUPERFECT	CONDITIONAL
ich habe zugemacht	ich hatte zugemacht	ich würde zumachen
du hast zugemacht	du hattest zugemacht	du würdest zumachen
er/sie hat zugemacht	er/sie hatte zugemacht	er/sie würde zumachen
wir haben zugemacht	wir hatten zugemacht	wir würden zumachen
ihr habt zugemacht	ihr hattet zugemacht	ihr würdet zumachen
Sie haben zugemacht	Sie hatten zugemacht	Sie würden zumachen
sie haben zugemacht	sie hatten zugemacht	sie würden zumachen

SUBJUNCTIVE

PRESENT	PERFECT	*INFINITIVE*
ich mache zu	ich habe zugemacht	**PRESENT**
du machest zu	du habest zugemacht	zumachen
er/sie mache zu	er/sie habe zugemacht	**PAST**
wir machen zu	wir haben zugemacht	zugemacht haben
ihr machet zu	ihr habet zugemacht	
Sie machen zu	Sie haben zugemacht	
sie machen zu	sie haben zugemacht	

PARTICIPLE

PRESENT
zumachend

IMPERFECT	PLUPERFECT	**PAST**
ich machte zu	ich hätte zugemacht	zugemacht
du machtest zu	du hättest zugemacht	
er/sie machte zu	er/sie hätte zugemacht	*IMPERATIVE*
wir machten zu	wir hätten zugemacht	
ihr machtet zu	ihr hättet zugemacht	mach(e) zu!
Sie machten zu	Sie hätten zugemacht	macht zu!
sie machten zu	sie hätten zugemacht	machen Sie zu!
		machen wir zu!

FUTURE PERFECT

ich werde zugemacht
haben
du wirst zugemacht
haben *etc*

PRESENT	**IMPERFECT**	**FUTURE**
ich zwinge	ich zwang	ich werde zwingen
du zwingst	du zwangst	du wirst zwingen
er/sie zwingt	er/sie zwang	er/sie wird zwingen
wir zwingen	wir zwangen	wir werden zwingen
ihr zwingt	ihr zwangt	ihr werdet zwingen
Sie zwingen	Sie zwangen	Sie werden zwingen
sie zwingen	sie zwangen	sie werden zwingen

PERFECT	**PLUPERFECT**	**CONDITIONAL**
ich habe gezwungen	ich hatte gezwungen	ich würde zwingen
du hast gezwungen	du hattest gezwungen	du würdest zwingen
er/sie hat gezwungen	er/sie hatte gezwungen	er/sie würde zwingen
wir haben gezwungen	wir hatten gezwungen	wir würden zwingen
ihr habt gezwungen	ihr hattet gezwungen	ihr würdet zwingen
Sie haben gezwungen	Sie hatten gezwungen	Sie würden zwingen
sie haben gezwungen	sie hatten gezwungen	sie würden zwingen

SUBJUNCTIVE

PRESENT	**PERFECT**	***INFINITIVE***
ich zwinge	ich habe gezwungen	**PRESENT**
du zwingest	du habest gezwungen	zwingen
er/sie zwinge	er/sie habe gezwungen	**PAST**
wir zwingen	wir haben gezwungen	gezwungen haben
ihr zwinget	ihr habet gezwungen	
Sie zwingen	Sie haben gezwungen	***PARTICIPLE***
sie zwingen	sie haben gezwungen	**PRESENT**
		zwingend

IMPERFECT	**PLUPERFECT**	**PAST**
ich zwänge	ich hätte gezwungen	gezwungen
du zwängest	du hättest gezwungen	
er/sie zwänge	er/sie hätte gezwungen	***IMPERATIVE***
wir zwängen	wir hätten gezwungen	zwing(e)!
ihr zwänget	ihr hättet gezwungen	zwingt!
Sie zwängen	Sie hätten gezwungen	zwingen Sie!
sie zwängen	sie hätten gezwungen	zwingen wir!

FUTURE PERFECT

ich werde gezwungen
haben
du wirst gezwungen
haben *etc*

INDEX

The verbs given in full in the tables on the preceding pages are used as models for all other German verbs given in this index. The number in the index is that of the corresponding *verb table*.

The index also contains irregular verb forms. These are each referred to the respective infinitive form of the same verb.

All verbs in this index have been referred to model verbs with corresponding features wherever possible. A weak verb is referred to a weak model verb, a strong verb to a strong model verb, a separable verb to a separable model verb *etc*.

Bold type denotes a verb that is itself given as a model.

A '+' after a prefix indicates that a verb is separable.

(+*dat*) denotes a verb that takes a dative object.

A second number in brackets refers to a reflexive verb model.

An asterisk in brackets (*) indicates that a verb, contrary to the model verb that it is referred to, does not form its past participle with 'ge-'.

An 's' or 'h' in brackets indicates that a verb, contrary to the model verb that it is referred to, forms its compound tenses using 'sein' or 'haben' respectively.

INDEX

INDEX

INDEX

INDEX

INDEX

INDEX

INDEX

INDEX

INDEX

INDEX

INDEX

INDEX

INDEX